教育学专业(教师教育方向)系列教材

丛书主编　孙亚玲　傅　淳

学习成绩评价与考试方法

张向众　田　莉　主编

科学出版社　龍門書局
北　京

内 容 简 介

本书以实践需求为基础，以实用性、操作性为导向，结合改革实际，既在总体上，分析学生本位评价改革理念、综合素质评价和学生评价方案设计与整体策划；又在具体设计上，介绍质性评价、量化评价中的主要方法。本书共六章，第一章主要阐述现代学生评价改革理念及发展趋势，重点介绍综合素质评价实践；第二章主要说明现代学生评价方案的构成要素、设计程序，重点介绍评价指标体系设计、评分规则设计；第三、四、五章分别介绍成长记录袋评价、轶事记录评价、作品分析评价的内涵与特征、设计与技术；第六章主要介绍教师自编测验的编制程序与技术、测验分析指标及其计算方法。

本书的主要特点是基于实践、强调实际操作，可作为高等院校教育评价课程的教学用书，适用于教育学专业、教师教育双学位教育及各专业本科教学，同时也适用于教育硕士、各级各类教师培训中的一线教师使用。

图书在版编目(CIP)数据

学习成绩评价与考试方法/张向众，田莉主编．—北京：龙门书局，2011
教育学专业(教师教育方向)系列教材

ISBN 978-7-5088-3320-0

Ⅰ.①学… Ⅱ.①张… ②田… Ⅲ.①学习成绩-评价-师范大学-教材 ②考试方法-评价-师范大学-教材 Ⅳ.①G424.7

中国版本图书馆 CIP 数据核字(2011)第 210166 号

责任编辑：谈 鲲 任 侠/责任校对：郑金红
责任印制：白 羽/封面设计：高海英

科学出版社
龙门书局 出版
北京东黄城根北街 16 号
邮政编码：100717
http://www.sciencep.com

杨庄长鸣印刷装订厂 印刷
科学出版社发行 各地新华书店经销
*
2011 年 10 月第 一 版 开本：B5(720×1000)
2012 年 1 月第二次印刷 印张：13 3/4
字数：224 000

定价：26.00 元

编 委 会

前　言

当前基础教育改革中，学生评价改革首当其冲，无论在理念方面还是在方法与技术方面，它对实践一线教师都形成了冲击和挑战。在现代教育评价理念下，学生评价需要在改革和完善考试制度的基础上，积极探索发展性评价制度。因而，综合素质评价、成长记录袋评价、轶事记录评价和作品分析评价等评价方法被积极地倡导着，广大教师对其也开展了深入的实践探索。现代学校日常教育实践表明，新时代教师应当改变传统评价观念，掌握现代学生评价策略、方法和技术，具有学生评价的专业素养和专业技能，才能更好地适应教育评价改革的趋势。

本书首先介绍现代学生评价改革与发展趋势，在学生本位评价理念下，深入分析综合素质评价的实践探索，详细说明它的总体设计框架和构成要素、设计程序、实施步骤。一般说来，现代学生评价方案必须明确解释“为何评”、“谁来评”、“评什么”、“怎么评”等核心问题，这就决定了评价方案的主要构成要素和基本设计程序，其中，具体说明评价指标体系、评分规则等各种评价表的工具设计策略与技术。在现代学生评价改革实践中，学生成长记录袋评价既是一种评价方法，也可以说是对现代学生评价的总体设计思路和框架。在此基础上，一方面，在质性评价意义上解释轶事记录评价、作品分析评价等方法、技术；另一方面，在量化评价意义上说明教师自编测验、试题分析、试卷分析等方法、技术等。

为了充分体现本套教材内在特点，本书在“理论够用”和“实用性”的原则下，进行理论概要，突出学生评价策略、方法与技术，力求增强“实践性”、“活动性”、“操作性”。同时，本书在体例上设计了两类活动：一是以学生个人独立思考为主的“想一想”、“做一做”、“写一写”、“查一查”等自主学习、同伴讨论活动；二是以小组合作、课堂展示、师生交流为主的教学研讨活动，它是在前者的基础上开展的课堂教学。因此，本书的教学特色鲜明：“自主性”，课堂教学需要以学生的课前预习、课堂讨论、作业设计等自主学习活动为前提；“研讨性”，以问题形式，引导师生自主研读教材中的阅读材料、案例分析等，在独立思考的基础上进行个性化、创造性的观点表达；“开放性”，教材中设计的自主学习、教学研讨活动都预留了大量空白，其本意在于，每个人在生生、师生互动中，在与文本互动中生成自己的思想和观点，以此填补教材的内容“空白”，以使本书真正成为一本“完整”的书。

本书有着自身的教学要求，首先，师生应当积极利用各种学习资源，尤其是网络资源查询丰富资料；其次，学生需要提前自主学习，在独立思考、同伴讨论中完成每章节中的自主学习活动；第三，上课时，师生可以按照每章节预设的研讨活动或自主设计活动开展课堂展示、交流等教学研讨；第四，根据学校日常教育实践中真实的评价活动设计课程作业，并将此与课程评价有机结合起来。

本书由张向众、田莉设计总体框架，负责统稿。各章的写作、修改具体分工如下：第一章、第二章，张向众；第三章，杨斐、张向众；第四章，瞿媚、张向众；第五章，乔磊、张向众；第六章，田莉、张向众。本书的所有作者在明确分工、全力合作下完成书稿。感谢云南师范大学教师教育学院、教育科学与管理学院的支持与项目资助，感谢孙亚玲教授、傅淳教授的指导与帮助，感谢编辑的艰辛工作。

张向众

2011 年 7 月 31 日于昆明

目　录 *Contents*

第一章

Chapter 1

现代学生评价改革

本章学习结束时教师能够：

- 用自己的话阐述有关现代学生评价的基本概念
- 列出学校日常实践中的评价活动
- 概括现代学生评价改革的基本特征及趋势
- 列出学生综合素质评价的主要构成要素
- 通过查找资料，运用具体例证分析学生综合素质评价改革中存在的主要问题

第一节　现代学生评价概述

研讨活动 1-1

一、结合自己在中小学的亲身体验，列举出你在学校教育中所经历的各种各样评价活动：

1. ____

____

2. ____

____

3. ____

____

……

二、各位同学通过形象化比喻，阐述对教育评价的基本理解，并用一句话概括自己的观点。

教育评价可以比喻为：

1. ____

____

2. ____

____

3. ____

____

……

我的教育评价观：________________________________

____

____

学校教育是培养人的一种社会实践活动，因而在现代学生评价的发展与改革中，一方面积极构建“人的评价”理念，充分尊重人的主体性和自主性，另一方面，师生在积极参与评价的过程中实现“主动、健康的发展”。

一、现代学生评价的理解

在学生评价理论与实践的发展历程中，我国自隋朝始就已经建立了科举考试制度，并在此背景下进行着大量的学生评价实践。到了近代，随着学校教育规模的扩大、国家对国民教育的接管和监控，西方学生评价实践中比较有效率的、能大规模使用的标准化考试与测验，逐渐取代口试，学生评价理论与实践由此进入现代化时期。但是19世纪末20世纪初，新式学堂纷纷成立和新学制引入后，国外的教育测量与评价被引介，之后则逐渐强势引导着我国基础教育改革中的学生评价改革。

阅读材料1-1　教育评价的发展阶段

一、测量与测验时期（20世纪20～30年代）

教育评价实质上意味着以测验或考试等测量的方式测定学生对知识的记忆状况；评价就是测量；评价者就是测量技术员的工作——选择或设计测量工具、组织测量以及提供或整理测量数据。

二、描述时期（20世纪30～50年代）

教育评价实质上意味着描述教育结果与教育目标相一致的结果；教育评价过程就是将教育结果与预定目标相对照的过程，是依据预定目标对教育结果进行客观描述的过程；评价的关键就是确定可操作的、可观察的、可测量的行为目标；评价不等于考试或测验。

三、价值判断时期（20世纪50～70年代）

教育评价实质上意味着价值判断；教育评价被视为价值判断的过程；评价不只是根据预定目标对结果的描述，预定目标的本身也需要进行价值判断，教育目标既非固定不变的标准；评价应当走出预定目标的限制，关注教育过程的本身。

四、共同建构时期（20世纪70年代以后）

教育评价实质上意味着对传统教育评价的批判和在此基础上对教育评价的重新建构；教育评价被视为评价者和被评价者"协商"共同建构的过程；评价受"多元主义"价值观的支配；评价是一种民主协商、主体参与的过程，而非评价者对被评价者的控制过程，学生也是评价的参与者、评价主体；教育评价注重质性研究方法。

资料来源：张华. 课程与教学论[M]. 上海：上海教育出版社，2000：373-383.

想一想

教育评价发展的基本线索是什么？

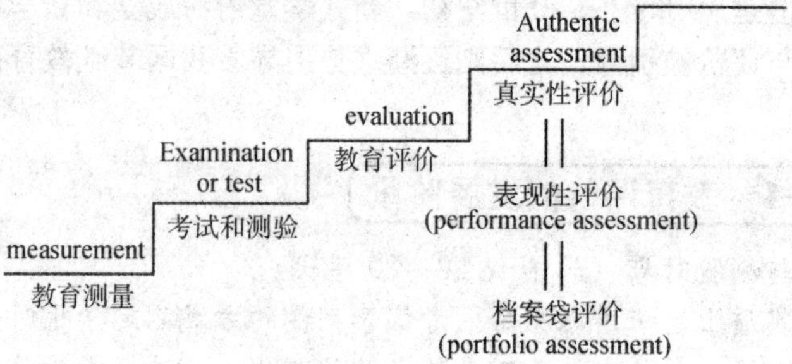

图 1-1　教育评价术语的演变

（一）教育测量

赖斯（J. M. Rice）的拼字实验和测验发动了始于 20 世纪初的美国“教育测量运动”。1897 年，他在教育部门的支持下，通过实验设计开始了对教育方案的评价——即对拼字教学训练的价值进行一种跨学区的比较研究。通过学生学业成绩测验并将此作为评价拼写教学的标准，结果发现，每天进行 40 至 50 分钟拼写单词的教学与每天进行 10 至 15 分钟教学，在提高学生与智力相关的学业成绩方面无显著差异。赖斯的拼写实验研究表明了教育评价的发展，诸如比较研究和实验设计方法，以及大规模的、统一的校际间的成绩测验，平均分的计算等定量分析方法也逐渐被引入评价活动中。

桑代克（E. L. Thorndike）在赖斯拼写实验的基础上，进一步开展大量的教育测量理论与实践研究。1904 年他在《心理与社会测量导论》一书中介绍了统计分析方法和编制测验的基本原理，并于 1908 年用科学方法编制第一个标准书法量表。“它为教育测评在本世纪初的发展实际起了方法与原则上导向的作用。以后出现的各种标准教育测验事实上都是循着桑代克的方法和原则发展的。”[①] 随后，算术测验、拼写测验等教育测验日益增多；后来由于学校教育调查的需要，初期所编的单科测验被集合编制为综合测验——即集合几种主要学科的测验组合而成，用来调查各校学生的学业水平。直至 1922 年斯坦福成就测验出版并风行于世。在此期间，教育测验由小学各科测验扩展至中等以上学校各科测验；“不仅仅限于学生学力测验方面，教学诊断测量、课程调查测验、学生个性测验、升学或就业的倾向测验也在这一时期涌现出来”。[②] 其间的教育评价改革主要体现在测验的客观化上，评价方法和技术的研究和完善上，诸如考试的常模、题目的客观化、试卷或试题分析、标准化等。

① 罗黎辉、高翔. 教育测量与评价[M]. 昆明：云南教育出版社，1996：15.
② 罗黎辉、高翔. 教育测量与评价[M]. 昆明：云南教育出版社，1996：16.

（二）教育评价

在20世纪30年代，以测验为基础的教育评价招来众多批判。首先，人们认为无论是知识测验、还是智力测验和人格测验等，其测量结果都是片面的，不能全面反映学生的知识与能力、人格发展之过程。其次，记忆式测验只要求学生记忆专门知识，也不能由此显示学生是否掌握了教师所期望的高级思维能力或是达到学程目标的程度。第三，选拔性或贴“标签”式的测验必然养成个人主义的学习态度和被动式的学习方法。

鉴于此，以泰勒（R. W. Tyler）为主的改革者们在“八年研究”中尝试着一种新的评价理论和实践研究，并运用“教育评价”，代替盛行当时的“教育测量”，由此被誉为“教育评价学之父”。在他看来，教育评价就是确定课程与教学计划实际上达到教育目标的程度的过程，即在教育活动结束时，根据预先设计的目标对实际结果进行客观描述并将两者进行比较，通过目标达成度判断方案成功与否。其中，包含着如下最核心的解释：教育目标是指学生在行为模式中产生某种所期望的变化；至少在方案实施前后须进行两次评估，有的甚至需要进行追踪研究；需要选择恰当的评价方法——诸如纸笔测验、观察、交谈、问卷等以便测查不同方面的学习结果。泰勒明确提出的评价观念，也成为了后来研究者继承或批判的基石。

严格地说，泰勒模式并非等同于目标模式。但是，由其所提出的评价观——教育结果与预定教育目标进行比较——正是目标模式形成和发展的理论基础，而且随后的评价理论和实践是在不断地对其进行完善和精致化。

以布卢姆、梅杰为代表的教育目标运动，强调预定目标的设计，在教育目标分类和行为化表述上展开研究。目标模式的核心在于，从“行为”和“内容”两个维度并用具体的、可观察的、可测量的行为动词描述学生的学习结果或行为变化。为此，布卢姆及其同事共同合作完成了教育目标分类框架，即学生的学习结果划分为认知、情感和动作技能三大领域；每个领域内的目标被分为不同类别而且每一类别又进一步细分为不同的亚类，例如认知领域依层次水平和累积程度划分为知识、理解、应用、分析、综合、评价，知识目标又包括具体知识、方式、方法的知识、普遍和抽象的知识，等等。正是通过将教育目标分类框架和测验结合起来，在学校教育中可以有效实施形成性评价、诊断性评价等。梅杰在教育目标的行为化表述上提出，教育目标“必须包括三个组成部分：第一，学生外显的行为表现；第二，能观察到的这种行为表现的条件；第三，行为表现的公认的准则”。[①] 这些都为各种类型的标准化测验设计或评价标准提供重要的基础。

在教育改革实践中，目标模式评价被冠之以目标本位、总结性或预定式等特

---

① 张华.课程与教学论[M].上海：上海教育出版社，2000：159.

征，仅仅依据预定目标对实际结果进行描述，以及通过方案结束时实际结果的证明提供信息反馈、促进方案的取舍或修订，是不足以满足课程编制者的评价需要。克龙巴赫（L. J. Cronbach）认为，评价活动不是为了“证明”（prove），而是为了“改善”（improve），需要评价通过系统调查搜集和使用信息，并用于改进正在实施中的教学或课程方案。教育评价就是为了教育方案的完善收集和提供信息，在方案进行过程中不断给予信息反馈，因此评价者应当将结果反馈给课程编制者以指导进一步的教程改革，以便使用评价进行教育决策。使用评价的决策可以分为三种类型①。首先，教程的完善，即确定何种教材、教学方法是令人满意的以及何处需要改革。其次，关于个体的决策，为规划教学而辨明学生的需要；为选择与分组而判明学生的长处；掌握有关学生的进步与缺陷的情况。第三，行政的调控：判断学校系统的优良程度，教师个体的优良程度，等等。这一切可以通过各种评价方法进行系统评价，利用过程研究关注发生在课堂中的事件，通过水平测量和态度测量分析学生在知识、能力、情意和态度等方面的变化，通过追踪研究调查参加该项教程改革的学生以后的职业生涯和发展状态。

斯塔弗尔比姆（D. L. Stufflebeam）提出的 CIPP 模式，作为改进教育系统的策略，并不只是局限于确定目标是否达到，而是“为决策提供有用信息的过程”。它通过背景评价（context）、输入评价（input）、过程评价（process）和成果评价（product），集中于持续不断地为机构决策者提供评价信息。其中，就背景评价而言，主要考察现在的目标与重点是否与使用者的需要相一致，对评价标准进行价值判断，即“使用系统分析、调查、文件探讨、听证会、晤谈、诊断测验”等不同方式，“确认对象及其需求；满足需求之可能方式；诊断需求所显示的困难；评断目标能否满足已知的需求”。② 背景评价旨在通过主体需要的分析，以明晰方案目标确定的依据，并借此进行调整。而 CIPP 评价模式中的输入评价、过程评价、成果评价则是以此为核心进行相关的资料收集，以便各自对应地指向修改方案或比较方案的结构性决定、方案具体实施的实施性决定、指向判断方案最终实施结果的决定。这样，四个方面的评价在主体需要和方案的价值关系中被整合起来。

（三）学生评价新理念

20 世纪 80 年代，随着学生评价理论与实践的深入，现代学生评价用“assessment”代替“evaluation”，开启“替代性评价”运动（alternative assessment）。现代学生评价重视学生在“真实情境”（authentic）中的问题解决以及实际操作能力表

① Daniel. L. Stufflebeam, etc. Evaluation Models: Viepoints on Educational and Human Services Evaluation. Boston: Kluwer Academic Publishers, 2000: 236.

② 黄光雄. 教育评鉴的模式[M]. 台北：台湾师苑有限公司，1989：202.

现（performance），同时教师需要利用成长记录袋（portfolio），根据学习标准和目标，观察、记录学生的实际操作能力表现收集信息。因此，“真实情境”、“操作能力表现”、“成长记录袋”等成为了现代学生评价的核心概念。

1. 表现性评价

表现性评价可以界定为，通过学生自己给出问题答案或展示作品来判断他们所获得的知识和技能。此定义主要有三层含义：

第一，进行表现性评价时，学生自己必须创造出问题解决方法（即答案）或自己的行为表现来证明自己的学习过程和结果，而不是选择答案。表现性评价侧重于评价学生实际操作的能力，要求学生建构各自独特的答案，且答案不存在对错之分，只存在程度之别（如优秀、中等、合格或不合格）；不提供被选答案，以便学生有充分作答的自由。原因在于，表现性评价认为，提供被选答案会限制学生的思维，抹杀学生的创造性。事实上，现实生活中的同一问题的解决有着不同的途径，强行规定问题解决方案是不合理的。

第二，进行表现性评价时，评价者必须观察学生的实际操作，记录学业成果。表现性评价需要记录学生实际操作（如学生的口头陈述、表演或舞蹈等在问题解决过程中的外显行为）或学业成果（如论文、方案设计等），以此评价学生的操作能力。在表现性评价中，教师必须在教学中根据详细的评分规则进行观察和记录，才能保证资料的全面性、完整性、真实性。这与传统评价中的资料收集方式有着明显的差别，传统学生评价只需要学生的卷面成绩。但是，表现性评价所需资料必须经过长期不断的观察、记录、收集和整理。

第三，进行表现性评价时，学生在实际操作中学习知识和发展能力。表现性评价的目的不在于评价，也不在于将学生分等或贴标签。它重视学生参与评价过程，重视学生在教师的协商和帮助下自定目标、自我评价、自我调整，从而促进学生学习非结构性知识，发展实际操作能力，获得全面发展。传统评价中，学生作为被动的客体只能接受评价。这种被动性很容易造成学生对评价的厌烦和畏惧，形成心理抵抗，阻碍评价的顺利进行，妨碍评价功能的发挥。与之相反，表现性评价积极主张学生参与评定、成为评定的主体，让学生意识到评价是发现问题、自我提高的方式。

表现性评价的本质在于学生的创造，它不仅将综合思考和问题解决联系起来，而且还让学生在合作中解决真实性或与现实生活相类似的问题，使教学具有现实意义。

2. 成长记录袋评价

成长记录袋是指有计划地收集学生所取得的学习结果，以便证明学生的发展或成就，以及为此而开展努力的过程。成长记录袋评价蕴涵着两个基本假设：首先，收集学生一学期或一学年内的学习过程和学业成果，能最有效地展示学生的最终学业成就，也能展示学生为此所付出的努力；其次，学生能依据明晰的、公开的评价标准进行自我评价以判断自己的进步。

成长记录袋评价具有如下特征：

（1）成长记录袋能够通过日常行为记录、轶事记录、作业成果、学生日记、与学生的谈话记录、测验等资料，全面收集和整理有关学生学习结果的信息。科学、合理、全面地收集信息是首要考虑的问题，因为收集到的资料的准确性将直接影响学生评价的成败。在收集资料时，教师可以通过纸笔，也可通过保存学生的日记和展示的作品，以及利用一些现代化方法（通过录音、录像和摄影）记录学生的行为。多种多样的信息收集方法不仅保证了资料收集的完整性和全面性，也从多角度反映了学生的操作行为。

（2）成长记录袋记录着学生的学习过程，主要内含学生所学的内容和其学习方式；学生如何思维和提问；如何分析问题和综合所获得的信息；如何创作自己的学习作品；如何进行创造以及学生如何与他人进行智力方面、情感方面的或社会方面的交流。因此，成长记录袋作为学生学习作品的收藏夹，不仅向别人或同学展现了在某学科或多个学科学习上的努力过程或者成绩，而且也能使得学生对自己的学习作品进行评价，记录学习进程，从而为全面地评价学生的表现提供基础。

（3）成长记录袋记录了一项任务从起始阶段到完成阶段的整个过程。教师可以要求学生提交头脑风暴式的讨论记录、第一份提纲、早期的草稿、修改过或再一次修改过的草稿，以及最终的作品。

（4）成长记录袋是教师、家长和学生的合作过程。例如，在学生评价中，学生是选择成长记录袋内容的一个主要的决策者，赋予学生自己诊断自身发展与进步的机会。另外，家长也可参与对自己子女的评价，家长留言也作为成长记录袋内容的一部分，在学生评价上，把学校与家庭很好地联系起来。

（5）成长记录袋强调的是学生的最佳作品和学习进步，而不是学生的失败。成长记录袋评价是对学生进步的连续性评价，在内容选择上是不受时间限制的。在学生的成长过程中，只要发现了“闪光点”，可随时收入成长记录袋。

3. 真实性评价

正是在教育评价对人的生命意义和价值的深层发问和追寻中，真实性评价作为一种新的教育评价理念诞生了。因此，当教育评价积极转向学生、教师的发展——诸如表现性评价、成长记录袋评价、毕业展览设计、发展性评价等，评价变革与发展实质上孕蓄着人的回归。这是现代教育评价改革与发展的鲜明主题。

真实性评价试图以经过纯化、清洗了的人的存在来张扬人的生命价值和意义，着意追求人的独特性与创造力，由此确立新的教育评价理念。真实性评价实质为人的评价。在评价过程中，人以主体身份进行生命创造，人自由地进行着选择，人也因此生活于本真状态之中。

在现实课堂中，真实性评价在积极探索学生评价的实践中，推动着教育评价的改革和发展，实现着人在教育评价中的回归。因此，现实课堂中出现了表现性评价、成长记录袋评价以及毕业展览设计等形式的学生评价，从不同的角度体现人在教育评价中的意义和价值。这些形式不一的真实性评价，都秉承着人的评价理念，主张学生必须要运用自己所学习的知识和掌握的技能，解决生活中的或与现实情境相似的真实任务，以便通过自己的创造性活动培养、展示和证明自己的知识、才能以及解决问题过程中的策略，从而在学生的建构中真实地评价学生的学习结果——学习过程和学业成果。

写一写

从上文中归纳总结出你认为最重要的概念：

1. ____________________

____

2. ____________________

____

3. ____________________

____

……____________________

二、现代学生评价类型

（一）根据学生评价在课堂教学中的作用进行分类

在现代教育评价理念下，教师自编测验的实施需要同教学过程紧密结合起来，有效服务于教学。从教学过程来看，根据教育评价实施的目的和时间来看，可以分类为定位性评价、形成性评价、诊断性评价和总结性评价。通过比较，分析这四种类型评价在实施时间、目的和作用等方面的差异，这是有效运用教师自编测验服务于教学的重要前提。

1. 教学开始前的定位性评价

在教育活动之前，教师应当明确教学目标，进行合理的教学活动安排，这就需要通过测验准确了解学生对学习新内容的准备状态、学科学习兴趣和态度等。因此，教师选择与编制摸底测验或查阅学生此前的学习成绩，以调查分析学生的学习状态，从而更好地进行教学策略安排、制定教学进度表等整体策划。

通过测验进行定位性评价，实为查明学生的学习准备状况及影响学习的因素。在教学活动之前，教师要想形成一套适合每个学生特点和需要的教学方案，就必须深入了解学生已有的知识、技能的掌握程度，了解他们的学习动机状态，发现他们学习中存在的问题及原因，等等。教师获取这些情况的方法和途径是多样的，其中最常用、最有效的手段之一，就是进行摸底测验或查阅分析以前的试卷，主要用途体现在三个方面：(1) 检查学生的学习准备程度。常在教学前如某课程或某单元开始前进行测验，可以帮助教师了解学生在教学开始时已具备的知识、技能程度和发展水平。(2) 确定对学生的适当安置。通过定位测验，教师可以对学生学习上的个别差异有较深入的了解，在此基础上经过合理调整使教学更好地适应学生的多样化学习需要。(3) 辨别造成学生学习困难的原因。在教学过程中进行的诊断性评价，主要用来确定学生学习中的困难及其成因。

2. 教学过程中的形成性评价

在教学过程中，教师需要运用形成性测验——诸如随堂测验、单元小测验等方式进行教学评价，由此通过信息反馈以判断实际活动与教学计划的相符程度、为改进教学所需要采取的措施等，通过周期性教学资料的收集，认真分析教学目标适当性、教学策略有效性。形成性测验主要指在教学进行过程中为改进和完善教学活动而进行的对学生学习过程及结果的测定，它是对学生学习进展的评价，是在教学过程中为改进教与学而进行的评价。

通过测验进行形成性评价，注重对学习过程的指导和改进，强调评价信息的及时反馈，旨在通过经常性的测评，提高学生的学习效果，并改进教师的教学。形成性测验有一定程度上类似于教师按传统习惯使用的非正式考试和单元测验，但它更注重对学习过程的测试，注重利用测量的结果来改进教学，使教学在不断的测评、反馈、修正或改进过程中趋于完善，而不是强调评定学生的成绩等第。正因为形成性评价以获取反馈、改进教学为主要目的，所以这类测试的次数比较频繁，一般在单元教学或新概念、新技能的初步教学完成后进行，测试结果的概括水平不如总结性评价高，每次测试的内容范围较小，主要是单元掌握或学习进步测试。

要使形成性测验在改进教学方面真正发挥作用，教师应注意做到：①把评价引向提供信息，而不要把它简单地作为鼓励学生学习或评定成绩等第的手段。②把形成性评价与日常观察结合起来，根据测试的反馈信息和观察的反馈信息对教学作出判断和改进。③仔细分析测试结果，逐项鉴别学生对每个试题的回答情况，如果大部分或相当数量的学生对某个试题的回答都有误，那就表明自己在这方面的教学有问题，应及时加以改进。

3. 教学结束后的总结性评价

教师一般在一学期或学年的教学结束后，总结性地考查最终效果，运用期末考试收集与教学目标相关的资料、非预期的教学成果的资料进行分析与解释，由此评定教学活动的全面效果，同时也指出今后的教学改进对策。因此，通过总结性测验进行评价，一般在教育过程结束后对教育活动全过程的检验，指向更一般的等级评定，其直接目的是作出教育效果的判断，从而区别优劣、分出等级或鉴定合格。总结性评价与教学效能核定联系在一起，它为关于个体的决策、教育资源投资优先顺序的抉择等提供依据。

通过测验进行总结性评价，一般指在课程或一个教学阶段结束后对学生学习结果的评定。这类评价的主要目的是评定学生的学业成绩，确定学生达到教育目标的程度，证明学生掌握知识、技能的程度和能力水平，以为确定学生在后继教程中的学习起点，预言学生在后继教程中成功的可能性，以及制订新的教育目标提供依据。总结性评价着眼于某门课程或某个教学阶段结束后学生学业成绩的全面评定，因而评价的概括水平一般比较高，考试或测验所包括的内容范围也比较广，评价次数不多，一般是一学期或一学年两、三次。学校中常见的期中考试、期末考试或考查以及毕业会考都属这类评价。

做一做

请运用表格形式，对定位性评价、形成性评价与总结性评价进行归纳与比较。

（二）根据学生评价的结果分析进行分类

教师自编测验的结果能否得到科学地解释和积极有效地、充分地利用，对教育评价功能的发挥和评价目的的实现至关重要。在教育评价实践中，依据不同的标准，学生考试结果的解释有着很大的区别。一般说来，根据分数解释的参照标准不同，可以分为相对评价、绝对评价和个体内部差异评价。

1. 相对评价的结果分析

相对评价是指以被评对象全体的一般水平或平均水平为参照点来解释某一被评个体水平的高低，如升学、选优等。对相对评价结果进行定量分析时，一般将原始分数转换到由相对标准建立起来的量表中。因此，相对评价也可以在某种意义上称之为常模参照评价，即以个体的成绩与同一团体的平均成绩或常模相互比较，从而确定其成绩的适当等级的评价方法。这种评价方法重视个体在团体内的相对位置和名次，它所衡量的是个体的相对水平，因而又将这类评价称为“相对评价”或“相对评分”。常模参照评价以常模为参照点，常模实际上就是团体测验的平均成绩，以学生个体的成绩与常模比较，就可以确定学生在团体中的位置，知道他的成绩在团体中属于“差”、“中下”、“中上”还是“优”。常模参照评价具有甄选性强的优点，因而可作为分类排队、编班和选材的依据。

对相对评价结果进行解释和应用时应注意：首先，相对评价的结果只表明被评对象在其所在群体中的相对位置，而不表明其绝对水平，或者说不表明他达到理想目标的程度。其次，由于相对评价的标准是被评群体的一般水平，评价结果是相对的。如果总体水平低，其中的优秀者也未必真好，因此这种方法适合于以区分和选拔为目的的评价，而不适于以改进工作为目的的评价。第三，由于相对评价只在群体内横向比较谁高谁低，表现出强烈的竞争导向，所以在使用和解释相对评价结果时，要注意防止不科学的竞争手段及由竞争引起的负面效应的发生。在基础教育中不提倡给学生排名次，尤其是小学低年级更不提倡排名次，就是要给学生创造一个愉快、宽松、充满生气和自信的空间，让学生生动、活泼、主动地发展。

2. 绝对评价的结果分析

绝对评价是以对被评对象全体的外在要求为标准解释某一被评个体水平的高低。绝对评价的标准独立于被评群体之外，是客观标准，它与被评群体的一般水平无关。例如学生毕业考试、各种水平考试、各种“达标”测验等均属于绝对评价。被评水平的高低，是依事先确定的目标确认的，其评价结果表明了被评水平的高低、达成目标的程度。绝对评价在解释评价结果时对评价分数没有分布形态、等第的要求，只分合格与不合格、达标与不达标。

绝对评价结果的解释方法有多种，比较常用的有正确百分数、合格分数和等级分数等。在一定意义上，绝对评价可以称之为标准参照评价，即以具体体现教学目标的标准作业为准，确定学生是否达到标准以及达成度如何的一种评价方法。标准参照评价是用来衡量学生的实际水平的，它关心的是学生掌握了什么或没掌握什么，以及能做什么或不能做什么，而不是比较学生之间的相对位置。用来评定的标准就是具体的教学目标，教师编制测试题的关键之处是必须正确反映教学目标的要求，而不是这些题目的难易和鉴别力。为准确体现教学目标的要求，客观测得学生的实际水平，必要时过难或过易的试题也应保留，不要轻易删除。评分时学生该得满分就给满分，该得零分就给零分，一切按既定的标准评分。因此，标准参照评价的评分方式又称为“绝对评分”，这种评价也被称为“绝对评价”。通过标准参照评价可以具体了解学生对某单元知识、技能的掌握情况，哪些学得较好，哪些没学好需要补救。因此，标准参照测验主要用于基础知识、基本技能的测量，适用于形成性测验和诊断性测验，利用测验提供的反馈信息，可及时调整、改进教学。

但是，由于测题的编制很难充分、正确地体现教学目标，因此，教师还不能充分利用严格意义上的标准参照评价或绝对评价。绝对评价标准更能反映评价的实质。但绝对评价标准真要达到客观也是很困难的事，它要根据总体目标、评价目的、具体的要求与可能等因素综合考虑。绝对评价标准的确定主要解决两个问题：一是目标的确定及分解；二是合理的“合格”或“达标”界线的确定。

3. 个体内部差异评价的结果分析

个体内部差异评价，是一种强调个别指导的个性化评价。个体内差异评价的标准，主要是该个体以往的水平，看其进步与否及其变化的幅度。

由于个体内部差异评价仅仅与个体自身比较，因而容易使被评者只看到自己的成绩，满足于自己的进步，忽视客观标准以及周围的变化、群体的进步。为了克服个体内部差异评价仅与个体自身比较带来的不足，人们提出，在解释个体内差异评价结果的时候，不仅要与个体自身比较，还要与客观标准比较，与所在群体的一般水平相比较。因此，在进行学生个体差异评价结果的解释的同时，还需要将相对评价和绝对评价有机结合起来，对学生考试结果进行多维解释。

做一做

请运用表格形式，对相对评价、绝对评价与个体内部差异评价进行归纳与比较。

三、现代学生评价改革及其特征

发展性评价的根本目的在于促进教育内部的发展，而绝不仅仅是简单地进行优劣高下的区分以达到公平、客观、科学的教育选拔和管理。因此，发展性评价除了基本的选拔、管理功能之外，还具有其他重要功能。

阅读材料 1-2　新课改中的评价改革目标

1. 构建新课改背景下的发展性评价体系

建立促进学生全面发展的评价体系。评价不仅要关注学生的学业成绩，而且要发现和发展学生多方面的潜能，了解学生发展中的需求，帮助学生认识自我，建立自信。发挥评价的教育功能，促进学生在原有水平上的发展。

建立促进教师不断提高的评价体系。强调教师对自己教学行为的分析与反思，建立以教师自评为主，校长、教师、学生、家长共同参与的评价制度，使教师从多种渠道获得信息，不断提高教学水平。

建立促进课程不断发展的评价体系。周期性地对学校课程执行的情况、课程实施中的问题进行分析评估，调整课程内容、改进教学管理，形成课程不断革新的机制。

2. 继续改革和完善考试制度

在已经普及九年义务教育的地区，实行小学毕业生免试就近升学的办法。鼓励各地中小学自行组织毕业考试。完善初中升高中的考试管理制度，考试内容应加强与社会实际和学生生活经验的联系，重视考查学生分析问题、解决问题的能力，部分学科可实行开卷考试。高中毕业会考改革方案由省级教育行政部门制定，继续实行会考的地方应突出水平考试的性质，减轻学生考试的负担。

高等学校招生考试制度改革，应与基础教育课程改革相衔接。要按照有助于高等学校选拔人才、有助于中学实施素质教育、有助于扩大高等学校办学自主权的原则，加强对学生能力和素质的考查，改革高等学校招生考试内容，探索提供多次机会、双向选择、综合评价的考试、选拔方式。

考试命题要依据课程标准，杜绝设置偏题、怪题的现象。教师应对每位学生的考试情况做出具体的分析指导，不得公布学生考试成绩并按考试成绩排列名次。

资料来源:基础教育课程改革纲要(试行). http://www.edu.cn/20041118/3120883.html.

想一想

你认为现代学生评价的核心精神及其主要特征分别是什么？

核心精神：________________

主要特征：________________

(一)“窗户”喻：评价活动是对学生表现的多维考察

发展性评价在现实课堂中的探索，使人们对学生评价的认识发生了巨大转变——学生评价旨在真实、全面地了解和判断学生认知、情感和技能的发展真实状况。因此，教师需要与学生共同构建“一扇窗户”，并由此观察学生正在学习的和还需继续学习的事件，最重要的是学生的学习方法和学习过程。而且，在发展性评价中，学生的行为不同于标准化测验和其他测验中的“选择”性行为——即从给定的答案中作出所谓正确的选择，而须进行创造性活动，用自己的行为表现和所创造出的成果证明自己。发展性评价注重观察学生在真实情境中运用知识处理和分析问题的能力。事实上，它不仅要评价学生的学习结果（任务解决的成果），更重要的是测评任务解决过程中的思维能力，尤其是高水平的思维。可见.

现实课堂中的发展性评价试图在合理的理论基础上建立以学生为主体的学生评价，追求全面而又真实地评价学生的学习过程和结果，并将学生评价整合于教师的教和学生的学。

（二）“相册”喻：评价活动是对学生成长的全程记录

成长记录袋是一种在教育实践中涌现出来的学生评价方法，如同画家、摄影家的代表性作品收集一样，也是汇集学生作品的样本，但他们的目的和内容是为了展示学生的学习和进步状况。可以说，成长记录袋是指有计划地收集学生的学习成就，以便证明学生所取得的成绩（果）以及为此所采取的实施步骤或阶段。如果测验或考试可以被称之为学生学习状态的一张“快照”，那么成长记录袋评价就可以喻之为记录学生在一学期或更长时段的学习过程的“相册”。在发展性评价中，学生通过成长记录袋有选择性地收集具有代表性的作业样本，不仅向别人或同学展示、证明了自己在某学科或多个学科上的学习进程和努力，而且在此基础上对学习进程进行自我反思和自我评价。

（三）“舞台”喻：评价活动是学生自主表达和展示自我的机会

在表现性评价中，主张学生必须要运用自己所学习的知识和掌握的技能解决生活中的或与现实情境相似的真实任务，以便通过自己的创造性活动培养、展示和证明自己的知识、才能以及解决问题过程中的策略。事实上，表现性评价更多地把评价活动和过程视为被评价者的一个自我展示的舞台和机遇，鼓励被评价者展示自己的努力和成绩。表现性评价认为学生评价应当整合于课堂教学而成为学生的学习过程，所以它要求学生运用自己的知识和技能解决现实世界中的真实任务或与现实生活紧密关联的问题情境，在创造性解决问题的过程中提高、发展和认同自己。

表现性评价将质性评价和量化评价有效地统整起来，运用多种评价方法以便尊重学生的智力多元和个性差异，学生评价因此也就成为了学生展示自我、证明自己的人生舞台；当学生在自主选择智力表现形式时、在自行判断最佳作业成果时、在自我审视学习过程时，他们在自我评价中逐渐养成了自我意识。现实课堂中，表现性评价注重对评价情境的理解，要求在不同的评价情景中采用适当的评价方法和形式。各种学生评价方法，诸如教育观察、成长记录袋和随堂测验等都能允许学生能依据自己的兴趣、特长以及实际情况选择最佳的学习表现形式以充分展露自己的才华、证明自己的发展。当然，在学生的学习活动中表现出来的心理特征并不仅仅是能力，学生还会有丰富的情感体验、意志活动和学习态度——作为有组织的内部准备状态或反应的倾向性影响着自己对特定学习内容或任务的选择，并允分体现于他们的学习表现中。这些表现才是其能力和个性发展的证明和标志。

（四）“镜子”喻：评价活动是学生学会反思和自我评价的途径

现实课堂中的表现性评价实质为服务于教师的教学、服务于学生的学习。表现性评价总是发生于教学过程之中，而不是教学完成之后，且特别注重促进所有学生的学习水平不断提高。教师在课堂教学中运用日常的表现性评价活动让学生直接参与自己的深层次学习活动；让学生看到自己的学业进步和成绩，而不是失败和挫折，以便提高他们的自信心和学习动机。因此，表现性评价自然成为了改善和提高教学的工具，如同“镜子”，清晰地看清自己的学习状态，使自己真正参与到评价过程中，学会合理利用评价的反馈信息调控自己的学习，以便自己知道怎样做才能学得最好，明了相对于明确的学习目标而言自己达到了何种水平，以及规划自己的下一步的学习进程。只有学生能在评价所提供的信息基础上自行确定学习目标、作出改善学习的决定、理解高质量的学习、进行自我评价以及明确表达自己的学习现状和学业进步时，学生才算真正参与到教育评价之中。

更为重要的是，表现性评价注重学生的自我评价，通过发展学生的自我评价技能而将学生培养成为自我指导的学习者。学会自我评价，学生才能最大限度地利用教师所提供的描述性反馈，学生最终才能指导自己的学习，才能学会学习。表现性评价要求学生在进行自我评价时，反躬自问三个问题：第一，学习目标是什么？如果学生清楚地知道自己的学习目标、学习目的以及学习成功的要素时，即明了自己在学习结束后能知道什么和能做什么，学习将会变得更加轻易。在表现性评价中，教师总是将学习标准和教学目标公之于众、与学生共同协商建构评分规则、并附之以具体的示例，故不管在教学的开始阶段还是在教学过程之中，学生对学习目标都心知肚明。第二，现在达到何种水平？学生可以将自己的学习结果（学习过程和学业成果）与评价标准相对照以确定它们之间的差别，也可以通过教师所提供的反馈进行自我判断。第三，如何达到预定的目标？学生全面地参与评价过程中，建立学习目标，分析评价资料，设计达到目标的计划。学生一般被认为不能积极有效的运用教育评价所提供的信息改善自己的学习状况，为自己的学习负责，只是被动的参与评价过程。

（五）“硬币”喻：评价活动与课堂教学是有机整合在一起的

从根本上说，表现性评价和教学的关系可以形象化为“硬币”。表现性评价和课堂教学代表着同一枚硬币的两个面。在现代课堂教学中，评价活动和教学活动相互交织在一起，以至很难分清教学活动何时结束，评价何时开始，它们之间的过渡十分自然、紧凑。因此，表现性评价与课堂教学的界限模糊了，即评价活动和教学活动实质上开始变得不可区分。只要表现性评价被视为教学过程的一个有机构成部分，那么教师就可以在实施评价时不要花费太多的时间。而且，学生在积极参与整合过程中，开始不再将评价体验为令人恐惧的“评价”，而将之视为一次学习的机会。显然，表现性评价意味着课堂教学中每天所发生的事情。

表现性评价与课堂教学的整合，一方面意味着教育评价服务于课堂教学，为教师的教学决策提供丰富的信息，为学生的学习提供大量的反馈，并激发学生的学习动机。另一方面，基于表现性评价任务，学生评价可以嵌入于课堂教学活动之中从而实现教育评价的情境化，课堂教学也可以被转变为表现性评价，两者紧密联系而不可离析。这样，表现性评价就不是在教学结束后对学生进行评分、分等的活动和程序，而是在整个课堂教学的进行中为学生不断地提供信息反馈，以帮助学生创造出所有人都认为有意义的学业作品。在此情境下，学生评价不是像传统评价一样成为“为了评价的教学”，而真正是“为了教学的评价”。

写一写

请从上述有关学生评价的比喻中，归纳出现代学生评价功能：

____

____

第二节　学生综合素质评价

研讨活动 1-2

结合下列问题，仔细阅读《深圳南山区 2004 年初中毕业生综合表现评定方案》[①]（附录 1）

在当前的基础教育改革中，学生综合素质评价方案与你曾经所经历的评价活动是否存在异同？请作出具体分析，并给出理论解释。

1. ______________________________

____

____

2. ______________________________

____

____

3. ______________________________

____

____

……______________________________

____

____

① 2004 年 17 个国家级实验区初中毕业生综合素质评定方案汇编与分析[DB/OL]. http://www.jypj.org/zpzl/fahb/01.doc.

一、学生综合素质评价改革的目的与要求

现行的初中学生评价考试制度与全面推进素质教育的要求不适应，这几乎已经成了教育界人士的一致看法。在当前的基础教育实践中，不同程度存在着“应试教育”倾向，教育教学围着考试尤其是中考、高考转的现象：“考什么、教什么”，将评价内容进行主次分配，对考试内容优先考虑，重点保证；不考内容较少关注，甚至不教。其弊端显而易见：强调甄别、选拔功能，忽视改进、激励的功能；片面追求升学率，忽视学生全面发展；过分注重学习成绩，忽视个性差异，抑制了个性潜能的发展；过于关注结果，忽视过程，评价方法单一，基本是“一考定终身”，几门考试科目分数简单相加作为唯一的升学录取标准，唯分数论的消极影响严重，违背素质教育的要求。

现代学生评价的实践和探索正预示着学生评价改革趋向。现代学生评价尊重学生在评价过程中的主体地位和责任意识，以便他们能主动、全面、全程地参与学生评价，协商设计评价标准、合作解决真实性任务、自主选择学习表现形式；在解决真实性问题中进行学习建构、在自我评价中学会学习、积极寻求各种反馈以实现主动发展，等等。在学生主动参与评价的过程中，它将学生评价整合于教师的教和学生的学习过程中，关注学生在解决真实性任务中的创造性学习过程，强调学生多方面潜能的自由发展和个性化表现；在评价设计的协商中尊重学生的价值需求和建议以便满足学生的学习需要和成长需要；为学生的自我发展和自我展示提供各种机会；培养学生自我意识，根据明确的评价标准学会自我评价，在主动选择最佳作业成果中学会自我判断，同时也促使他们主动获取各种反馈信息和社会性支持，自觉地向高标准持续不断地提高。

在基础教育课程改革中，教育部要求各地遵照党中央、国务院和教育部一系列文件精神，坚持教育创新，全面推进素质教育，制订与新课程理念一致、反映课程改革思路并符合本地区教育发展实际的考试评价制度改革方案。《基础教育课程改革纲要（试行）》提出新课程的培养目标应体现时代要求。要使学生具有爱国主义、集体主义精神，热爱社会主义，继承和发扬中华民族的优秀传统和革命传统；具有社会主义民主法制意识，遵守国家法律和社会公德；逐步形成正确的世界观、人生观、价值观；具有社会责任感，努力为人民服务；具有初步的创新精神、实践能力、科学和人文素养以及环境意识；具有适应终身学习的基础知识、基本技能和方法；具有健壮的体魄和良好的心理素质，养成健康的审美情趣和生活方式，成为有理想、有道德、有文化、有纪律的一代新人。

写一写

一、请用自己的话界定综合素质评价：

综合素质评价：________________________________

____

____

二、写出综合素质评价的主要构成要素：

1. ________________________________

2. ________________________________

3. ________________________________

4. ________________________________

5. ________________________________

6. ________________________________

……________________________________

（一）建立促进学生全面发展的评价体系

评价不仅要关注学生的学业成绩，而且要发现和发展学生多方面的潜能，了解学生发展中的需求，帮助学生认识自我，建立自信。发挥评价的教育功能，促进学生在原有水平上的发展。对学生的综合素质进行评价并作为中考、高考的重要依据，将学生多元发展目标明确置于中考、高考招录标准中，对于学生的全面发展形成了明确、具体的要求，有助于体现素质教育的精神，提高教育教学品质，最终促使学生全面发展。《教育部关于积极推进中小学评价与考试制度改革的通知》指出，中小学评价与考试制度改革，要全面贯彻党的教育方针，从德、智、体、美等方面综合评价学生的发展，培养学生热爱党、热爱社会主义、热爱祖国、诚实守信、助人为乐的高尚道德品质、终身学习的愿望和能力、健壮的体魄、良好的心理素质以及健康的审美情趣。

阅读材料 1-3　现代学生发展目标及评价标准

以促进学生发展为目标的评价体系应包括评价的内容、标准、评价方法和改进计划。评价标准应该用清楚、简明的目标术语表述，主要包括基础性发展目标和学科学习目标两个方面。

1. 基础性发展目标：

道德品质。爱祖国、爱人民、爱劳动、爱科学、爱社会主义；遵纪守法、诚实守信、维护公德、关心集体、保护环境。

公民素养。自信、自尊、自强、自律、勤奋；对个人的行为负责；积极参加公益活动；具有社会责任感。

学习能力。有学习的愿望与兴趣，能运用各种学习方式来提高学习水平，有对自己的学习过程和学习结果进行反思的习惯；能够结合所学不同学科的知识，运用已有的经验和技能，独立分析并解决问题；具有初步的研究与创新能力。

交流与合作能力。能与他人一起确立目标并努力去实现目标，尊重并理解他人的观点与处境，能评价和约束自己的行为；能综合地运用各种交流和沟通的方法进行合作。

运动与健康。热爱体育运动，养成体育锻炼的习惯，具备锻炼健身的能力、一定的运动技能和强健的体魄，形成健康的生活方式。

审美与表现。能感受并欣赏生活、自然、艺术和科学中的美，具有健康的审美情趣；积极参加艺术活动，用多种方式进行艺术表现。

2. 学科学习目标：

各学科课程标准已经列出本学科学习的目标和各个学段学生应该达到的目标，并对评价方式提出了建议。

资料来源：教育部关于积极推进中小学评价与考试制度改革的通知. http://www.moe.edu.cn/edoas/website18/level3.jsp? tablename=43&infoid=405.

（二）构建合理公平的考试制度

实施素质教育的关键是改革教育评价制度，上级对学校的评价，学校对教师的评价，教师对学生的评价，不单是学校管理的基本环节，而是“方向盘”、“指挥棒”和“牛鼻子”，关系到教育改革方向。目前，综合素质评价结果在学生的毕业和升学中要么“硬挂钩”，要么“软挂钩”。对于不少地区来讲，它犹如一块让人难以取舍的“鸡肋”。“硬挂钩”导致评价仍然是选拔适合教育学生的工具，为高一级学校选拔服务，舍本逐末，为选拔不为发展，不如不改；“软挂钩”导致走过场，起不到评价与考试导向素质教育的作用。

《国家基础教育课程改革实验区2004年初中毕业与普通高中招生制度改革的指导意见》明确规定，本次初中毕业与普通高中招生制度改革要改变以升学考试科目分数简单相加作为唯一录取标准的做法，力求在初中毕业生学业考试、综合素质评定、高中招生录取三方面予以突破。在综合素质评价方面，作出了如下要求：为全面反映初中毕业生的发展状况，应对初中毕业生综合素质进行评定，评定结果既是衡量学生是否达到毕业标准的主要依据，也是高中阶段学校招生的重要依据之一。

阅读材料1-4　初中毕业生综合素质评价改革指导意见

1. 综合素质评定的内容应以《通知》中的基础性发展目标为基本依据，各地可结合实际情况将其具体化，力求使综合素质评定的方法具有可行性，并保证评定结果的科学和公正。

2. 实验区应成立初中毕业生综合素质评定工作领导小组，领导小组要制定综合素质评定方案，对学校评定工作进行指导，监控评定过程，接受投诉与举报，对评定过程中的违规行为进行查处。

学校应成立初中毕业生综合素质评定工作委员会，其成员应具有广泛代表性。评定工作委员会负责制定评定工作的实施细则与具体程序。综合素质评定以班级为单位开展工作，评定工作委员会对校内各班级评定工作进行指导，监督评定过程，接受质询、投诉与举报，及时纠正评定中的错误。

教育行政部门应组织对评定者进行培训以保证评定工作科学有效。

3. 综合素质评定应参考成长纪录以及学生自我评价和同学评价的结果，以及学生的日常表现，经集体讨论，给予学生客观、公正的评定。评定时应注重对原始资料的分析与概括，避免以偏概全。

4. 初中毕业生综合素质评定的结果包括两部分：(1) 综合性评语。对学生的综合素质予以整体描述，尤其应突出学生的特长和潜能。(2) 等级。建议采用“优”、“良”、“合格”、“不合格”四档。对学生某一方面表现评定为“不合格”时应非常慎重。

5. 初中毕业生综合素质评定的内容、方法、程序等应向学生及其家长做出明确的解释并公示。评定结果应通知学生个人及其家长，如有异议，校评定工作委员会应进行调研与处理。

6. 普通高中招生要坚持综合评价、择优录取的原则。学业考试成绩和综合素质的评定结果应成为普通高中招生的主要依据。

7. 普通高中的招生：①实验区根据当地教育行政部门确定的招生计划，结合初中毕业生学业考试成绩及综合素质评定结果的整体情况，按照差额投档的原则，分批录取；②各高中学校根据报考学生的学业考试成绩和综合素质评定等结果，确定学校招生标准并进行录取，必要时可组织专门委员会加试。

资料来源：国家基础教育课程改革实验区 2004 年初中毕业与普通高中招生制度改革的指导意见. http://www.eol.cn/20041117/3120608.shtml.

想一想

当前中考、高考制度的利与弊？

______

______

______

（三）基于综合素质评价的中小学评价与考试制度改革

随着素质教育全面推进和新课改深入发展，中小学评价与考试制度的改革得到了社会各界的广泛重视。中考、高考如何考试和招生，事关教育改革的方向和素质教育的有效实施。基本的改革趋势是，“一考定去向”的现状将成为历史，取而代之的则是全面推行学业水平考试和综合素质评价制度。因此，在新课改精神和国家政策的指导下，进行中小学考试与招生制度改革，充分发挥学业水平考试、综合素质评价的改进与激励功能，促进学生全面发展以及尊重个体差异基础上的个性发展。

1. 考试制度改革：“综合评价、择优录取”

初中毕业考试与普通高中招生制度改革要改变以升学考试科目分数简单相加作为唯一录取标准的做法，力求在初中毕业生学业水平考试、综合素质评价、高中招生录取三方面予以突破。学业水平考试方面要降低考试难度，改革考试内容，考试成绩要以等级呈现；增加对学生综合素质评价的内容；普通高中招生要改变以分数作为唯一录取标准的做法，实行“综合评价，择优录取”。

学业考试成绩和综合素质的评价结果将成为普通高中招生的主要依据。各高中学校根据报考学生的学业考试成绩和综合素质评价结果，确定学校招生标准并进行录取，必要时可组织专门委员会加试。组织加试必须经地方教育行政部门批准，加试内容应主要考查学生的创新精神和实践能力，以及综合运用知识分析问题和解决问题的能力，如参照学生初中阶段的研究性学习成果，采取面试、答辩等多种形式进行。

通过上述中考制度改革，由此改变以往的考试评价和招生制度：过于强调甄别与选拔，忽视改进与激励的功能；过于注重升学考试成绩，忽视学生的全面发展和个体差异；过于关注结果而忽视过程，评价方法单一；招生录取以学科考试分数简单相加作为唯一录取标准，制约教育方针的贯彻落实，影响学生身心健康和全面发展，等等。

2. 通过学业水平考试为学生的全面发展奠定基础

初中毕业生学业水平考试是义务教育阶段的终结性考试，目的是全面、准确地反映初中毕业学生在学科学习方面所达到的水平。学业水平考试将体现新课程的理念，更加贴近现实和生活，注重考查学生对知识与技能的掌握情况，特别是在具体情境中综合运用所学知识分析和解决问题的能力，培养学生的创新精神和实践能力。学业水平考试作为对初中生在校期间学习情况的全面检测和总结，它既是衡量学生是否达到毕业标准的主要依据，有利于促进学生全面发展；也是高中阶段学校招生的重要依据之一，有利于普通高中更加科学、自主地选拔人才。

学业水平考试内容需要在课程内容结束后由省级教育主管部门统一规定。在学业水平考试中，初中阶段所有教学科目共13门课程都是考试内容，包括语文、数学、英语、物理、化学、生物、历史、地理、政治、音乐、体育、美术，以及综合实践活动。其中，综合实践活动含计算机、研究性学习、社会实践等内容。这样，可以有效促进学校开齐课程，开足课时，保证学生受教育的全面性；与此同时，也可以促进教与学的方式的转变，理论联系实际，注重学生实践能力和创新精神的培养，全面提高学生综合素质。

学业水平考试在组织方式上，省级教育主管部门不再组织全省统一的中考，而是提出指导性意见规定全省统一的时间、科目、分值要求等，各市可以根据自己的实际情况以及当地学生水平进行自主命题，或由市联合命题，或委托省教育科学研究院等有关部门进行命题。

3. 通过综合素质评价促进学生的个性化发展

综合素质评价以促进学生全面发展为重要目标，体现学生综合素质和个性特长发展状况。对初中学生进行综合素质评价的基本出发点是衡量学生全面发展的状况，综合素质评价坚持内容的全面性，体现学生之间的差异，关注学生的特长和潜能，促进学生在打好共同基础的同时，实现有个性、有特长的发展。综合素质评价的主旨在于，建立促进学生全面发展的评价体系。评价不仅要关注学生的学业成绩，而且要发现和发展学生多方面的潜能，了解学生发展中的需求，帮助学生认识自我，建立自信。发挥评价的教育功能，促进学生在原有水平上的发展。

在初中综合素质评价中，以道德品质、公民素养、学习能力、交流与合作、运动与健康、审美与表现等六个方面的基础性发展目标为基本依据建立评价体系。相应地，需要建立每个学生的成长记录袋，收集能够反映学生学习过程和结果的资料，包括学生的自我评价、最佳作品（成绩记录及各种作品）、社会实践和社会公益活动记录、体育与文艺活动记录，教师、同学的观察和评价，来自家长的信息，考试和测验的信息等。学生是成长记录的主要记录者，成长记录要始终体现诚信的原则，要有教师、同学、家长开放性的参与，使得记录结果做到客观、真实。综合素质评价充分尊重学生的自我评价和同学互评，同时应以实证性材料和数据为基础，力求做到科学、客观、公正的评价。

初中毕业生综合素质评价的结果包括两部分：（1）综合性评语，对学生的综合素质予以整体描述，尤其突出学生的特点和发展潜能；（2）等级，采用A、B、C、D、E等级水平来描述初中毕业生综合素质不同方面的发展状况。综合素质评价结果是衡量学生是否达到初中毕业标准、高中阶段学校招生标准的重要依据。

各学校将在严格遵守公开、合理、可操作等评价原则的前提下，成立综合素质评价工作委员会，对校内各班级评价工作进行指导与监督，接受质询、投诉与举报，及时解决工作中的问题。同时，负责向学生及其家长对综合素质评价的内容、方法、程序等做出明确的解释并公示，将评价结果及时通知学生本人及其家长，如有异议，校评价工作委员会应进行调研与处理。同时，省教育厅是基础教育课程改革实验区初中毕业考试与普通高中招生制度改革工作的领导者，需要通过制度建设体现初中毕业考试与普通高中招生制度改革的公正、公平、公开，实行严格的公示制度、诚信制度、监督制度和评估监控制度等，杜绝腐败现象。

请阐述学生综合素质主价与学生个性化发展之间的关系：

二、学生综合素质评价的实践

案例 1-1　海南中学综合素质评价内容模块

海南中学在综合素质评价方面的探索主要是建立学生成长记录电子档案。

学生成长记录电子档案包括学生的“基本信息”、“综合评价”、“会考成绩”、“模块学分”、“综合实践”、“奖惩记录”、“我的特长”、“社会工作”8个方面。其中，“综合评价”、“模块学分”和“综合实践”颇具特色。

1.“综合评价”分为“学习态度”、“自我认识与期望”、“学期评价”和“毕业评价”4大体系。“学习态度”评价包括“考勤记录”、“作业质量”、“活动表现”3方面；“自我认识与期望”包括“新入学的我”、“一年之后的我”、“毕业班的我”和“即将毕业的我”4个阶段的自我认识与评价；“学期评价”包括“世界观、人生观、价值观”、“道德品质”、“公民素养”、“学习能力”、“交流与合作”、“运动与健康”、“审美与表现”7个方面；“毕业评价”包括“基础性发展评价”、“综合素质突出表现评价”和“教师推荐意见”3个方面。

2.“模块学分”根据自我评价、学生互评、过程评价、终结评价、奖励情况，得出综合评价等级和学分。具体做法是：学生自评、互评占10%，过程评价占30%，终结评价占60%，奖励分另加，最后根据总分划分为“不合格”、“合格”、“中”、“良”、“优秀”几个等级，不合格者需补考及格才能拿到学分。

3.“综合实践”包括“研究性学习”、“社会实践”和“社区服务”3个方面。“研究性学习”主要在校内学习期间完成，由班主任或科任老师牵头，选定课题，学生自由组合，形成众多的“研究性学习”小组，分工协作，成果可以是小发明或小制作，也可以是论文或研究报告；“社会实践”安排在高二第一学期的某一周进行，由班主任或科任老师带队，每一团队都要带着课题，或走访农村，或深入工厂，或访问名胜古迹，最后要撰写社会实践调查报告；“社区服务”主要安排在寒暑假进行，可以由学生个人单独进行，也可以与家长共同完成，还可以几个人合作进行，返校后要写个人心得。

资料来源：吴福生. 如何进行综合素质评定. http://training.teacher.com.cn/information/center/StudyGuide/zhuanti/jxll/pingjia/3122110201.html.

（一）学生综合素质评价内容及指标体系

综合素质评价实质上是一种发展性评价制度，它适应了时代发展的需要，体现了素质教育和新课程改革的崭新理念，有利于培养学生自主学习、合作交流、实践探索、独立生活等各方面的能力，促进学生全面发展，为学生的终身发展奠定基础。建立以促进学生发展为目标的评价体系主要包括基础性发展目标和学科学习目标两个方面，基础性发展目标包括道德品质、公民素养、学习能力、交流与合作能力、运动与健康、审美与表现六个方面。

就目前新课改的具体实践而言，多数地方的综合素质评价指标体系所用维度同相关政策文件保持一致。但是，也有其他地方在指导性政策文件的基础上对综合素质评价内容维度进行修改。其中，有的整合了道德素质与公民素养两个维度；有的增加了实践能力测验的维度；有的结合学习成绩进行综合素质考察；有的将创新能力作为考察维度；有的整合了学习能力和交流与合作能力；有的将研究性学习能力作为重要维度。

在制定中小学生综合素质评价标准及指标体系时，基于六大评价维度的总体框架下，还需要进一步对中小学生综合素质评价内容和指标进行明确、具体的规定。首先，评价内容上力求全面。如，将“道德品质”等六个“维度”细化、分解为“尊敬师长、团结同学、勤奋进取、正直守信、关心集体、热爱劳动”等 20 个要素，在 20 个要素的基础上又例举出每一维度的“关键表现”及其特征。其次，评价标准上力求具体、可操作。可以将“维度”、“要素”进行赋值，根据“关键表现”对每个“维度”由高到低评出 4、3、2、1 的等级分，再根据 6 个“维度”等级分合成的总分，折成“优”、“良”、“合格”、“不合格”四个等级。根据每位同学 6 个“维度”的总分之和，依次规定评定标注为：“20～24 分”为“优”，“15～19 分”为“良”，“9～14 分”为“合格”，8 分及以下为“不合格”。

案例 1-2　学生综合素质评价表

表 1-1　学生综合素质评价指标体系

评价维度	序号	评价要素	关键表现	评价等级			
				A	B	C	D
道德品质	1	尊敬师长	对老师有礼貌，孝敬父母，尊重长辈				
	2	团结同学	关心帮助同学，与同学友好相处，取长补短，共同进步				
	3	勤奋进取	明确学习目的，有进取心，勤学好问，敢于发言				
	4	正直守信	真诚待人，正直坦率，守信用，不作弊，不做损人利己的事				
	5	关心集体	爱国爱家乡，爱护公物，珍视集体荣誉，维护集体利益，为校争光				
	6	热爱劳动	积极参加力所能及的劳动，养成爱劳动的习惯，珍惜劳动成果，具有奉献精神				

续表

评价维度	序号	评价要素	关键表现	评价等级			
				A	B	C	D
公民素养	7	社会责任感	关心社会和他人，有为他人和社会服务的愿望，积极参加公益活动和社区服务活动				
	8	自尊自信	追求进步，自强不息，敢为个人的行为负责，时常反省，有错即改，宽容、忍耐，不躁不馁				
	9	遵纪守法	遵守校内外规章制度、法规法纪，严于律己，自觉地完成学习任务，抵制不良诱惑				
	10	安全环保	具有安全意识和环保常识，保护环境，珍惜生命，积极参加环保活动和安全知识活动				
学习能力	11	学习兴趣	喜欢学习，有好奇心，有求知欲，并努力克服学习中的困难				
	12	学习方法	有良好的学习习惯，能用各种学习方式提高学习水平，形成一套适合自身发展的学习方法				
	13	计划与反思	能够制定有效的学习计划，善于在学习中总结与反思，听取他人的意见，不断改进提高				
	14	独立探究	能够独立思考，善于提出问题和解决问题，能初步掌握探究的策略与方法				
交流与合作	15	团结精神	乐于参加集体活动，能够为实现集体目标付出努力，善于与人合作共同完成任务				
	16	沟通与分享	能评价和约束自己的行为，善于与他人交流和分享，尊重并理解他人				
运动与健康	17	体质与健康	具有锻炼身体的能力、一定的运动技能和强健的体魄，精力充沛，心理健康				
	18	健康生活方式	坚持锻炼身体，积极参加体育活动，无不良嗜好，不吸烟，不酗酒，讲究卫生				
审美与表现	19	审美情趣	能感受、欣赏、珍惜生活、自然、艺术和科学中的美，健康向上，情趣优雅				
	20	艺术活动与表现	积极参加各种艺术活动，能用多种方式进行艺术表现和创作，富有创新				
综合评价							
获奖记载							
自我评语			学生签名：　　年　　月　　日				
班主任寄语			班主任签名：　　年　　月　　日				

做一做

请根据自己的理解，针对每个领域分析出不同的评价要素，并写出每个要素的关键表现，将表1-2填充完整。

表 1-2

评价维度	序号	评价要素	关　键　表　现	评　价　等　级			
				A	B	C	D
道德品质							
公民素养							
学习能力							
交流与合作							
运动与健康							

续表

评价维度	序号	评价要素	关键表现	评价等级			
				A	B	C	D
审美与表现							

（二）学生综合素质评价主体及方式

在评价方法上，综合素质评价整合量化评价与质性评价。量化评价方法，就是力图将复杂的教育现象简化为数量，进而从数量的分析和比较中推断某一评价对象的成效。以量化方式表征事物性质被认为是科学化的特征之一，运用数学、统计学工具，收集、处理评价对象资料，通过数量化的分析与计算，进而对评价作出价值判断。量化评价方法主要包括观察法、调查法、实验法、测量法等。质性评价方法则是力图通过自然的调查，全面、充分地揭示和描述评价对象的各种特质，以彰显其中的意义，促进理解，运用定性研究、现场研究、个案研究、软数据、整体性综合思维对被评对象进行描述和解释说明。其基本形式主要有参与性观察、深度访谈、作品分析、评语等。

在"方法"层面上，量性评价和质性评价其实并不存在本质区别，区别主要是在"资料"的类型上，如是数据资料还是文字资料。而在资料类型上的划分区别意义不大，因为同样的资料类型可以用于不同的研究，而不同的资料类型也可以用于同一类研究。将量与质的方法对立起来只揭示了资料所具有的不同形式，而没有看到它们各自的分析取向以及所产生的知识类型。如，实证主义得到的通常是代表评价者观点的实验型知识，而自然主义范式获得的主要是代表被评价者视角的解释型知识。而要获得这两种知识，研究者既可以使用量性评价也可以使用质性评价。

综合素质评价注重资料积累，建立"学生成长综合记录"。在形式上，学生成长综合记录由班主任统筹指导管理，每位学生一份（袋），由学生自主设计，充分体现学生个性；在内容上，主要是收集能够反映学生学习和成长的过程及结果的资料，包括学生的自我评价，最佳作品，社会实践和社会公益活动记录，体育与文艺活动记录，教师、同学、家长的观察评价，考试和测验的信息等；在操作上，可与学科教学相结合，与学生的品行、兴趣的发展、习惯的养成相结合，与特殊学生的教育和培养相结合等，重点关注学生个性的发展，体现学生的优势领域。以学生成长综合记录为基础，综合素质评价在总的发展趋势上有如下特点：从一元到多元，从事实描述到意义解释，从追求“科学”到重视人文，从“客观性”到“主体间性”。在综合素质评价中，量化评价与质性评价的有机整合，一方面体现了评价重过程、重发展的课改理念；另一方面也为毕业班学生的综合素质评价积累了大量的原始资料和客观证据。

在多元化的评价主体和评价方式的要求下，综合素质评价需要依次进行学生个人自评——同学互评——家长评价——班级评价——各项目总评等级的确定——综合素质总评等级的确定——综合性评语撰写，直至最后的学校意见及学生本人签名。（注意：个人自评、同学互评、班级（教师）评价这三个方面都只需分别评出六个项目的等级，无需评出综合素质总评等级。）

1. 学生个人自评

学生从综合素质评价表的六个维度，依据所列的评价要素及“关键表现”写出自评报告，整理并提供相关证据，确定各个领域中的自评等级。所搜集整理的关键表现有关材料要求提供完整的原始记录，保证材料的真实性，自评报告应如实总结评价自己的优点和缺点，字迹工整。要让学生明白自己既是被评价的对象，又是参与评价活动的重要主体，所提交关键性材料和自我鉴定过程本身就是，学校对自己进行综合素质评价的重要依据。根据综合素质评价的六个方面内容及评价要素，反思自己的实际表现，结合中小学生成长记录册中记载的内容，以及依据各种有关数据和证据，分项评出自己六个方面的表现，分别用 A、B、C、D 等级呈现。同时，班级评价小组负责审核学生的个人评价材料。

2. 班级学生互评

各班需要分组开展互评。为便于评价的统计和避免评价结果的偏差，班级人数为 40 人以下的可分 2 个小组，40～54 人的班级可分 3 个小组，55 人以上的可分 4 个小组，但最多不超过 4 个小组。每个学生评价小组应由不同性别、层次的学生组成。

首先，由学生自我介绍自评意见，出示相关表现材料。

其次，同学集体评议，采取无记名投票的方式，由小组的每位学生分别对小组内的每一位同学，按照综合素质评价的六个方面内容及其四个等级（A、B、C、D）分别进行投票，作出公正、客观的评价，得出互评等级建议。

最后，通过投票结果汇总，确定每位学生的同学互评结果。A 达 60％以上的记为 A 等，A＋B 达 60％以上的记为 B 等，A＋B＋C 达 60％以上的记为 C 等，否则记为 D 等。同学互评结果可以进行手工统计，更提倡利用有关软件进行电子化统计。要求将小组内每一个学生对其他同学的综合评价结果都纳入统计范围。并对该学生每个项目所得 A、B、C、D 等级的数量分别进行统计。

对每个学生的互评情况应单独形成评议记录材料，供班级评价小组参考。

表 1-3　综合素质评价同伴互评表

项目 姓名	道德品质	公民素养	学习能力	交流与合作	运动与健康	审美与表现

表 1-4　综合素质评价同伴互评汇总表

项目 姓名	道德品质				公民素养				学习能力				交流与合作				运动与健康				审美与表现			
	A	B	C	D	A	B	C	D	A	B	C	D	A	B	C	D	A	B	C	D	A	B	C	D

综合素质评价同伴互评汇总规则（如该组有 15 位同学参加评价，某同学的最终等级评定结果为：）

➢ 班级或小组有 60%以上的同学将该同学的某项评价内容评为 A 等，则这个项目评价的结果可定为 A 等；如："道德品质"一项得到 10 个 A、3 个 B、2 个 C，A 等数量已达到 60%，则该项目可确定为 A 等；

➢ 尚未达到 A 等条件，班级或小组有 60%以上同学将该同学的某项评价内容评为 B 等及以上等级（即 B+A 等级的数量），则这个项目评价的结果可定为 B 等；如："学习能力"得到 6 个 A、4 个 B、5 个 C，B+A 等数量已达到 60%，则该项可定 B 等；

➢ 尚未达到 B 等条件，班级或小组有 60%以上的同学将该同学的某项评价内容评为 C 等及以上等级（即 C+B+A 等级的数量），则这个项目评价的结果可定为 C 等；如："交流与合作"得到 3 个 A、4 个 B、5 个 C、3 个 D，C+B+A 等数量已达到 60%，则该项目可确定为 C 等；

➢ 班级或小组有 60%以上的同学将该同学的某项评价内容评为 D 等，则这项评价的结果可定为 D 等；"审美与发现"得到 1 个 A、2 个 B，2 个 C、10 个 D，D 等数量已达到 60%，则该项目可确定为 D 等。

3. 家长评价学生

家长对学生三年来的发展情况进行评价，并撰写描述性评语。

4. 班级评价小组评价

由各班的班主任和科任教师（在该班任教不少于一年）3 人组成班级评审小组，班主任为组长。

（1）各个项目等级的班级评价

以每位学生提供的本人《成长记录册》中记载的内容（平时成绩、考试成绩、参加活动记录等）、相关的实证性材料（各种获奖证书、活动证明、活动成果等）以及各项客观证据为依据，结合区县级和校级考核科目的成绩或等次以及家长评价意见，班级评价小组综合考虑学生的自我评价和同学互评结果等各方面的意见后，对每个学生的六个方面表现分别进行评价，并以等级呈现。

班级（教师）评价所评出的等级应与学生自评、同学互评的结果大体相吻合，即等级相同或者是向上向下浮动一个等级；当班级（教师）评价等级与个人自评、同学互评的等级较为悬殊时，须有相关的事实依据，并报学校评价工作委员会审核。

(2) 各个项目总评等级的确定

对每位同学的综合素质六项内容分别进行总评。此项工作由班级评价小组的教师负责。即每项内容在个人自评、同学互评、班级（教师）评价的基础上，按照以下规则进行各个项目总评等级评定。

➢ 如果有 2 个及以上 A 等，则这项内容的总评可定为 A 等；

➢ 有 2 个 B 及以上等级（即 B+A 的数量），但未达到 A 等条件的，这项内容的总评可定为 B 等；

➢ 有 2 个 C 及以上等级（即 C+A 或 B 的数量），但未达到 B 等条件的，这项内容的总评可定为 C 等；

➢ 有 2 个及以上 D 等的，这项内容的总评可定为 D 等。

初步确定学生的各项评价等级，并将评价结果报学校评价委员会审议后，对 6 个维度均被评定为 A 级（名额以学生总数的 30%左右为宜）和“道德品质、公民素养”被评为 A 级的学生名单应及时在学校公示（公示时间不少于 3 天）接受监督；B、C、D 等级的学生，由学校评价委员会和班级评价小组及时以通知单或其他形式告知学生本人和家长。

(3) 每位学生综合素质总评等级的确定

根据六个单项的总评结果，班级评价小组负责确定每位同学的综合素质总评等级。同时，以综合素质评价的内容为主要依据撰写综合性评语，对学生的综合素质予以整体性描述，要突出学生的个性、特长和发展潜能。评语经班级评价小组教师讨论后，由小组内教师分工认真填写到学生综合素质评价表中，并有班级评价小组 3 人的签名。不得让学生或班干填写。

➢ 有 4 个 A 等及以上且无 D 等，或者是 3A3B，该同学的综合素质总评等级为 A 等；

➢ 有 4 个 B 及以上等级（即 B+A 的数量），或者为 3A3C，尚未达到 A 等条件的，该同学的综合素质总评定等级为 B 等；

➢ 凡是有 4 个、5 个、6 个 D 等的，或者第三学年受到“记过”以上纪律处分且没撤销，或被行政、刑事拘留，或受到刑事处罚者，综合素质总评一律为D等（评为D等的仅限于极少数学生，且能提供相关证明材料，并能做出清楚明确的解释。总评等级为D等的应控制在该校毕业生总数的5%以内）；

➤ 其余未符合A、B、D等条件的，综合素质总评等级均评为C等。

做一做

请根据上述的等级评定和汇总规则，将表1-5的空白处填充完整。

表1-5　学生综合素质评价等级汇总表

姓名	……	所在学校	……	班级	……	中考报名号	……
评价项目	个人自评		同学互评		班级评价		总评
道德品质	A		B		A		
公民素养	A		B		C		
学习能力	B		C		B		
交流与合作	A		C		C		
运动与健康	B		C		C		
审美与表现	A		D		D		
综合素质总评							

（三）学生综合素质评价结果的报告与使用

1. 结果呈现方式

评定结果同时用两种方式呈现见表1-5。一是综合性评语，即对学生综合素质进行整体描述，要充分肯定优点、特长和潜能，对不足或缺点的描述要准确，并赋予期待和期望的特点。二是采用A（优秀）、B（良好）、C（合格）、D（待合格）四个等级。在互评和班级评定小组评定时，应使获得A、B、C、D等的学生人数符合一定比例，如，在有些地方该比例分别为30%、40%、27～30%、0～3%。除有严重违纪违法并不思改正者外，道德品质、公民素养的评定一般不宜出现D等。学生自评中不受比例的限制，而在标准不容易掌握的方面划分为两个等级，合格与不合格。

2. 结果使用方式

教育部《基础教育课程改革实验区的评价改革指导意见》提出："初中毕业生综合素质评价结果应作为衡量学生是否达到毕业标准和高中阶段学校招生的重要依据。"一方面，综合素质评价应在推进基础教育课程改革实验，促进学生全面、可持续发展发挥实质性作用；另一方面，在条件还不完善，如证据的可靠程度，方案、方法的合理程度，家长、社会的接受程度等还未有充分把握的情况下，只能将评价结果适当、慎重纳入高中招生。

根据这一精神，对综合素质评价结果的使用有着不同的规定。概括起来，综合素质评价与中考的关系主要采取三种方式：一种是“硬挂钩”，即采用“门槛法”、“权重法”、“分值转换法”，将综合素质评价的等级作为报考某一层次学校的依据、或折合成一定的分数比例纳入中考总成绩；一种是“软挂钩”，即采用“参考法”、“综合法”等将综合评定结果仅仅作为参考、同等条件下综合素质评价更好的优先录取。具体做法是：①综合素质评价等级“合格”才能获得初中毕业资格；②综合素质评价等级“良”才能被省级达标普高录取。还有一种是“不挂钩”。从当前的招生改革情况看，虽然综合素质评价结果在学生的升学中尚未成为十分利害的“关系”，但对学校、学生、家长发出一个十分明确的讯号，即只重视学业成绩是不够的，应切实关注各方面的发展和综合素质的提高。

综合素质评定结果是初中毕业生升学的录取依据之一。综合素质评定等级自高到低优先录取。录取时，教师评语、奖惩记录、综合实践活动成果资料、成长记录等能够证明学生特长、潜能和个性发展的材料在同等条件下优先考虑。

关于综合素质评定成绩是如何运用的，主要存在以下几种情况：

(1) 在中考招生中，限定学生可报考某类学校的综合素质评定等级。例如有些地方限定综合素质评定在良好等级以上的学生才具有考重点高中的资格。在D等以上才能够考其他高中。

(2) 将初中毕业生综合素质总评的权利放在高中，由高中确定综合素质评定的等级标准。并将综合素质总评成绩作为其招生的一个依据，在中考成绩相同的情况下按照综合素质评定成绩的高低录取。

(3) 评定结果只和毕业成绩挂钩，但是不涉及到高中招生，不影响中考成绩。

想一想

在上文中给出了综合素质评价结果在中考、高考制度中的不同使用方式，你对此持何种态度？为什么？

____

____

你有什么更好的想法？为什么？

____

____

表 1-6 学生综合素质评价表

评价项目	个人自评	同学互评	班级评价	总评
道德品质				
公民素养				
学习能力				
交流与合作				
运动与健康				
审美与表现				
综合素质总评				
综合性评语	班级评价小组教师签名：			
学校意见	盖章： 年 月 日			
学生本人签名		备注		

3. 评价结果的通告

综合素质总评等级为 A 等的应在学生所在班级公示，在公示期间，接受并记录学生的质询。同时，综合素质总评结果应及时告知学生本人及家长，接受、记录学生及家长的质询。

学生、家长和教师对于评价过程中可能会出现危害评价结果公平、公正的现象和行为，或者对评价结果存在异议，须在规定时限内首先向学校评价工作委员会提出举报或申诉。

4. 评价结果的存档与上报

综合素质评价工作结束后，学校应将《综合素质评价表》及有关证明材料放入学生个人档案，以备查、调阅。

学校应根据特定软件，将全体初三学生综合素质总评等级汇总表建立电子文档、形成数据库，待检查组负责人签名后向教育主管部门报送。

（四）学生综合素质评价制度

综合素质评价过程的公开、公平与公正，需要相关体制的保障。综合素质评定工作，需要重视各种有关评价活动的体制建设，组建评定领导小组、指导小组、工作委员会等组织，明确各组织和人员的具体职责与分工。在现行的综合素质评价方案中，规定建立公示制度、诚信制度、监督制度、评估制度和申诉制度①等，以保证综合素质评定工作的顺利开展。但是，在一些关键的制度建设方

① 2004 年 17 个国家级实验区初中毕业生综合素质评定方案汇编与分析[DB/OL]. http://www.jypj.org/zpzl/fahb/01.doc.

面仍然尚需完善。

1. 综合素质的评定工作制度建设

综合素质评定工作中，均要求组建评价领导小组、指导小组、工作委员会等组织。

（1）初中毕业生综合素质评价领导小组

初中毕业学生综合素质评价领导小组由教育行政部门领导、校长、教研员、教师和其他社会人士组成。其职责包括制定和审核各学校的评价制度；组织并指导学校的评定工作；监控评定程序；纠正评定中的错误；查处违规行为。

（2）学校初中毕业生综合素质评价工作委员会

学校初中毕业学生综合素质评价委员会一般由校长、教师、家长和其他社会人士组成，与其评定方案一并报区教育行政部门备案。其主要职责是本校制定评定工作的实施细则，确定具体的评定程序；认定评定小组成员；对校内各班级评定工作进行指导、监督；接受咨询、投诉和举报；对评定结果进行认定；及时纠正评定中的错误和仲裁等。

（3）班级综合素质评价小组

学校评定工作委员会确定聘任综合素质评定者，每个初中毕业班成立一个教师评定小组，由班主任和科任教师组成，小组成员包括班主任、美术、音乐、体育以及其他文科，理科教师各一人，共 6 人。各班级评定小组的教师成员可以交叉，各小组成员给学生授课的时间不能少于一年，对学生应有充分的了解，同时具有责任心和良好的诚信意识。

班级教师评定小组中的三位教师参与对该班学生进行的道德品质、公民素养、交流与合作等三项综合素质的评定（一般由班主任、数学教师和综合实践活动教师组成），班级评定小组中的班主任与文、理科教师分别负责对理科、文科探究报告进行评定，班级评定小组中的班主任、艺术和体育教师负责组织进行审美与表现和运动与健康项目的评定。

（4）学生综合素质评价小组成员及其工作原则

➢ 在评定工作正式开展的前一个月，由学校评定工作委员会提名成立各评定小组，向被评班级公布，如果超过 1/3 的学生不同意某教师作为评定者，则需作相应的替换。

➢ 评定过程中每个环节必须要有明确的时间和收集处理的具体要求，管理者必须严格程序，不得拖延或扯皮。

➢ 未参加学生综合素质评定工作的教师允许提供学生行为表现的资料和事实举证，但不得施加有失公平的影响。评定者要保守秘密，不得单方面泄露评定结果等。

➢ 建立综合素质评定信用记录，对评定者在评定过程中的过失行为及时记录，采用单独谈话、通报批评、取消下一年评定资格等方式予以惩戒。对学校领导集体违反诚信制度的，通过通报批评、减少录取名额等办法加以惩戒。

2. 综合素质评价的保障制度建设

为确保综合素质评价工作得以顺利实施，需要建立一套较为完整的评价工作制度。在综合素质评定工作中，需要建立公示制度、诚信制度、监督制度、评估制度和申诉制度等，以保证综合素质评价工作的顺利开展。这些制度的建立在综合素质评价过程中对评价内容、标准的理解，操作过程的规范，各种问题的及时处理起到保驾护航的作用。

（1）公示制度

公示制度，要求学生评定的内容、方法及评定结果的使用等向学生及其家长做出明确的说明和解答。学生评定结果应在学生所在班级公示，接受、记录学生的质询。初中毕业生综合素质评价的内容、方法、程序及评价结果的使用等，向学生及其家长做出明确的解释并公示，学生综合素质评价获得“优”等级的名单应在学生所在班级公布，被评为其他等级的学生可向班主任查询。

（2）诚信制度

诚信制度规定，教育行政部门与学校评定委员会为学生综合素质评价的评定者、学生本人等建立信用记录，如果在评定过程中出现弄虚作假行为，则在相应当事人的信用记录中予以记载。信用记录作为高中招生录取的重要参考。学校评定委员会对参加评定工作的人员建立信用记录，如果在综合素质评价过程中出现弄虚作假的行为，应在相应当事人的信用记录中予以记载，并取消其参评资格，信用记录不佳的老师三年内不能作为学生综合素质评价小组的成员。

（3）监控制度

监控制度规定，各学校在评定工作进行中及结束后，教育行政部门将对评定质量进行监控和评估，充分了解评定工作的有关信息，为进一步整改打下基础。学校评定委员会和教育行政主管部门组织人员对综合素质评价进行全过程监控和质量评估，全面了解评价工作的有关信息，及时纠正评价工作中存在的问题并提出整改建议。

（4）举报和申诉制度

申诉制度规定，如果学生、家长、教师和其他社会人士对于评定过程中可能危害评定结果公平、公正的现象和行为，或者对评定结果存在异议可先向学校评定委员会提出举报或申诉，如果对学校评定委员会的答复或处理不满意，可向教育行政部门提出举报或申诉。对评定结果存有异议的，可向学校评定委员会提出申诉和举报，对评定委员会的答复或处理不满意的，可向上级教育主管部门反映，学校评定委员会和教育主管部门应详细记录各项举报、申诉、查处过程及结果。

写一写

写出综合素质评价的实施步骤及其基本要求：

1.______

2.______

3.______

……______

查一查

通过查阅资料，概括出综合素质评价改革实践中的主要困难：

______

______

______

本章要点

- 在现代学生评价中，需要积极构建的"人的评价"理念，充分尊重人的主体性和自主性，并在此基础上师生通过积极参与评价的过程以实现"主动、健康的发展"。
- 现代学生评价重视学生在"真实情境"（authentic）中的问题解决以及实际操作能力表现（performance），同时教师需要利用成长记录袋（portfolio），根据学习标准和目标观察和记录学生的实际操作能力表现收集信息。因此，"真实情境"、"操作能力表现"、"成长记录袋"等成为了现代学生评价的核心概念。
- 根据学生评价在课堂教学中的作用，可以分为定位性评价、形成性评价、诊断性评价与总结性评价；根据学生评价的结果分析及其依据标准，可以分为相对评价、绝对评价和内部差异评价。
- 在现代学生评价改革实践中，可以用不同比喻说明评价改革趋势及主要特征："窗户"喻，评价活动是对学生表现的多维考查；"相册"喻，评价活动是对学生成长的全程记录；"舞台"喻，评价活动是学生自主表达和展示自我的机会；"镜子"喻，评价活动是学生学会反思和自我评价的途径；"硬币"喻：评价活动与课堂教学是有机整合在一起的。
- 在新课改中，中考、高考制度改革要改变以升学考试科目分数简单相加作为唯一录取标准的做法，力求在初中毕业生学业考试、综合素质评定、高中招生录取三方面予以突破。在综合素质评价方面，为全面反映初中毕业生的发展状况，应对初、高中毕业生综合素质进行评定，评定结果既是衡量学生是否达到毕业标准的主要依据，也是各阶段学校招生的重要依据之一。
- 在综合素质评价中，以道德品质、公民素养、学习能力、交流与合作、运动与健康、审美与表现等六个方面的基础性发展目标为基本依据建立发展性评价体系。

思考与练习

- 请从中国高职高专教育网下载阅读《从考试到评价：教育改革的时代任务》，具体分析考试与评价的关系，并阐明自己的观点。（http：//www. tech. net. cn/research/administer/14214. shtml）
- 山东省教育厅发布的《关于深化基础教育课程改革全面提高教育质量的意见》规定："严格按照课程标准要求对学生进行学业评价。学生学业成绩评价实行日常学习评价与期末考试评价相结合的评价办法，日常考试实行无分数评价。义务教育阶段学生成绩评定实行等级制。期末考试应由学校自行组织命题、并进行对评价结果的分析。学校、班级不得公布学生的考试成绩，不得按学业成绩排列学生名次。除初中学业水平考试外，各级教育行政部门及教研机构不得统一组织面向学生的期中考试、期末考试等。"

  （资料来源：山东向应试教育宣战三年后全面取消中考. http://bbs. pep. com. cn/thread-353877-1-7. html. ）
- 请查找并收集有关中国高考和美国高考的相关资料，写一篇小论文具体论述两国高考之间的异同点比较，并进行理论分析。

相关教学资源链接

- http://www. teacher. com. cn/StudyGuide/zhuanti/jxll/pingjia/pingjia. aspx(2008 年 11 月 27 日访问)。教育部全国中小学教师继续教育网教学评价研究专栏，包含新课程评价改革的最新文献研究资料。
- http://www. fjzsksw. com/zhongkao/YN/188267. shtml(2010 年 9 月 2 日访问)。招生考试网站，《关于 2008 年昆明市初中毕业评价和高中(中专)招生考试有关问题的通知》。
- http://edu. qq. com/a/20060922/000172. htm(2010 年 9 月 2 日访问)。《江苏省 2008 年普通高考方案》。
- http://www. xgyz. cn/Html/jyky/2010031110411949. html(2010 年 9 月 2 日访问)。云南省下关一中网站，《云南省普通高中学生综合素质评价方案(试行)》。
- 瞿葆奎. 教育学文集・教育评价[M]. 北京：人民教育出版社，1989.
- 陈玉琨. 教育评价学[M]. 北京：人民教育出版社，1999.
- 李雁冰. 课程评价论[M]. 上海：上海教育出版社，2002.

本章参考文献

- 罗黎辉，高翔. 教育测量与评价[M]. 昆明：云南教育出版社，1996.
- 张华. 课程与教学论[M]. 上海：上海教育出版社，2000.
- 黄光雄. 教育评鉴的模式[M]. 台北：台湾师苑有限公司，1989.
- Daniel. L. Stufflebeam, etc. Evaluation Models: Viepoints on Educational and Human Services Evaluation. Boston: Kluwer Academic Publishers, 2000.
- 2004 年 17 个国家级实验区初中毕业生综合素质评定方案汇编与分析[DB/OL]. http://www. jypj. org/zp/zpzl/fahb/01. doc.
- 桂林市 2008 年初中毕业生综合素质评价修改说明和培训及操作办法[DB/OL]. http://www. gledu. cn/Article/zsks/zk/7235. htm. 2008-3-26/2010-9-2.

第二章

Chapter 2

现代学生评价方案设计

本章学习结束时教师能够：

- 说出现代学生评价方案设计所要解决的核心问题
- 根据有关评价改革的政策文件，列举出现代学生评价方案设计的政策指导、理论基础及功能、目的和原则
- 通过小组合作，完成评价指标体系（即评价指标及其权重系数）设计和修订
- 通过小组合作，完成评分规则设计
- 根据特定评价活动，完成一份学生评价方案设计

第一节 现代学生评价方案构成及设计程序

研讨活动 2-1

通过小组合作与研讨，每组完成一份《学习成绩评价与考试方法》课程评价方案设计。

____

____

____

____

____

____

____

任何领域的评价活动，都需要进行有组织、有计划的方案设计。评价方案是基于相关政策要求及评价理论的指导，在某一特定领域内，明晰评价功能和目的，并据此确立评价主体、编制评价标准、选择评价方式等，合理地构建评价体系，对评价的内容、范围、方法和工具等加以规范，对整个评价活动进行有效策划和设计。就具体的方案设计而言，必须围绕如下核心问题进行系统思考：

"为何评"：评价要解决的问题是什么、预期的评价功效和作用是什么等；

"谁来评"：哪些人可以被赋权成为评价主体、评价小组如何组成、不同的评价者在哪些方面可以作出评分决断等；

"评什么"：被评对象主要包括多大范围的被评对象（需要在题目上标明被评对象的范围）、主要涉及哪些内容范围、从哪些方面进行评价、在每一方面如何划分等级程度并描述关键特征等；

"如何评"：在不同评价内容上采取哪些具体措施和实施办法、针对不同评价内容如何选择合理的评价方法、评价活动如何进行组织实施、评价活动的具体安排如何等。

现代学生评价方案设计应当根据具体的评价情境，切实回答上述核心问题。这就构成了方案的基本框架和要素，也就大致决定了方案的设计程序。

一、评价方案的政策指导及理论基础

在评价方案中，有一部分内容相当于前言或指导思想等，对方案设计的政策依据和理论基础进行简要说明。评价方案设计必须符合相关的政策要求，尤其在当前的基础教育改革中，现代学生评价需要依据各级教育行政部门颁发的、关于评价改革的指导性文件，例如前述的《基础教育课程改革纲要》（试行）、《教育

部关于积极推进中小学评价与考试制度改革的通知》、《国家基础教育课程改革实验区2004年初中毕业考试与普通高中招生制度改革的指导意见》、《国家中长期教育改革和发展规划纲要（2010～2020年）》等。在这些文件中，明确地提出了关于评价改革的政策要求、有关改革的指导性意见和框架等，这些都是评价方案设计的政策参考。

此外，现代评价方案设计还需要体现当前教育改革与理论发展，尤其是学生评价最新的发展趋势以及理论研究，诸如综合素质评价、成长记录袋评价、真实性评价等。以相关理论研究为基础，对评价方案设计进行合理的背景分析，即社会发展对人才的需求状态和现实要求、家长对学校教育的基本思考，以及当前教育改革中存在的基本问题以及学校在自身发展中存在的特殊问题等。在此基础上，将背景分析与评价方案设计紧密结合起来，在评价理论的指导下，科学设计评价体系，并使得理论有机渗透于其中。

在上述的评价方案设计中，通过“前言”、“指导思想”和“评价依据”三个部分分别简要说明了相关政策依据、教育理念和评价理论。但是，这使得相关内容有些零散。一般而言，在具体设计过程中，最好在前言部分或指导思想部分将与方案设计有关的政策、文件和理论整合在一起，进行集中分析与说明。

案例2-1　《小学学生发展性评价方案》

随着课改的深化，要求评价与考试方式的改革同步。在评价与考试领域对学生发展性评价进行研究与实践，有利于推动课改向纵深发展，在课改的每一阶段为学生的发展提供充分的评价保障。深入分析和研究了部分省级课改实验区的经验和教训，也借鉴了兄弟学校近几年在评价方面的实践经验，特拟定本试行方案，作为我校开展小学生发展性评价的研究与实践的指导性意见。同时，希望各班在实施过程中注意情况的分析和整理，并对本方案提出意见和建议，使本方案能逐步完善。

一、评价的指导思想：

小学生发展性评价，以学生发展为本的教育理念为出发点，关注每一个学生的全面发展，持续发展和终身发展。

……

二、评价的依据：

小学生发展性评价的依据是《基础教育课程改革纲要》《教育部关于积极推进中小学评价与考试制度改革的通知》《关于加强和建设未成年人思想道德建设若干意见》和各学科课程标准。

资料来源：http://lqxx.school.snsyedu.com/xuexiaoguanli/ShowArticle.asp? ArticleID=10.

查一查

请查阅与教育评价改革相关的政策文件，简要列出其中有关学生评价的政策要求：

《基础教育课程改革纲要》：________________________________

____

《教育部关于积极推进中小学评价与考试制度改革的通知》：________

____

《基础教育课程改革实验区的评价改革指导意见》：________________

____

____

二、明晰评价目的及功能

评价功能与目的，主要是回答“为何评”的问题，这是评价方案设计的前提性思考。教育评价活动必须明晰地表达人们需要用评价活动来解决“什么问题”、能够实现“何种功效”等。因此，评价功能，意味着评价需要，即评价活动的设计者和组织者首先通过明确评价功能与目的，指明评价活动可以预期发挥的作用，同时还要明确说明想要解决的问题、规定评价结果的用途。

现代学生评价功能主要如下所述，在方案设计时可以适当进行参考：

➢ 选拔管理功能：通过评价客观、科学地收集学生学习和发展等方面的资料，以证明达到规定的评判标准，据此进行选拔或实施其他有关的管理。

➢ 反馈调节功能：通过评价有目的选择、获取学生学习和发展等方面信息，以便及时提供给相关管理部门、教学单位或个人（如任课教师、学生本人等），据此有针对性地提出改进建议和具体措施。

➢ 展示激励功能：通过评价积极为学生成长创造各种机会，以便充分展示自己的能力、智慧、才华、激情等，在肯定学生成长的基础上有效发挥激励效应。

➢ 反思总结功能：通过评价让学生学会自我反思，在此基础上学会对学习过程中的经验、存在的问题，以及自己的优势特长进行自我总结。

➢ 记录成长功能：通过评价采用不同方式有效记录学生学习经历，由此全面描述学生成长的过程，让学生在自主选择学习作品的同时，学会自主判断、自主监控。

➢ 学习提高功能：通过评价让学生积极参与到评价任务的解决过程中，将被动的受评活动有机转化为自己的学习活动，在评价活动中既解决了评价任务，又完成了学习，由此提高自身的能力，发展自己。

➢ 研究发现功能：通过评价让教育者或教师分析自己的教育、教学行为以及学生的学习活动，由此对教学过程展开研究，既可以对传统课堂教学进行批判，也可以在自身的改革实践中，帮助自己在教学活动中实现自身的创造，发现并提升现代课堂教学的内在特征和展开逻辑。

三、明确评价原则与要求

评价原则是人们开展评价活动所必须遵循的基本要求，既是在评价组织工作上的制度规范，也是对评价自身活动的规律认识。明确的、合理的评价原则，有助于统一要求、共同约定，保证评价工作顺利开展。在现代学生评价实践中，应当遵循：在评价改革方向上，需要符合当前教育改革的指导思想、政策要求以及基本发展趋势，诸如导向性（方向性）、教育性、全面性、科学性等原则；在评价组织与制度上，需要体现公平公正、公开公示、诚实守信等原则；在评价功能上，强调发展性、激励性、反思性等原则；在评价具体方法、方式上，突出可操作性、过程性、多样性、全程性、主体性、研讨性等原则。

案例 2-2　《小学综合实践活动评价方案》

1. 过程性原则。综合实践活动是一门学生亲历体验的课程。因此，要重视对学生在活动过程中表现的评价。只要学生经历活动过程，对自然、社会和自我形成一定的认识，获得了实际的体验和经验，就应该肯定其活动价值，给予积极的评价。

2. 多元性原则。综合实践活动强调评价标准和评价主体多元化。因此要鼓励并尊重学生富有个性的自我表现方式，如演讲、表演、写作、绘画、制作等，评价不应只由教师来决定，要通过讨论、协商、交流等多种形式，将学生自我评价、同学互评与指导教师或社会、家庭有关人士评价结合起来。

3. 反思性原则。充分发挥评价的教育、改善、促进的功能，引导学生反思自己的实践活动。要培养学生对活动过程（特别是细节）的记录习惯，要通过活动过程、交流和活动成果汇报，让学生学会对问题的讨论、方法的交流、成果的分享与思考，达到自我反思、自我改进的目的。

4. 激励性原则。坚持正面评价，运用表扬、鼓励、表彰等方法激励学生，并贯穿于整个课程实施过程。无论是在学生遇到困难的时候还是遭受失败的时候，无论是定性还是量化评价的时候，都应该激励学生，使激励评价成为学生获取成功的动力。

资料来源：http://www.xxjxsj.cn/article/28828.html.

案例 2-3　《中学学生学业成绩评价方案》

1. 导向性原则。实施学生学业评价方案，体现素质教育的要求，体现初中新课程改革精神，反映初中新课程方案的要求。通过科学的评价指标体系及评价结果的使用，给初中教育及学生以正确的导向。

2. 操作性原则。方案实施要为家长老师学生所理解与接受，操作简便、直观。方案的指标体系合理，有较强的可操作性，评价主体多元，评价操作实现信息化。

3. 公平性原则。加强学业评价工作的制度建设，提前公布评价的内容、标准、方法、程序、人员和有关规章制度，并广泛征求师生和家长的意见。保障评价工作公平、公正、公开进行，对学生的评价全面、客观、科学。

4. 发展性原则。坚持过程评价与终结评价相结合的原则，发挥评价促进学生发展的重要功能。注重学生的日常行为表现，适当收录反映学生成长过程和发展水平的描述与实证材料。正确发挥评价的激励、发展功能，突出评价对学生全面发展的促进作用。关注学生全面发展，全面评价学生的素质，客观反映学生的个性差异和个性特长。

5. 教育性原则。对学生的评价过程实质是对学生的教育过程、引导过程，提高学生全面发展的意识，培养其创新精神与实践能力的过程。评价的过程、目的首先在于对学生进行教育。

资料来源：http://www.edudown.net/teacher/jihua/zhidu/200811/22711_2.html.

四、确立评价小组及其成员构成

一般而言，评价主体主要是指对被评对象作出评分、评判的人员，这需要明确在评价活动中“谁有权进行评价”。评价是一种基于事实判断的价值判断过程，因而存在着各种各样的评价心理，诸如“晕轮效应”、“首因效应”、“近因效应”、“成见效应”、“从众心理”、“亲疏心理”、“老好人心理”、“居中心理”等难以避免的现象。这往往导致不客观的、不公正的、不全面的甚至是虚假的评价过程与结果。为此，在评价活动中进行评价权力赋予，实现主体多元化是当前的重要发展趋势。在现代学生评价改革实践中，除了教育管理部门或学校相关领导、专家以及教师之外，还应包括学生、家长以及社区代表，都可以成为评价主体。多元化的评价主体有必要成立整体协调、责任明确、结构合理的评价小组或评价委员会。这主要反映在评价小组的成员构成及其相应人数的比例上。

案例 2-4　《“新三好学生”评价方案》

成立机构：成立评优领导小组和单项、综合评议考评小组。

1. 家庭好孩子考评小组

班级考评小组：由班主任、班级家长委员会成员、学生和学生干部组成。

校级考评小组：由校长、政教处、少先队大队部、班主任、学生组成。

2. 社区“好公民”考评小组

班级考评小组：由班主任、社区成员、学生和学生干部组成。

校级考评小组：由学校领导、少先队大队部、班主任、社区成员、学生和学生干部组成。

3. 学校“好学生”考评小组

班级考评小组：由班主任、科任教师、学生和学生干部组成。

校级考评小组：由学校领导、政教处、少先队大队部、班主任、教师代表、学生组成。

4. “新三好学生”考评小组

校级考评小组：由学校领导、政教处、少先队大队部、家长委员会组成。

资料来源：http://www.zcjyx.cn/dytd/tddz/200602/dytd_491.html.

从上述案例中可知，学生、家长以及社区代表成为评价主体，体现了评价改革的重要突破。尤其是学生成为了评价小组的重要构成，他们可以进行自我评价，或者进行同伴评价。在更加积极的意义上，评价主体，即意味着主动参与到评价活动中的人员。对学生而言，他们不仅仅能够对自己或其他同学进行成绩评定、评级、分等，事实上，他们作为评价主体的真正意义在于，他们一方面要积极参与评价活动、评价标准的设计等过程，充分表达自己的观点和价值需求；一方面要主动运用自己所学知识、技能以及智慧和创造，进行评价任务的解决，投入自己的时间、精力在接受评价的同时，进行高效的学习活动。

写一写

请结合自己在评价活动中的亲身经历（作为被评者或评价者），同学之间相互交流一下当时的评价心理，并进行概括：

____

____

____

____

五、规定评价内容及其范围

评价内容是确定“评什么”的问题，根据从笼统到具体的程度依次为评价领域、评价指向、评价指标。具体言之，评价领域，诸如学生评价、教师评价、课程评价等主要规限了评价内容的范围，当然也对评价主体、评价方法、评价标准等进行了某种意义上的限制；评价指向表明了评价内容的两个维度，即结果指向和过程指向；而评价指标则是在特定范围内在不同的评价维度上将评价内容细化为操作意义上的评价项目。从中可以看出，评价内容的明确决定着评价标准的制定，同时也决定着评价方法及其技术的选择。

从根本上说，评价指向体现了评价内容的本质。评价内容在本质意义上可以分为结果和过程，但大多数的评价内容仍然是直接指向了学生或教师发展的结果、课程开发的结果等，既有终结性的总体结果，也有阶段性的局部结果，甚或规定时限内阶段性成果的累积。尽管结果和过程在理论上不能割裂开来，但是在评价操作意义上应当明确两者之间的区分，这使得评价内容能有意识地直接指向各个方面的过程，如学生学习和发展过程等。新课程评价改革中，在研究性学习评价、成长记录袋评价、过程性评价中需要对过程进行评价。

案例 2-5 《新课程学生评价方案》(讨论稿)

学生评价的内容与形式：

1. 模块学分的认定

学分的认定由模块终结性测试与过程性的评价两部分组成。

每模块教学任务完成后，学校按课程标准中三维教学目标的要求统一举行终结性测试。要保证测试的效度、信度和适当的区分度，控制好试卷的难度。

基于模块的过程性评价由学生听课出勤率、作业（含理科实验报告，下同）完成率及平时测验成绩三部分组成。无特殊情况，36 学时的模块出勤低于 30 学时，18 学时的模块出勤低于 15 学时的不给予学分。课外作业缺交 1/3（含 1/3）以上的不给予学分。平时测验成绩仅供教师评定模块成绩时作为参考。

凡模块终结性测试成绩≥60 分或在全级 95%～97%之内的学生，出勤率、作业完成率符合要求的，均获得 2 个学分。成绩在全级最后 3%～5%并且低于 60 分的学生必须补考；补考不合格的必须重修（选修课也可以改修其他课程），直到合格（卷面分为 60 分）为止。

凡需 2 个学段完成的模块，其终结性测试成绩由期中考试和期末考试成绩合成，其权重之比为 4∶6。

凡未获得模块学分的可以参加补考。补考每学期开学前举行一次，由教务处统一组织。

2. 综合实践活动课学分认定

综合实践活动的学分认定，要强调学生主动参与，学生只要积极参与综合实践活动就能获得学分。

(1) 研究性学习活动的学分认定。研究性学习活动是在教师的指导下，学生自主学习的必修课程。年级要认真组织实施，注重过程，不断完善评价的内容和方法。

研究性学习活动的学分认定应具备四个条件：一是要有符合要求的课题研究方案；二是研究过程记录完整；三是有学生课题研究的成果报告（文字或电子的）；四是有自评、互评、师评三级评估结论。具备以上条件的给予5个学分。

研究性学习活动必须贯穿在学生高中三年的学习过程之中，每年一个课题，共计可获得15个学分。

研究性课题必须由学生自己完成，任何人不得包办代替。凡是未开展研究性学习活动的，均不得给予学分。

（2）社区服务的学分认定

学生三年内应参加不少于10个工作日的社区服务，共获得2个学分。参加的社区服务少于10个工作日，不给学分。

学生可以从学校提供的社区服务清单中选择服务内容（也可自己申报，经学校审批备案）。学校依据既定程序和社区提供的相关材料（服务对象及联系方式、服务时间、服务项目、认定签名、服务体会等），认定有效工作日。每个学生必须认真填写《学生社区服务活动登记卡》。

（3）社会实践的学分认定

学生每学年必须参加1周的有组织、有意义的社会实践，并且有个人实践资料（如日记、体验材料等）或记录，共获得2个学分；凡不符合以上要求的，均不获得学分。

社会实践可以在校内或校外进行。校内实践最多2个学分，校外实践至少4个学分；军训可以作为社会实践内容，时间不少于一周，共2个学分。

3. 选修Ⅱ的校本课程学分认定，可参照模块学分认定的办法进行。

4. 奖励学分

为鼓励学生创新或在某些领域有突出表现，学校可设奖励学分。奖励学分的内容主要包括学科活动、科技活动、艺术类、体育类等。

奖励学分的认定：由获奖人申请，经指导教师推荐（各类活动的奖励凭地市级〈含〉以上教育行政部门或其他有关部门发的获奖证书），教务处审核，报学校批准方可记分。奖励学分最高不超过10分。具体实施细则或办法另行制定。

资料来源：http://www.zzkg.net/kegaidongtai/ShowArticle.asp? ArticleID=48.

在设计评价方案时，一般情况下，可以将评价内容与评价方式、方法结合起来，也可以将评价内容与评价标准结合起来。在《新课程学生评价方案》（讨论稿）中，规定了学生评价的四大领域，即模块学习、综合实践活动课程学习（研究性学习、社区服务、社会实践）、校本课程学习以及自身学习优势或特长（主要包括学科活动、科技活动、艺术类、体育类)，在此基础上进行具体内容细分，大致确立了每一部分的评判标准。

六、设计评价标准及指标体系

在一定意义上，评价标准是评价内容的具体体现。某一评价领域中的评价标准能够具体说明“评价什么”的问题，甚至能够明确地规定价值对象的评价要素或曰“从哪些方面进行评价”，以及“在每一方面所能达到的何种程度”。在各种不同领域的教育评价实践中，评价标准都具体地表达为相对完整的评价指标体系。其中体现了结果指向的评价标准设计思路：理论研究者和实践工作者在教育改革之前主要通过“目标分解”方式，在观念中预先设计、逻辑推演出变革或发展将要达到的理想状态。结果指向的评价标准设计或指标体系因指向预设结果而为事物的变革或人的发展构想了一个理想形象或愿景，可以使得评价在教育改革中能够发挥重要的导引作用、激励作用。

具体说来，评价标准意味着，一是评价指标体系及分项测评标准，二是对被评对象所有分项测评结果汇总后的总体评判标准。

案例 2-6　《学生学业成绩评价方案》(试用稿)

阅卷老师按分数进行阅卷积分，积分结果以百分制计算，分为 A、B、C、D 四个等级。老师要给每个学生评定等级，并写在试卷显著位置。学校反馈给学生、家长、社会的是等级结果。

划分等级标准如下：

小学：A：(1、2 年级) 95 分以上；(3～6 年级) 90 分以上。
B：(1、2 年级) 80～94.4 分；(3～6 年级) 80～89.9 分。
C：60～79.9 分
D：60 分以下。

初中：A：85 分以上　B：75～84.9 分
C：60～74.9 分　D：60 分以下

资料来源：http://www.zhentouedu.com/zhengce/hj/200911/8782.html.

案例 2-7　《普通高中学生综合素质评价方案》

1. 道德品质与公民素养方面

基本符合道德品质与公民素养方面的要求者，可评为合格。

达到合格要求且符合下列条件之一者，可评为优秀。(1) 获校级以上三好学生、优秀学生干部、优秀共青团员、优秀共青团干部等荣誉；(2) 有见义勇为、拾金不昧等行为得到县级以上有关部门表彰；(3) 在关心集体、爱护国家财产、保护环境、积极参加公益活动、社区服务等方面有突出表现并得到省、州、地、市有关部门嘉奖。

有下列情况之一者应评为不合格。(1) 严重违反校纪、受到学校处分且无悔改表现者；(2) 触犯法律法规、受到司法机关处理者。

2. 学习与交流合作能力方面

C等：同时具备以下条件者可评为C。(1) 基本符合学习与交流合作能力方面的要求；(2) 当年按《青海省普通高中学生学分认定管理办法》(以下简称《办法》) 规定在语言与文学、数学、人文与社会、科学等领域取得必要的学分；(3) 当年参加青海省学生学业水平统一监测考试者，在语言与文学、数学、人文与社会、科学等领域各科目成绩均合格。

B等：达到C等要求，且具备下列条件之一者可评为B。(1) 当年在语言与文学、数学、人文与社会、科学等领域课程的模块考试中2/3以上的模块成绩良好。(2) 研究性学习成绩良好，参加学校组织或认可的展评等活动获得奖励的。

A等：达到B等要求且具备下列条件之一者可评为A。(1) 当年在语言与文学、数学、人文与社会、科学等领域课程的模块考试中2/3以上的模块成绩优秀；(2) 研究性学习成绩显著，参加州、地、市级以上教育部门组织或认可的评比并获奖的；(3) 参加语言与文学、数学、人文与社会、科学等领域省教育部门组织或认可的学科竞赛获州、地、市级三等奖以上。

D等：当年未按《办法》规定在语言与文学、数学、人文与社会、科学等领域取得必要的学分应评为D。

3. 实践与创新方面

C等：同时具备以下条件者可评为C。(1) 基本符合实践与创新方面的要求；(2) 当年在综合实践活动、技术等领域按《办法》规定取得必要学分；(3) 当年参加通用技术实践部分、理化生实验考查的，所有项目成绩合格。

B等：达到C等要求，且具备下列条件之一者可评为B。(1) 当年在综合实践活动、技术领域课程的模块考试或考查中所有模块成绩良好。(2) 小创造、小发明得到学校表彰或其认可的专业机构认证的；(3) 参加学校组织或认可的相关实践、创新类活动或竞赛获奖；(4) 在学校认可的报刊、杂志上发表有关作品。(5) 当年参加通用技术实践部分、理化生实验考查的，所有项目成绩良好。

A等：达到B等要求且具备下列条件之一者可评为A。(1) 通用技术实践部分、理化生实验考查优秀；(2) 小创造、小发明得到州、地、市级以上教育部门表彰或其认可的专业机构认证的；(3) 参加省教育部门组织或认可的相关实践、创新类活动或竞赛中获州、地、市级三等奖以上；(4) 在州、地、市级教育行政部门认可的报刊、杂志上发表有关作品。

D等：有下列情况之一者应评D。(1) 当年未按《办法》规定在综合实践活动、技术领域取得必要的学分；(2) 当年参加通用技术实践部分、理化生实验考查的，有项目成绩不合格。

4. 运动与健康方面

C等：同时具备以下条件者可评为C。(1) 基本符合运动与健康方面的要求；(2) 当年在体育与健康领域按《办法》规定取得必要学分；(3) 达到《学生体质健康标准》C等要求。

B等：达到C等要求，且具备下列条件之一者可评为B。(1) 当年体育与健康领域所有模块考查成绩良好； (2) 达到《学生体质健康标准》B等要求；(3) 学校田径、球类等运动队主力队员。

A等：达到B等要求且符合下列条件之一者，可评为A。(1) 国家三级及以上运动员；(2) 参加省、州、地、市教育部门组织或认可的体育竞赛活动获单项前六名（含集体比赛前六名主力队员）；(3) 参加学校组织的体育竞赛活动获单项前三名（含集体比赛前三名主力队员）；(4) 经受重大生活困难或挫折能保持积极、向上生活态度并得到师生一致公认。

D等：有下列情况之一者应评为D。(1) 非身体残疾原因运动与健康考查不合格；(2) 非身体残疾原因达不到《学生体质健康标准》要求；(3) 有吸毒、抽烟、酗酒、上网成瘾等不良嗜好且屡教不改；(4) 心理有严重障碍且多次产生自虐、攻击他人等不良行为。

对身体残疾学生的评价可根据具体情况降低或调整有关标准。

5. 审美与表现方面

C等：同时具备以下条件者可评为C。(1) 基本符合《表2》审美与表现方面的要求；(2) 当年在艺术领域按《办法》规定取得必要学分。

B等：达到C等要求，且具备下列条件之一者可评为B。(1) 当年艺术领域课程所有模块考查成绩良好；(2) 有艺术特长并得到学校或其认可的专业机构认证的；(3) 在学校认可的班级文艺活动中有突出表现的；(4) 参加学校组织或认可的音乐、美术等艺术类比赛中获校级三等奖以上的（不含6人以上的集体项目）。

A等：学生互评为B以上，且符合下列条件之一者，可评为A。(1) 有艺术特长并得到州、地、市级教育行政部门或其认可的专业机构认证的；(2) 在市教育行政部门认可的校内外大型文艺活动中有突出表现得到组织单位表彰的；(3) 参加省教育部门组织或认可的音乐、美术等艺术类比赛中获州、地、市级三等奖以上的（不含6人以上的集体项目）。

D等：有下列情况之一者应评为D。(1) 当年在艺术领域未按《办法》规定取得必要学分；(2) 长期拒绝参加学校、班级文艺类活动者；(3) 经常传看含有大量色情、暴力等内容的书刊、音像制品且屡教不改者。

以上五个方面除“道德品质与公民素养”外，其他四个方面被评为B的学生数必须控制在被评学生数的40%～60%，具体比例由县、市教育行政部门根据实际情况制定。

对学生“道德品质与公民素养”方面评为不合格或其他某一评价项目评价为D时应非常慎重，要将其突出问题在学年评价表、总评表“实证材料”栏中如实记载，并提交学校评价工作领导机构进行审核。有评价项目评定等级为A的要将其符合条件的情况填写在学年评价表、总评表“实证材料”栏中。

资料来源：http://www.jyt.qhedu.cn/html/19/3355.html.

想一想

结合上述案例，评价标准在评价活动中具体意味着什么？

____

____

____

____

____

七、选择评价方式与方法

在新课程改革中，随着量性评价与质性评价的统整，教育评价有着丰富复杂的具体方法与技术，但主要可以概述为测验法、问卷调查法、访谈法、现场观察法、文献（资料）分析法等。这些具体的评价方法与技术在特定评价观下仅仅是一种操作性的评价工具。

1. 学生自评：学生自评主要是学生对自己的学习策略、努力程度和学习效果等以及他们之间的关系的评价。学生可以从课堂活动、学习过程、学习态度、学习策略等方面对自己的学习状况进行评价。

2. 小组评价：合作学习的方式在英语课堂中极为普遍。合作小组成员之间的评价可以起到相互督促、相互学习的作用，有利于激发学生你追我赶的上进心。

3. 教师评价：教师参考学生的自评和小组评价，根据学生平时所参与的课堂活动。学习态度、学习策略以及学习效果等评价学生，教师除给予学生等级评价外，还可以适当加上激励性评语或希望等，鼓励学生奋发向上。

4. 家长评价：家长根据小孩在家的学习情况、完成作业等给予评价或写出评语。

表 2-1　小学六年级第一学期数学评价实施细则

考核项目	考核内容	考核办法	考核时间	考核人员	备注
口算	口算练习	制定 5 套口算试题，每套 10 题。任抽一套，1 分钟内完成，按每题 5 分记分。（满分 50 分）	21 周	教师	本栏满分 50 分，再按 10%折算。
实践操作	1. 算出它们的普及率。 2. 量——量、画——画、剪——剪 3. 单式折线统计图	①运用百分数的相关知识，进行社会调查，算出某种家用电器或其他感兴趣项目的普及率。 ②测量没有圆心的圆的直径，设计轴对称图案。 ③根据调查得到的数据，完成折线统计图，并能回答有关问题。 抽签选题，允许二次操作。（满分 50 分）	21 周	教师	同上
数学表达	1. 课堂发言 2. 课堂练习	①口头表达。（满分 10 分）课堂回答问题正确，表述清楚，能用数学语言描述相关内容。 ②书面表达。（满分 40 分）课堂作业中的说理题及单元练习中的说理题思路正确，表述清楚、完整。	平时	教师 学生	同上
情感态度	1. 作业情况 2. 学习习惯	①在家作业完成情况、书写质量。（家长给分，满分 10 分） ②在校作业完成情况、听课习惯、情感体验。（小组讨论给分，满分 10 分） ③数学兴趣、数学素养是否都在原有基础上得到新的提高。（结合本学期的大单元综合实践活动“走进数学王国”由学生自评和教师互评给予给分）（满分 30 分）	平时	家长 学生 教师	同上
笔试	市局提供的期末考试试卷	交换监考，流水阅卷，统一标准。（满分 100 分）	大约 22 周	教师	本栏满分 100 分。

资料来源：http://www.hmzx.net/UploadFiles/2007111171320790.doc.

质性评价是随着评价领域对传统的以量化为特征的评价范式的反思批判而发展起来的，它也是科学研究中的质性研究在评价领域渗透的结果。质性评价反对把一切的复杂教育现象简化为数字，认为这有可能丢失重要信息。它主张评价应全面反映教育现象的真实情况，为改进教育实践提供真实可靠的依据。在新课程改革中，质性评价被积极倡导以弥补量性评价的不足，使其相辅相成。随着新课改的深入，质性评价在理论与实践方面都进行了新思考、新探索。

实事求是地强调质性评价并不意味着对量性评价的简单否弃，而是在矫枉的基础上，主张质性与量性的有机结合。质性评价作为一种新的评价范式是对量性评价的一种反思批判和扬弃，是为了更逼真地反映教育现象。因此，它从根本上并不排斥量性评价，而是把它统整于自身，在适当的评价内容或场景中依然使用量化的范式进行评价。将量性评价与质性评价相结合，是我国目前新课程评价发展的趋势之一，也是新课程发展的必然要求。量性评价与质性评价能否结合，结合的好处和存在的问题值得进一步研究。

在新课程中，使用两种不同性质的评价方法，可以同时从不同层面不同角度对学生进行评价。如对学生在认知方面的低层次目标的学习可通过量性评价来进行测量，而对于学生高层次认知目标及操作能力的评价就要运用质性评价。这样才能对学生整个学业成就进行较完整的评价。

在新课程中，使用不同性质的评价方法可以使新课程不再仅仅局限于纸笔测验，还可包括表现性评价等多种方法或形式。通过灵活多样的评价方法可以多方面地收集学生的资料，这有助于对学生作出正确的评价。

在新课程中，使用不同方法还可以对有关评价结论进行检验，从而提高评价结果的可靠性。如果使用不同性质的评价方法对同一对象进行评价，它们就会相互补充，减少某种方法因自身的限制而导致错误结论的可能性。质性评价的发展及其与量性评价的结合，将会使新课程走向更广阔的领域，达到更高的水平。

八、评价活动的组织与安排

在评价方案设计中，应当制定评价活动的实施计划，即成立评价领导小组或评价委员会等领导组织机构，明确具体的程序、实施办法和措施、时间安排等，以保证有计划、有组织、有步骤地开展评价活动。因此，首先，要成立评价领导小组，负责评价活动的整体策划、组织等，主要是与评价小组一同构成了方案中的“评价组织机构”的部分。其次，要给出具体的评价操作程序、实施办法，必须明确、具有可操作性。最后，要对整个评价活动进行整体考虑，根据不同方面的评价活动或评价工作任务、要求，进行阶段划分，确定具体的时间安排、实施步骤。

案例 2-8 《小学数学学习水平评价方案》

1. 评价操作方法

(1) 笔试（参照教研室试卷）

(2) 口算：

①各年级数学组根据教学内容编制五套口算题（题量在 10 道口算题左右，各年级根据内容可自行调节确定），口算时间为 1 分钟，由学生随机抽取并读一

题答一题，直接说出该题的得数。

②成绩计算办法：全部答对者得 5 分，答对 80%～90%者得 4 分，答对 60%～70%者得 3 分，答对 40%～50%者得 2 分，答对 40%以下者得 1 分。

(3) 实践操作：

①各年级根据各册教材内容，确定一个内容进行现场考核。允许单独完成，允许合作完成。

②成绩计算办法：能在规定时间内完成，且操作正确、方法科学合理、程序规范的可得 5 分；在规定时间内完成，操作中略有一些不够正确的地方、方法科学合理、程序一般的得 4 分；在规定时间内基本能完成，操作规程尚可者得 3 分；其余各种情况酌情给 1～2 分。

(4) 数学表达和情感与态度：

根据学生日常表现，评价教师通过课堂观察依据相关标准，适当给予相关等级。学生在某些方面稍有欠缺的，适当降低等级。

2. 评价时间部署

(1) 口算的测试——平时完成。

(2) 实践操作的测试——平时完成。

(3) 参加教研室组织统一测试。

(4) 完成所有评价记录——期末。

资料来源：http://www.hmzx.net/UploadFiles/2007111171320790.doc.

写一写

结合案例分析列出现代学生评价方案的主要构成要素。

1. ________
2. ________
3. ________
4. ________
5. ________
6. ________

第二节　现代学生评价工具的设计及技术

研讨活动 2-2

通过小组讨论，共同设计本课程《学习成绩评价与考试方法》的学生评价指标体系。

一、评价指标体系设计

在学生评价活动中，一方面需要对学生个体发展进行综合素质评价，另一方面也需要对学生个体的某一学科学习或某一方面发展进行评价。无论如何，首要的是合理设计评价指标体系。评价指标体系是课程标准的具体化、行为化和可操作化，是进行具体的评价实践的基本依据，是评价方案的核心内容。它主要是由评价指标及其权重形成的指标结构。

一般地，评价指标体系是经过逐层分解而成的，并通过结构图的形式表达出来。首先，将评价的总体要求分解为几个主要方面，形成一级指标。然后，将每个一级指标继续分解形成二级指标，每个二级指标同样分解为三级指标……直至分解为具有可测性的指标为止。最后，在每一级指标上，依据指标在此水平上的相对重要性，分别赋予不同权重系数。

案例 2-9　《教科版三年级上册学生学习评价表》

表 2-2　教科版三年级上册学生学习评价表

<table>
<tr><td colspan="2">方式及权重</td><td colspan="4">内　容</td><td>得分</td></tr>
<tr><td colspan="2">活动评价表（25%）</td><td>自评：5%</td><td>同学：10%</td><td>家长：5%</td><td>老师：5%</td><td></td></tr>
<tr><td rowspan="8">作业</td><td rowspan="5">· 短周期作业（10%）</td><td colspan="3">1.</td><td>得分：</td><td rowspan="8"></td></tr>
<tr><td colspan="3">2.</td><td>得分：</td></tr>
<tr><td colspan="3">3.</td><td>得分：</td></tr>
<tr><td colspan="3">4.</td><td>得分：</td></tr>
<tr><td colspan="3">5.</td><td>得分：</td></tr>
<tr><td>▲长周期作业（5%）</td><td colspan="4">1. 凤仙花的观察和记录
2. 养蚕</td></tr>
<tr><td>科普小报（5%）</td><td colspan="4">1. 空气和动物、植物、人类的关系
2. 关于船</td></tr>
<tr><td>科技小制作（5%）</td><td colspan="4">造一艘小船</td></tr>
<tr><td colspan="2">测验与考试（50%）</td><td colspan="4"></td><td></td></tr>
<tr><td colspan="2">总成绩（100%）</td><td colspan="3">等级：</td><td colspan="2">总分：</td></tr>
</table>

资料来源：http://www.zjxxkx.com/Article/Class13/Class6/Class41/200501/782.html.

案例 2-10 大学生综合测评指标体系

- 学生综合素质
  - 基础性素质（0.7）
    - 品德基础素质（0.3）
      - 政治表现
      - 遵纪守法
      - 社会公德
      - 劳动表现
      - 个人品质
      - 人际关系
    - 专业基础素质（0.5）
    - 身心基础素质（0.2）
      - 体育成绩
      - 心理品质
      - 审美情趣
      - 出勤情况
      - 体育锻炼态度
      - 军训
  - 发展性素质（0.3）
    - 品德发展素质（0.2）
    - 社会实践素质（0.2）
    - 科技创新素质（0.3）
    - 职业综合素质（0.3）

一级指标　　二级指标　　三级指标

图 2-1　大学生综合测评指标体系

想一想

结合案例分析，评价指标体系有几种表现形式？主要构成要素是什么？

（一）确定评价指标

评价指标体系设计先要初拟评价指标，要再筛选评价指标。在评价实践中，初拟评价指标是在评价者的价值取向和需求的基础上，通过不同方式的演绎分析而实现的。其方法主要有：因素分解法，按照被评对象的自身逻辑结构逐层分解，将分解出来的主要因素作为评价指标；理论推演法，根据相关学科的理论研究推演出评价指标；典型研究法，是根据少数典型事例的优点分析和经验判断，找出关键特征形成评价指标。

初拟出评价指标后，紧接着要进行筛选和修订目标。筛选和修订指标可以在多元统计分析的基础上，进行聚类分析、主成分分析和因素分析等，从而实现合理、科学地筛选、修订初拟指标。多元统计方法需要数理统计理论的支撑、SPSS统计软件的熟练操作。在此，这些方法不作介绍。但是，在评价实践中常用的指标筛选方法是以经验判断为主的，如调查统计法、德尔菲法和头脑风暴法。

1. 调查统计：是在问卷调查的基础上对初拟指标进行筛选。首先，将初拟指标编制成为表格式的问卷。其次，将问卷发给有经验的专家、研究者、教师同行以及学生群体，请他们依据自己的判断对每一项初拟指标进行等级赋值。一般情况，所有初拟指标的被评等级都划分为五个水平，即很重要、重要、一般、可要可不要、不要。每位答卷者在每项指标上只能选择一个等级。最后，回收问卷，逐项统计“很重要”、“重要”两个等级选择的人数比例（百分比）之和，按统计出的比例和的大小，从高到低依序排列。把低于某数值的指标删除（一般以低于2/3或3/4为标准），就得到经过筛选的指标。

2. 理论论证：经过调查统计确认的评价指标，还需要进行相关的理论论证，主要是召集相关专家会议，从相关学科尤其是教育学科进行论证。

一种方式是头脑风暴法。这是一种邀请专家座谈、讨论，自由、充分发表自己的意见，集思广益完成评价指标筛选的论证方法。经验表明，参加头脑风暴座谈的参会人数宜为10人左右，并要提前告知与会者的讨论问题及相关的初拟指标，而且在自由发言过程中不允许对别人的意见进行反驳，会议主持人对与会专家的意见也不置可否、不发表有任何倾向性的意见，更不能表示赞同或反对。

另一种方式是专家评判法。专家通常是评价理论研究人员、各级教育行政管理人员、经验丰富的教师同行等。通过个别访谈、问卷征询、咨询研讨等方式，请专家对初拟指标及指标体系在形式、内容上存在的问题进行意见征询、评判。因此，通过专家层面的理论论证，更加明确指标内涵，针对评价对象的实际情况逐一进行理论解释，以求高质量的指标体系。

3. 预评修订：论证后的指标体系，需要在一定范围内进行预评价活动，由此获得评价指标体系的试行反馈信息，以便对指标体系及其中的个别指标进行再次筛选和修改，最终形成更加科学的、合理的评价指标体系。

（二）确定指标权重

在指标结构中，每个指标都在一定程度上反映出了被评对象的主要因素或关键特征。但是，他们对于被评对象的作用或贡献各不相同，有的指标所起的作用大，有的指标所起的作用小。在评价指标体系设计过程中，每项指标的相对重要性程度，被称之为指标权重。评价实践中的权重系数既可以用整数来表示，如同一水平的三项指标权重可以分别赋值为 $w_1 = 20$、$w_2 = 30$、$w_3 = 50$，三项指标之和应为 100，即 $\sum w_i = w_1 + w_2 + w_3 = 20 + 30 + 50 = 100$；也可以用小数来表示，如上述指标可以通过计算转化为 $w_1 = 0.2$、$w_2 = 0.3$、$w_3 = 0.5$，三项指标之和应为 1，即 $\sum w_i = w_1 + w_2 + w_3 = 0.2 + 0.3 + 0.5 = 1$。整数权重比较直观、计算简便，在分数汇总时可以依据每项指标所得分数进行直接相加求和；而小数权重（或权重系数）通过数值大小很明确地反映每项指标在总体中的相对重要性程度及其贡献率。无论何种表现形式的指标权重，它在指标体系中的作用主要表现为两个方面：其一是明确每项指标在总体中所占的比重，即其重要性程度；其二，具有明确的导向作用。指标体系的权重设计方法主要有：协商统计法、德尔菲法、两两比较法、层次分析法等。

1. 协商统计法

协商统计法，即一种由相关人员共同协商并统计分析而明确指标体系中各项指标权重系数的方法。它是先请调查者从备选的初拟指标结构中找出最关键的指标，再对指标进行选择人数及其百分比的统计和计算，从而确定其权重。其主要步骤如下：

（1）提出备选的初拟指标。关于大学生发展性素质的 4 个指标如表 2-3 所示：

表 2-3 大学生发展性素质备选指标调查结果

	品德发展素质	社会实践素质	科技创新素质	职业综合素质
选择人数	24	50	44	56
选择人数的百分比（%）	13.8	28.7	25.3	32.2
重要性次序	4	2	3	1

（2）请被调查者从备选指标中选择规定数量的关键指标。调查者通过问卷，让某一班级全班 58 名同学各自从备选的 4 个指标中，选出最关键的 3 个指标。

（3）逐项计算每项指标的选择人数及其百分比 t_i。

（4）依据每项指标的选择人数百分比，从大到小依次排序，并按照规定的指标个数依序选择相应的指标。

表 2-4 大学生发展性素质各项指标权重系数

重要性等级	指标名称	选择人数的百分比（%）	权重系数
1	综合职业素质	32.2	32
2	社会实践素质	28.7	29
3	科技创新素质	25.3	25
4	品德发展素质	13.8	14

(5) 通过归一化处理，计算选取指标的权重系数 w_i。公式为：$w_i = \frac{t_i}{\sum t_i}$，其中，$w_i$ 为筛选后第 i 个指标的权重系数，t_i 为某项指标的选择人数百分比，$\sum t_i$ 为筛选后所有指标的选择人数百分比之和。

$$w_1 = \frac{t_1}{\sum t_i} = \frac{t_1}{t_1 + t_2 + t_3 + t_4} = \frac{32.2}{32.2 + 28.7 + 25.3 + 13.8} = 0.322 \approx 0.32$$

同理，$w_2 \approx 0.29$，$w_3 \approx 0.25$，$w_4 \approx 0.14$。

2. 德尔菲法

德尔菲法是一种运用“背靠背”方式（即不召开专家咨询会议进行面对面的研讨）对聘请的专家进行函询或问卷咨询，征求意见，经过权重赋值结果的反复调整，待专家们意见基本一致时，再确定各指标的权重系数。具体做法如下：

(1) 设计权重系数的调查问卷。以大学生某一课程评价为例，最终的课程评价包括平时成绩、期中考试、期末考试 3 个指标，据此设计出权重系数调查问卷如表 2-5：

表 2-5　大学生某一门课程学习评价的指标权重系数调查表

指标	平时成绩	期中考试	期末考试
权重	$w_1=$	$w_2=$	$w_3=$

(2) 对专家进行函询。要求每位专家分别写出调查问卷中每个指标的权重系数 w_i，须满足 $0 < w_1 < 1$，$0 < w_2 < 1$，…，$0 < w_i < 1$，且 $\sum w_i = w_1 + w_2 + \cdots + w_i = 1$。在此，请 5 位教师同行对上述 3 个指标分别进行权重系数赋值。

(3) 计算各项指标权重系数的平均值 $\overline{w_i}$。收回问卷后进行统计分析，在剔除无效问卷后计算出调查问卷中各个指标权重系数的平均值 $\overline{w_i}$，即：

$$\overline{w_i} = \frac{1}{N}\sum w_{ij}$$

（其中，$\overline{w_i}$ 为 N 位专家在第 i 项指标上的权重系数赋值之平均；N 为专家总人数；w_{ij} 为第 j 位专家对第 i 项指标权重系数的赋值）

(4) 计算出每位专家在每项指标上的权重系数赋值与该项指标权重系数平均值的偏差值 Δ_{ij}，即：

$$\Delta_{ij} = w_{ij} - \overline{w_i}$$

（其中，Δ_{ij} 为第 j 位专家在第 i 项指标上的权重系数赋值与第 i 项指标权重系数平均值的偏差值）

表 2-6　大学生某一门课程学习评价的指标权重系数第一轮调查结果

权重 专家	平时成绩（Δ）	期中考试（Δ）	期末考试（Δ）
1	0.30（0.09）	0.10（−0.05）	0.60（−0.04）
2	0.20（−0.01）	0.10（−0.05）	0.70（−0.06）
3	0.20（−0.01）	0.20（0.05）	0.60（−0.04）
4	0.25（0.04）	0.25（0.10）	0.50（−0.14）
5	0.10（−0.11）	0.10（−0.05）	0.80（0.16）
平均值	0.21	0.15	0.64

（5）向各位专家反馈函询统计结果。根据 Δ_{ij} 值，首先找出比较极端的专家权重意见，并要求有关专家对此陈述理由；然后将将统计结果和专家理由反馈给各位专家，要求各位专家必须根据反馈意见，对各项统计指标进行第二轮权重系数赋值。

表 2-7　大学生某一门课程学习评价的指标权重系数第二轮调查结果

权重 专家	平时成绩（Δ）	期中考试（Δ）	期末考试（Δ）
1	0.25（0.04）	0.20（0.01）	0.55（−0.05）
2	0.20（−0.01）	0.15（−0.04）	0.65（0.05）
3	0.20（−0.01）	0.20（0.01）	0.60（0.00）
4	0.25（0.04）	0.25（0.06）	0.50（−0.10）
5	0.15（−0.05）	0.20（0.01）	0.65（0.05）
平均值	0.21	0.19	0.60

通过函询，如此反复征求专家意见，待 5 位教师同行专家们意见基本一致时，各项指标权重系数的平均值，可以最终被确定为该项指标的权重系数。在此例中的某一课程的 3 项指标的权重系数分别为：$w_1 = 0.21$、$w_2 = 0.19$、$w_3 = 0.60$。

3. 层次分析法

层次分析法是一种多目标、多标准的权重系数决策方法，通过指标之间的两两比较列出指标体系中各项指标的优先顺序和权重系数值。其步骤如下：

（1）根据相对重要等级表对指标进行两两比较，确定指标间的相对重要性程度。

表 2-8　相对重要性程度等级表

相对重要程度赋值	定义	说　明
1	同等重要	甲指标与乙指标对目标贡献相同

续表

相对重要程度赋值	定义	说　明
3	略为重要	与乙指标相比，甲指标对目标贡献稍大一点
5	基本重要	与乙指标相比，甲指标对目标贡献较大
7	确实重要	与乙指标相比，甲指标对目标贡献的优势十分明显
9	绝对重要	甲指标对目标贡献是乙指标无可比拟的
2、4、6、8	介于相邻程度之间，采用相邻重要程度的折衷值	

（2）建立各指标间相对重要性程度的矩阵。该矩阵有两个特征：第一，矩阵主对角线上的赋值为1；第二，$a_{ij}=\dfrac{1}{a_{ji}}$，即第 i 项指标与第 j 项指标的相对重要性程度，等于第 j 项指标与第 i 项指标相对重要性程度的倒数。A_1、A_2、A_3、A_4、A_5 是某一教育评价指标体系（在第二层上有一个子体系）。现请专家对各个指标的重要程度进行两两比较，结果如表2-9。

表 2-9　各个指标的专家两两比较表

	A_1	A_2	A_3	A_4	A_5	w
A_1	1	6	7	8	9	0.57
A_2	1/6	1	5	5	6	0.24
A_3	1/7	1/5	1	2	3	0.09
A_4	1/8	1/5	1/2	1	2	0.06
A_5	1/9	1/6	1/3	1/2	1	0.04
$\sum$	1.546	7.567	13.833	16.5	21	1

（3）按下列公式计算各项指标的权重系数

$$w_i=\frac{1}{N}\sum\left(\frac{a_{ij}}{\sum a_{ji}}\right)$$

（其中，w_i 为第 i 项指标的权重系数；N 为指标总个数）

先求出每项指标的各列之和，即：

$$\sum_{i1}=1+\frac{1}{6}+\frac{1}{7}+\frac{1}{8}+\frac{1}{9}=1.546$$

$$\sum_{i2}=6+1+\frac{1}{5}+\frac{1}{5}+\frac{1}{6}=7.567$$

$$\sum_{i3}=7+5+1+\frac{1}{2}+\frac{1}{3}=13.833$$

$$\sum_{i4}=8+5+2+1+\frac{1}{2}=16.5$$

$$\sum_{i5}=9+6+3+2+1=21$$

再求出各项指标的权重系数

$$w_1 = \frac{1}{5}\left(\frac{1}{1.546}+\frac{6}{7.567}+\frac{7}{13.833}+\frac{8}{16.5}+\frac{9}{21}\right)=0.57$$

$$w_2 = \frac{1}{5}\left(\frac{\frac{1}{6}}{1.546}+\frac{1}{7.567}+\frac{5}{13.833}+\frac{5}{16.5}+\frac{6}{21}\right)=0.24$$

$$w_3 = \frac{1}{5}\left(\frac{\frac{1}{7}}{1.546}+\frac{\frac{1}{5}}{7.567}+\frac{1}{13.833}+\frac{2}{16.5}+\frac{3}{21}\right)=0.09$$

$$w_4 = \frac{1}{5}\left(\frac{\frac{1}{8}}{1.546}+\frac{\frac{1}{5}}{7.567}+\frac{\frac{1}{2}}{13.833}+\frac{1}{16.5}+\frac{2}{21}\right)=0.06$$

$$w_5 = \frac{1}{5}\left(\frac{\frac{1}{9}}{1.546}+\frac{\frac{1}{6}}{7.567}+\frac{\frac{1}{3}}{13.833}+\frac{\frac{1}{2}}{16.5}+\frac{1}{21}\right)=0.04$$

（4）内部一致性检验

n 阶倒数矩阵需要进行相容性检验，检验公式为：

$$CR=\frac{(\lambda_{\max}-n)}{RI(n-1)}$$

其中：

$$\lambda_{\max}=\frac{1}{n}\sum\frac{(W_a)_i}{w_i}$$

$$(W_a)_i=\sum a_{ij}\cdot w_j$$

（$\lambda_{\max}$ 为 n 阶矩阵的最大特征值；n 为相对重要性程度矩阵的阶数；a_i 为第 i 项指标的所有相对重要程度赋值之和；RI 为随机一致性指标值，1—10 阶矩阵的 RI 值如表所示）

$$(W_a)_1=1\times0.57+6\times0.24+7\times0.09+8\times0.06+9\times0.04=3.48$$

$$(W_a)_2=\frac{1}{6}\times0.57+1\times0.24+5\times0.09+5\times0.06+6\times0.04=1.33$$

$$(W_a)_3=\frac{1}{7}\times0.57+\frac{1}{5}\times0.24+1\times0.09+2\times0.06+3\times0.04=0.46$$

$$(W_a)_4=\frac{1}{8}\times0.57+\frac{1}{5}\times0.24+\frac{1}{2}\times0.09+1\times0.06+2\times0.04=0.30$$

$$(W_a)_5=\frac{1}{9}\times0.57+\frac{1}{6}\times0.24+\frac{1}{3}\times0.09+\frac{1}{2}\times0.06+1\times0.04=0.20$$

所以，$\lambda_{\max}=\frac{1}{n}\sum\frac{W_a)_i}{w_i}$

$$=\frac{1}{5}\left(\frac{3.48}{0.57}+\frac{1.33}{0.24}+\frac{0.46}{0.09}+\frac{0.30}{0.06}+\frac{0.20}{0.04}\right)$$

$=5.35$

查表可知，$RI=1.12$

代入检验公式：

$$CR=\frac{(\lambda_{\max}-n)}{RI(n-1)}=\frac{5.35-5}{1.12\times(5-1)}=0.08$$

所以，$CR<1$。这就说明相对重要程度矩阵的内部一致性符合要求，每项指标权重系数可以用于教育测评。

表 2-10　平均随机一致性指标表

n	2	3	4	5	6	7	8
RI	0.00	0.58	0.90	1.12	1.24	1.32	1.41

（5）确定各项指标的权重系数值。如果内部一致性的检验值 $CR<1$，那么，可以判断指标间的相对重要程度矩阵具有满意的内部一致性程度，各项指标权重系数的求解是合理的。否则，各项指标权重系数的求解不能用于测评。

4. 对偶比较法

对偶比较法就是将所有分别进行两两比较，依据相对重要性程度分别对比较的两项指标赋值 a 、b ，且 $a+b=1$。最后，分别对每项指标进行汇总，求解出各项指标的权重系数。其步骤如下：

（1）请全体人员参加会议，共同商定两两比较后的权重系数赋值 a 、b（且 $a+b=1$），并通过表格记录结果。

（2）计算每项指标权重系数赋值总和。

（3）通过归一化处理，计算出各项指标的权重系数。如：

$$w_1=\frac{2.2}{2.2+1.7+1.5+0.6}=\frac{2.2}{6}=0.37$$

同理可得，$w_2=0.28$ 、$w_3=0.25$ 、$w_4=0.10$ 。

表 2-11　大学生军训评价指标权重系数统计表

权重 指标		对偶比较						比较得分总和	权重
1	学习训练态度	0.70	0.80	0.70				2.2	0.37
2	军事知识考核	0.30			0.60	0.80		1.7	0.28
3	技能考核		0.20		0.40		0.90	1.5	0.25
4	出勤情况			0.30		0.20	0.10	0.6	0.10
合计		1	1	1	1	1	1	6	1

5. 两两比较法

两两比较法是将所有指标分别进行两两比较时，比较结果以权重系数赋值来表示。权重系数赋值方法主要有（0，1）赋值法和（0，1，2，4）赋值法。

（0，1）赋值法的规则是：如果认为作比较的两项指标中指标A的重要性大于指标B，则记为a为1、b为0；如果指标A与指标B同等重要，则记a、b均为0.5。其中，指标A、B权重系数赋值之和为$a+b=1$。

（0，1，2，3，4）赋值规则是：两两比较中的指标A与指标B的结果只区分为“重要得多”、“比较重要”、“同等重要”三种情况。在进行两两比较时，如果认为指标A比指标B“重要得多”，则记a为4、b为0；如果认为指标A比指标B“比较重要”，则记a为3、b为1；如果认为指标A与指标B“同等重要”，则记a为2、b为2。其中，指标A、B权重系数赋值之和为$a+b=4$。

下面以（0，1，2，3，4）赋值法为例，说明两两比较法的具体步骤，如下：

（1）请全体人员参加会议，共同商定两两比较后的权重系数赋值a、b（且$a+b=4$），并通过表格记录结果。

（2）对每项指标的权重系数赋值进行行值相加。

（3）通过归一化处理，计算出各项指标的权重系数。如：

$$w_1=\frac{4}{4+10+4+9+13}=\frac{4}{40}=0.10$$

同理可得，$w_2=0.25$、$w_3=0.10$、$w_4=0.23$、$w_5=0.32$。

表 2-12　指标权重系数的两两比较法

	日常作业（1）	研究性学习（2）	科普小报（3）	科技小制作（4）	测验与考试（5）	行值相加	归一化处理	权重系数
日常作业（1）		1	2	1	0	4	4/40	0.10
研究性学习（2）	3		3	2	2	10	10/40	0.25
科普小报（3）	2	1		1	0	4	4/40	0.10
科技小制作（4）	3	2	3		1	9	9/40	0.23
测验与考试（5）	4	2	4	3		13	13/40	0.32

二、评分规则设计

在美国教育评价改革和实践中，大多数中小学都热衷于真实性评价（authentic assessment）的研究和探索——如档案袋评价、表现性评价和毕业展览设计等。无论何种学生评价，它们都有共同的特征：学生在自己的创造性表现（performance）或建构性回答（constructed response）中运用自己的知识、能力和智慧解决真实性评价任务以展示和证明自己。显而易见，对于学生的创造性学习过程和学业成果（product）以及蕴涵于其中的高级思维能力的评价，传统的评价方式已无能为力。因为，真实性评价任务的解决是学生的创造性活动，尤其是创造性思维只有程度之别，而无对错之分；而传统的“非对即错”的评价方式显然是不合理的。事实上，评分规则（rubric）在真实性评价中显得尤为重要，已成为其不可或缺的组成部分。

（一）评分规则的内涵

评分规则的英文“rubric”源于拉丁文“rubrica terra”。牛津英语词典解释说在15世纪中期，基督教徒辛苦地抄写完神圣的经文后，在文章的主要章节的开始部分写上一个大大的红色字母以明示重要性。后来，“在基督教会的界定中，它就是‘一条指示或一系列的指令’，一般用红色字体印刷（它的拉丁文意蕴），解释礼拜仪式如何进行”。① 今天的教育评价理论工作者因袭并引申了其意的主旨，在课堂教学评价中将其视为对学生的学业成果进行评分的规则。

一般说来，“评分规则是由教师或其他评价者与学生协同设计和开发的描述性评分方案，是指导评价的工具”。② 评分规则旨在指导评价者详细分析和评价学生学习过程以及学业成果；决定学生在解决真实任务时知识理解和能力发展所达到的程度；判断学生自行设计的问题解决方案或其他学业成果的质量水平。与此同时，评分规则还为学生提供了详细的反馈信息并让学生清楚地知道如何努力才能达到优秀水准。

案例 2-11　学生参与综合实践活动自我反思评价表

表 2-13　学生参与综合实践活动自我反思评价表

评价项目	评价内容	等第			
		优	良	中	差
情感态度	1. 我很乐意参加这项实践活动，我觉得很快乐。				
	2. 我在活动中能经常提出自己的看法或活动办法，我积极主动地参加集体的讨论。				
	3. 我觉得这样的活动对自己的成长有很大的帮助。				
	4. 我在活动中和同学合作得很愉快，我经常帮助别人，别人也帮助我。				

① ［美］比尔·约翰逊. 学生表现评定手册——场地设计和前景指南[M]. 李雁冰，译. 上海：华东师范大学出版社，1998：122.

② Robert J. Marano, Debra Pickering, &Jay McTighe. Assessing Student Outcomes: Performance Assessment Using the Dimensions of Learning Model [M]. Virginia: Association for Supervision and Curriculum Development, 1993: 56.

续表

评价项目	评价内容	等第			
		优	良	中	差
知识能力	1. 我具备参加活动的基本知识。				
	2. 我能完成小组分配的任务。				
	3. 我在活动中常常有新的发现、新的见解，并受到老师和同学的赞同。				
	4. 我能否综合运用各科知识，主动接受和理解新知识、新信息。				
	5. 我能搜集处理各种信息资源，具备动手制作的能力。				
活动收获	1. 我觉得这样的活动对自己的成长有很大的帮助。				
	2. 我从中学到了新的知识并运用了以前学过的知识。				
	3. 我在活动中常常有新的发现、新的见解，并受到老师和同学的赞同。				
	4. 我在活动中使用的学习、活动方法取得了很好的效果。				
	5. 我对自己的作品或对自己的表现很满意。				
自我综合评价					

资料来源：http://www.wjszex.com/ReadNews.asp? NewsID=883.

案例 2-12　学生议论文的评分规则

表 2-14　学生议论文的评分规则

评分准则＼等级水平	4	3	2	1
论点	我提出了论点，并解释争论的原因。	我提出了论点，但并未解释其引起争论的原因。	我的论点模糊不清，且令人费解。	我没有提出论点或主张。
正面论证	我对提出的观点进行了清晰、准确地论证。	我对提出的观点进行了论证，但遗漏了重要方面。	我从 1 或 2 个角度进行了论证，但未能令人信服。	我对提出的观点没有进行论证。
反面论证	我从反面对提出的观点进行了论证。	我从反面分析了提出的观点，但未证明之。	我从反面提出了反对的观点，但未对其进行分析。	我没有从反面对提出的观点进行分析和论证。

续表

评分准则＼等级水平	4	3	2	1
文章结构和逻辑	我的文章具备了凤头、猪肚和豹尾的特征。	我的文章结构完整。	我的文章结构粗略，但能说明问题；有时跑题。	我的文章结构混乱，且行文无目的性。
措辞	词语生动，词汇丰富，且很自然。	词语优美，但用词单调。	词语单调且不生动，生硬且难懂。	词语单调乏味，且令人费解。
语句的流畅性	句子完整、清晰长句和短句运用合理。	句子结构合理，句式缺少变化。	句子冗长、晦涩难懂，结构不完整。	冗长且残缺的句子使得文章难以理解。
文法规则	语法、标点和单词拼写正确。	语法、标点和单词拼写些许错误但基本正确。	语法、标点和单词拼写错误较多，以致妨碍文章的理解。	语法、标点和单词拼写错误随处可见，以致文章难以阅读。

想一想

结合上述案例，对案例 2-11，案例 2-12 中两个评价表的异同点进行比较和分析，说明评分规则有何特点？

____

____

____

____

（二）评分规则的构成要素

良好的评分规则包含着四个构成要素：明确的评分准则（criterion），详细的质量等级描述（gradation of quality），灵活的评分策略（scoring strategies）和可感知的具体示例（benchmark）。这都是为了让学生明确自己在学习结束之后应当知道什么和应当能做什么。参见案例 2-12①。

---

① Heidi Goodrich Andrade. Using Rubrics to Promote Thinking and Learning [J]. Educational Leadership, 2000, 57(4): 13-18.

1. 评分准则

评分准则是对评价内容的质的规定，即对被评属性的规定，规定着评什么或不评什么。事实上，评分准则表明了学生表现成功的决定性因素，澄清了圆满地完成真实性评价任务的说明和指标，以及学生作品的重要因素和方面。美国的维根斯说："评分准则涉及一项行为获得成功必需的条件。从操作层面上讲，它显示了完成评定任务意味着什么。"为了让学生能够清楚知道自己的学习目标，评分准则必须是公之于众的、清楚的。

2. 质量等级

质量等级就是规定达成目标的程度，即表征学生在某一评分准则上成功或不成功的程度。质量等级详细描述了某一评分准则的不同等级水平的（行为）表现特征，说明学生在解决任务时所具有的长处以及经常遭遇的问题。一般说来，每个评分准则都可被划分为四个不同的等级水平。

3. 评分策略

评分策略主要有整体评分（holistic scoring）和分项评分（analytic scoring）[①] 两种形式。就整体评分策略而言，评分者要综合考虑所有的评分准则，对学生的学习过程和学业成果的质量水平进行全面的、一次性判断，如同体育比赛中的跳水或体操裁判的评分。而分项评分策略则与之不同，它要求依据描述性的质量等级对每个评分准则分别进行评价，然后综合逐项评价的结果。这两种评价策略可以用于不同目的的评价，也可以结合起来加以运用。

4. 具体示例

评分规则中的具体示例旨在用学生的学习作品或学业成果的样本（example of student work）解释评分准则和等级水平。例如，一位 10 年级学生的一篇优秀的议论文可以被学生、教师和家长用来作为具体示例，以便于学生能明确地感知优秀议论文的标准。

在真实性评价中，学生要明晰自己的学习成绩和能力水平，他们必须能亲眼看见优秀作品的样本或其质量的具体示例。因此，学生要清楚地感知到优秀的学习作品看起来（可以通过听、摸、嗅或尝）像什么。教师需要从以前的学生作品或其他资料来源中收集一系列的学生学习作品样本或示例，诸如学生创作的图表、非虚构的作文、开放性数学问题的解答以及学生的科学实验设计等。当然，教师在指导学生运用评分规则时，也应当给学生提供一些有缺陷的或质量较差的学生作品。

完整的评分规则是真实性评价的有效工具。因为，教师运用良好的评分规则

① Barbara M. Moskal. Scoring rubrics: what, when and how? [A]. Runder, L. and W. Schafer. What Teachers Need to Know About Assessment[C]. Washington, DC: National Education Association, 2002: 73.

不仅能客观、真实地评判学生的学习结果（learning outcomes）——即学习过程和学业成果，而且还能给他们提供关于其学习上的长处和不足之处的有价值的信息，极大地推动着学生的学业进步和能力发展。如在学生议论文的评分规则中，它不仅要求学生在其作文中证明自己的良好的思维能力，同时也指导了学生如何达到这个目标。所以说“评分规则不仅是评价性工具，而且也是教学性工具”。①

（三）评分规则的开发技术

在真实性评价中，教师可以参考已有的或其他资源所提供的评分规则。但是，教师在课堂教学和评价中需要与学生共同开发和设计评分规则。为了让学生积极参与到评分规则的开发中来，教师应当做到：②

1. 分析范例作品，教师给学生提供已有的优秀作品和质量差的作品，让学生分别讨论和界定各自的特征并记录下来。

2. 确定评分准则，利用范例作品的讨论结果，开列出作品质量的决定性因素，然后将其分解或综合为评分准则。

3. 选择评分策略，在分项评价中，教师应当将每个评分准则划分为3～5个等级并给予描述；而在整体评价中，教师须综合所有的评分准则形成单一的描述性评分方案。

4. 描述质量等级，首先描述最好的和最差的等级质量特征，然后完成中间等级水平的描述。教师可以尝试着利用“完全肯定（yes）”、“肯定但存在问题（yes，but）”、“否定但存在优点（no，but）”、“完全否定（no）”的技术。

5. 草拟评分规则。

6. 在试用中修订评分规则。

但在评分规则的开发过程中，教师应当注意的是：不要使用不明确的描述语言且不要使之过于繁杂；不要使用消极或否定的描述语言；不要罗列过多的评分准则。

本章要点

- 评价方案是基于相关政策要求及评价理论的指导，在某一特定领域内，明晰评价功能和目的，并据此确立评价主体、编制评价标准、选择评价方式等，合理地构建评价体系，对评价的内容、范围、方法和工具等加以规范，对整个评价活动进行有效策划和设计。就具体的方案设计而言，必须围绕“为何评”、“谁来评”、“评什么”、“如何评”等核心问题进行系统思考。

---

① Heidi Goodrich Andrade. Using Rubrics to Promote Thinking and Learning [J]. Educational Leadership, 2000, 57(4): 13-18.

② Heidi Goodrich. Understanding Rubrics[J]. Educational Leadership, 1996, 54(1): 14-17.

- 评价指标体系是课程标准的具体化、行为化和可操作化，是进行具体的评价实践的基本依据，是评价方案的核心内容。主要是由评价指标及其权重形成的指标结构。
- 评价指标体系设计先要初拟评价指标，再筛选评价指标。初拟评价指标是在评价者的价值取向和需求的基础上，通过因素分解法、理论推演法、典型研究法形成指标结构；筛选和修订指标在评价实践中常用的方法主要有调查统计法、德尔菲法和头脑风暴法。
- 在评价指标体系中，每项指标的相对重要性程度，被称之为指标权重，既明确了每项指标在总体中所占的比重，又具有明确的导向作用。整数权重比较直观、计算简便，在分数汇总时可以依据每项指标所得分数进行直接相加求和；而小数权重（或权重系数）通过数值大小很明确地反映每项指标在总体中的相对重要性程度及其贡献率。指标体系的权重设计方法主要有：协商统计法、德尔菲法、两两比较法、层次分析法等。
- 评分规则是由教师或其他评价者与学生协同设计和开发的描述性评分方案，是指导评价的工具。良好的评分规则包含着四个构成要素：评分准则、质量等级描述、评分策略、具体示例。评分规则能让学生明确自己在学习结束之后应当知道什么和应当能做什么。

思考与练习

- 根据自己现在修读的专业特点，完成该专业某一门课程学生评价方案的设计。
- 请仔细分析自己就读学校的大学生综合素质测评方案，提出修改建议并说明理由。
- 一位教师在《教育评价》课程的教学过程中，结合教学内容安排了一个真实性评价任务，即选择所学教材内容，在课堂上进行教学展示，具体要求如下：

  现在学院要求每位教师都要上一次公开教学课并制作录像，你作为学院的一名教师需要积极地参与其中。在此次教学活动中，各位所依据的教材为罗黎辉教授编著的《教育测量与评价》一书，请按要求选择本书的相应章节进行备课。上课时间另行通知。在备课过程中，请做好充分的资料准备，以便帮助其他同学拓宽和加深对课本知识的理解。与此同时，你还应当灵活地运用所学的教学策略以便合理地组织和设计板书；极力发挥自身的优势智力，充分体现自己的个性化课堂展示。

  请完成一份教学对象为本科生的课堂教学评分规则。

相关教学资源链接

- http：//www. moe. edu. cn/edoas/website18/32/info732. htm（2010 年 9 月 2 日访问)。中华

人民共和国教育部门户网站，《基础教育课程改革纲要》（试行）。

- http：//www. moe. edu. cn/edoas/website18/level3. jsp? tablename＝43&infoid＝405（2010年9月2日访问）。中华人民共和国教育部门户网站，《教育部关于积极推进中小学评价与考试制度改革的通知》。
- http：//www. moe. edu. cn/edoas/website18/53/info6553. htm（2010年9月2日访问）。中华人民共和国教育部门户网站，《国家基础教育课程改革实验区2004年初中毕业考试与普通高中招生制度改革的指导意见》。
- http：//www. gov. cn/jrzg/2010-07/29/content _ 1667143. htm（2010年9月2日访问）。中华人民共和国中央人民政府网站，《国家中长期教育改革和发展规划纲要（2010～2020年）》
- 新课改背景下，一份完整的现代学生评价方案：

《鲁桥中心小学学生发展性评价方案》

随着课改的深化，要求评价与考试方式的改革同步。在评价与考试领域对学生发展性评价进行研究与实践，有利于推动课改向纵深发展，在课改的每一阶段为学生的发展提供充分的评价保障。深入分析和研究了部分省级课改实验区的经验和教训，也借鉴了兄弟学校近几年在评价方面的实践经验，特拟定本试行方案，作为我校开展小学生发展性评价的研究与实践的指导性意见。同时，希望各班在实施过程中注意情况的分析和整理，并对本方案提出意见和建议，使本方案能逐步完善。

一、评价的指导思想

小学生发展性评价，以学生发展为本的教育理念为出发点，关注每一个学生的全面发展，持续发展和终身发展。

二、评价目的

小学生发展性评价既是为了考查学生达到教学目标的程度，也是为了检验和改进学生的学和教师的教，改善课程设计，完善教学过程，有效地促进学生学习，更是为了学生的身心健康和全面发展。

三、评价的依据

小学生发展性评价的依据是《基础教育课程改革纲要》《教育部关于积极推进中小学评价与考试制度改革的通知》《关于加强和建设未成年人思想道德建设若干意见》和各学科课程标准。

四、评价的原则

1. 评价内容多维化。对学生的学业要从知识与技能、过程与方法、情感态度与价值观、思想道德、合作与交流几个维度进行综合评价。

2. 评价主体多元化。既要有教师的评价，还要有学生的评价，家长的评价，但要以学生的自评和互评为主。

3. 评价方式多样化。定量评价与定性评价相结合，形成性评价和阶段性评价相结合，书面考试和实践应用相结合。

五、评价的具体措施

小学生发展性评价分为形成性评价和阶段性评价两大部分。

（一）形成性评价

形成性评价是对学生的思想道德、学习过程及其结果的评价，并通过评价来影响学习过程。它是建立在事实判断基础上的评价，因而它具有评价的差异性、针对性和即时性，它能及时地给学生提出改进的建议和发展方向。形成性评价主要采用几种形式：①单元学习效果测试评价；②表现性评价；③即时性评价；④思想道德评价；⑤档案袋记录。

1. 单元学习效果测试评价

单元测试以各学科课程标准为依据，紧扣本单元学习内容，主要考查对本单元所学基础知识和基本技能的掌握情况。测试形式要多种多样，富有趣味性，可以用书面方式检测也可以用实践活动检测，可开卷也可闭卷。

2. 表现性评价

表现性评价包括对课题或实践活动方案设计和组织实施的评价；对实验操作的评价；对艺术、科技作品的设计及活动展示的评价。这一评价形式可比较好地反映出学生的活动设计能力，活动实践能力，解决问题的能力和合作交流能力。

3. 课堂观察中的即时评价

通过课堂观察，可以及时了解学生的学习情况，做出积极反馈，给学生以鼓励、指导和调整。教师可根据需要，关注学生突出的一、二个方面做出相应的评价记录。这种评价可根据需要一天一次，一周一次或一月一次。评价次数因人而异，不是整齐划一的。

课堂评价的内容主要有：学习兴趣，参与学习活动的主动性、积极性；在学习中发现并提出问题，解决问题策略的多样化，方法的独特性，思维的灵活性、创造性，想象的丰富性；独立思考与合作交流；良好的学习习惯，等等。课堂评价的要素不是固定不变的，这里列举的“要素”只对教师和学生起一个导向、参考作用。

4. 思想道德评价

思想道德评价主要是为了学生的心理健康和全面发展。以《小学生日常行为规范》、《小学生守则》为标准，主要从以下几方面来测评：

(1) 具有爱祖国、爱人民、爱劳动、爱科学、爱社会主义，继承和弘扬民族精神和优良传统的品德。

(2) 遵纪守法、诚实可信、维护公德、关心集体。

(3) 自信、自尊、自强、自律、勤奋。

(4) 孝敬父母、尊敬师长。

(5) 能对个人行为负责，表现出公民所应具备的社会责任感，尽公民应尽的责任。

5. 档案袋记录

通过收集反映学生发展变化的资料来表现学生成长的轨迹，学生、教师、家长对档案袋记录的内容取舍都有参与权，但以学生的意见为主。

根据其他课改实验区的经验和尝试，学习评价中规定档案袋为“一学年”一袋，袋中规定如下内容：

(1) 近期照片一张，附上自己的话；

(2) 作文（含看图说话）；

(3) 典型的学习作品；

(4) 考试试卷；

(5) 学生学期综合评价表；

(6) 其他（如同学赠言，家长、教师寄语，作业评语，学期评语，自己愿意保留的作业，获奖证书等等）。

6. 其他形式的评价

(1) 完成作业情况评价。在作业过程中，可实施由学生“自定目标、自我评价”的“双自”评价方法，也可实施小组互评、教师建议，教师评价等多种评价方法。这种评价对学生有一种自我约束和对作业正确与否的自我判断，这也可以让教师比较好地观察到学生对知识的把握程度、理解程度和学生看待自我的客观性与自信度。

(2) 小组评价。这一评价形式多用于对学生“作品”的欣赏和交流。其目的是帮助学生学会认真地分析“作品”，在这个过程中听取他人观点，欣赏他人的作品和观点，学会吸收他人有益的建议并改进自己的作品。

(二) 阶段性评价

阶段性评价是一种总结性评价。一般在学期或学年进行，对学生的学期或学年的学习情况进行综合考核评价，是一种注重学生自我发展的评价。阶段性评价一般由期末考试和实践检查两部分构成。

(1) 期末考试

期末考试主要有以下一些内容：基础知识；运用所学知识解决简单问题的能力；综合运用所学知识解决较复杂的问题的能力；运用所学知识和方法探求新知识的能力；解决问题策略的发散性和求异性；想象力丰富程度。

检测形式可分为闭卷和开卷两种：通常情况下，语文、数学、英语闭卷，思品与生活、科学等开卷。

(2) 实践检测

语文、数学、英语、品德与生活、科学等学科既有书面检测，又有实践检测，其余学科只进行实践检测。

实践检测的内容和形式，根据学科的不同可以有所区别，但是应力求丰富多彩而又切合学生实际，主要有：探究性学习，调查访问，生产劳动，实际操作，信息收集和整理，社区服务等。

语文可以有口语交际，朗读，参观，访问，开展社会调查，开故事会，演课本剧，演讲比赛，办手抄报等。

- 数学可以有计算，动手操作，调查统计，参观访问，测量，设计制作等。
- 英语可以有唱英语歌，简单的英语对话，编演英语小品等。
- 科学可以有实验操作，实际观察，科学试验，社会调查，科技制作等。
- 品德与生活可以有参观访问，社会调查，社区服务等。
- 音乐可以有唱歌，乐器演奏，打节奏或进行指挥，欣赏乐曲等。
- 美术可以有作画，雕刻，剪纸，捏橡皮泥，名画欣赏，写生等。
- 体育主要是开展多种多样的体育活动。

(三) 阶段性（期末）综合评价实施要点

1. 形成性评价由学校、教师自行组织，将平时的学习表现，单元学习效果测试，课堂评价、作业情况等有所侧重地进行汇总；再和期末检测进行综合，做出一个比较切合实际的综合性评价。形成性评价和学期测试的成绩的权重以 1∶4 为宜。

2. 期末考试按上级主管部门意见执行。

3. 分值计算。

(1) 学生阶段性（期末）综合评价得分＝期末检测得分×80%＋学期形成性评价得分×20%

(2) 期末检测得分＝期末考试分数×80%＋实践检测分数×20%

(3) 学期形成性评价分数＝单元学习效果测试＋课堂评价＋作业情况（形成性评价项目和内容可根据学校、学生情况自主确定，综合评价按照多数的原则进行综合）。

4. 结果呈现。总评结果的呈现，可以有两种形式：学业成绩和综合评语。

(1) 学业成绩。学业成绩由三部分组成：情感态度、知识技能、实践创新，均可用优、良、中、下四个等级来反映其发展水平。评定情感态度的依据主要是学习表现，评定知识技能的依据主要是单元测试和期末检测，评定实践创新的依据主要是实践活动。学业成绩可以先由学生自评，然后互评，最后由教师综合评定。

(2) 综合评语。综合性评语应是一个充满人文关怀的评语，既要充分肯定学生在学业上的进步，尽量发现其闪光之处，也要指出其成长过程中的不足，并指明努力的方向。肯定进步实事求是，恰如其分，就学生个人进行纵向比较，不宜作横向比较，不在班上排名。指出不足，应用激励性语言表述，把存在问题和努力方向融合起来，比如说，今后如何如何，就会怎样怎样；要是能怎么怎么，那就更好了，等等。评语中既有对客观事实的陈述，又不乏主观情感的自然流露，让人民教师对学生的深切关爱，对下一代的殷切希望跃然纸上。

本章参考文献

- [美]比尔·约翰逊. 学生表现评定手册——场地设计和前景指南[M]. 李雁冰，译. 上海：华东师范大学出版社，1998.
- 王刚. 现代教育评价基础[M]. 上海：学林出版社，2004.
- 程书肖. 教育评价技术方法[M]. 北京：北京师范大学出版社，2004.
- 涂艳国. 教育评价[M]. 北京：高等教育出版社，2007.
- Robert J. Marano, Debra Pickering, &Jay McTighe. Assessing Student Outcomes: Performance Assessment Using the Dimensions of Learning Model[M]. Virginia: Association for Supervision and Curriculum Development, 1993.
- Heidi Goodrich Andrade. Using Rubrics to Promote Thinking and Learning[J]. Educational Leadership, 2000, 57(4): 13-18.
- Barbara M. Moskal. Scoring rubrics: what, when and how? [A]. Runder, L. and W. Schafer. What Teachers Need to Know About Assessment[C]. Washington, DC: National Education Association, 2002.
- W. James Pophm. What's Wrong—and What's Right—whith Rubrics [J]. Educational Leadership, 1997, 55(10): 72-75.
- Heidi Goodrich. Understanding Rubrics[J]. Educational Leadership, 1996, 54(1): 14-17.

第三章

Chapter 3

成长记录袋评价

本章学习结束时教师能够：

- 用自己的话阐述成长记录袋评价的内涵
- 通过案例具体地指出成长记录袋评价的主要特征
- 说出成长记录袋评价的设计步骤
- 根据不同的学科特点，完成相应学科成长记录袋评价设计

研讨活动 3-1

全班同学按照专业分成 5～6 人的学习小组，各组依据所学专业特点，自主选择一门课程完成成长记录袋设计。

第一节　成长记录袋评价概述

在新一轮基础教育课程改革中，成长记录袋评价受到极大关注。《教育部关于积极推进中小学评价与考试制度改革的通知》中，明确提出：学校和教师要建立每个学生的成长记录袋，高中录取除考试成绩外，还要依据学生成长记录袋里的其他作品及资料。

成记录袋评价是指有计划地收集学生在一段时间内所取得的学习结果、所经历的学习过程，以便证明学生发展或成就，以及为此所作出的各种努力。然而，成长记录袋评价类型多种多样，不同的成长记录袋有不同的评价目的，不同评价目的就要求成长记录袋必须收集不同的评价内容。从评价目的和评价内容范围来看，有些是对学生发展进行全面评价，即某一学年或某一学段内，学生在认知、能力、情感、态度、价值观诸方面的发展，与综合素质评价相适应的成长记录袋可以称之为综合型成长记录袋评价；有些是对学生某一学习过程进行深入、全程评价，即任务完成、问题解决过程中，不同形式、不同水平的作品或表现以及富蕴于其中的反思、学习方法、能力与智慧、情感与态度等，这可以称之为作品型成长记录袋评价。无论如何，它们本质都在于，对评价活动进行整体策划，只是评价活动所关涉的范围不同而已。成长记录袋的制作与开发，体现了教师、学生等之间的合作，他们共同协作、策划并决定成长记录袋评价的目的、内容及准则，评价方式和资料、信息收集过程。下文主要对作品型成长记录袋评价进行分析。

一、成长记录袋评价的内涵

在国外的教育评价实践中，美国最先使用这种评价方式并称其为成长记录袋评价（Portfolio Assessment）。后来，有关成长记录袋评价的称谓各不相同，如成长记录袋评价、卷宗评价、作品集项评价等等。从实体层面来看，成长记录袋包括 3 个方面的描述：（1）有目的的收集；（2）学生作品和记录；（3）一段时间内的进步。很多定义就停留于此。在类似的理解中，成长记录袋是作为一个名词（noun）在使用的。成长记录也可以作为一个动词（verb）来使用。这种理解包含 3 个方面：（1）“合作的过程”；（2）收集检查和使用信息的过程；（3）反思和促进教学的过程。下述表格对成长记录袋“是什么”以及“不是什么”进行总结（见表 3-1①）。

表 3-1　成长记录袋总结

成长记录袋是什么？	成长记录袋不是什么？
一种经过周密思考的目标、任务和标准的结构。	一个所有事物或任何事物的存放处。
一个使用更多的变化的、真实的基于表现学生能力的标识的机会。	一个储存间接的、过时的读写任务的地方。
一个连续的带有指导的评估过程。	一个一年一次的、课堂之外的、为其他人需要的评估结果。
一个开放的、共享的、可达到的存放学生作品与进步记录的地方。	一个累计的记录分数、等级和学生不能接近的秘密信息的文件夹。
一个积极的思考、赋予价值和评价教与学的过程。	一个收集学生作品的样本的地方。
一个对标准参照测验或标准化考试的补充。	一种避免学习标准的判断。

由此可见，成长记录袋评价就是，“根据教育教学目标，有意识地将学生的相关作品及其他有关证据收集起来，通过合理的分析与理解，反映学生在学习与发展过程中的优势与不足，反映学生在达到目标过程中付出的努力与进步，并通过学生的自我反思激励学生取得更高的成就。②”

事实上，成长记录袋就是对个人成长、个人发展以及个人成就的专业记录集合。成长记录袋评价是指个体的学习记录评价，收集个体在一定时期内的各种能力的证据，并对个体建立连贯性的记录，包括日记、磁带、光盘、作品、自我及他人的评价等等，反映出个体成长过程及预期发展倾向。

---

① Sheila W · Valencia. Literacy Portfolios in action[M]. Fort Worth：Harcourt Brace College Publishers，1988：22-25.

② 徐芬，赵德成. 成长记录袋的基本原理与应用[M]. 西安：陕西师范大学出版社，2002：73.

阅读材料 3-1　成长记录袋

成长记录袋（portfolio），来源于意大利语 portafoglio，有文件夹、公事包或代表作选集等多重含义，也有人将其译为档案袋、学习档案、档案录或成长记录。成长记录袋在国外的应用已有十多年的历史，但到目前尚未有统一的定义。我们在这里作一个描述性的定义：成长记录袋就是把个人的成果系统地收集起来，放在一个合适的容器如文件夹、档案袋（目前还有软盘、光盘等）里，每过一段时间，根据所收集的内容对学生的进步或进步过程等进行评价，以这样的方式进行的评价就是成长记录袋评价。在课堂教学中，成长记录袋指学生作品的系统收集。通过收集学生成果（如作业、艺术作品等）来反映学生学业水平的增长、长时期的成就以及在特定学业领域的重大成就，并由此来促进学生的学习，这样的评价就是学业成就的成长记录袋评价（portfolio assessment）。

资料来源：余林. 课堂教学评价[M]. 北京：人民教育出版社，2006：1.

二、成长记录袋评价的主要特征

成长记录袋评价是针对传统评价的不足而被提出来的，其自身的特点也是相对于传统评价而言的。一般来说，成长记录袋评价的特点可归结如下。

（一）成长记录袋评价内容以学生在任务解决中完成的作品为主

学生在成长中不断地将自己的作品加入到记录袋里，从而使成长记录袋的内容不断更新。评价者可以通过分析比较学生的新、旧作品，准确定位学生的进步与不足，并及时地调整策略，最终实现提高学生全面发展的目的。所以，在创建成长记录袋的过程中，必须不断地往记录袋里添加学生的新作品，使其内容更具连贯性和实时性。

（二）成长记录袋评价方法灵活多样

以纸笔测验为主的传统评价，通常是开展标准化测试，并凭借一张试卷纸就评定学生的全部，在成长记录袋评价中，评价者可以通过轶事记录、作品分析、课堂观察、问卷调查以及日常的测验、考试等方式，依据被评者在各种学习活动中的作品、笔记、日记、口述、课外活动等完成评价。可见，与传统的纸笔测验相比，成长记录袋评价的方式显得更加灵活、多样。

（三）成长记录袋评价使教学与评价结合更紧密

因为成长记录袋主要由课堂教学的产品组成，所以评价的过程和内容很容易和教学结合起来。通过对成长记录袋内容的评价，教师可以获得有关学生需要的信息，学生也可以由此反思和发现自身的不足，更好地推动和促进教学的顺利实施。而且，这个过程是循环往复的，学生经常性地在成长记录袋中收集自己的作品，使学生作品的收集和评估成为教学过程的焦点。因此，可以说成长记录袋使教学和评价更加紧密地结合起来。

（四）成长记录袋评价更加突出学生自我反思与评价

在成长记录袋评价中，挑选和收集学生作品、制订评分规则、总结及反馈等过程都需要学生参与，在这个过程中，自我的评价是学生积极的反思、自主的提高与进步的动力。也就是说，学生自始至终都在参与评价，随时了解评价过程，既是被评价者也是评价者。在整个成长记录袋评价中，过程自我评价的成分很突出。

（五）成长记录袋评价丰富了评价范围及指标

以纸笔测验为主的传统评价通常是在期中、期末进行，其评价的指标主要局限于认知领域的评价，对学生的创新能力、学习习惯、情感态度、价值观等方面不够重视①。特别在大学校园里，许多学生为了应付考试，整天忙于背诵，使学习成为一种负担，从而导致厌学情绪的产生。成长记录袋评价至今没有统一的评价指标，教师应该根据课程目标和学生实际情况自行制定灵活多样的评价指标，它重视考查学生知识和技能的掌握情况，更注重学生综合素养的考查，并关注学生掌握知识和技能的过程与方法，以及情感态度与价值观的形成。它既能展示学生多方面的知识和能力，又能展示学生在学习的每一个阶段的过程和进步。如案例 3-1 美国纽约中心公园中学的学生成长记录袋评价。

案例 3-1　美国纽约中心公园中学的成长记录袋评价

美国纽约中心公园中学将学生成长记录袋作为学生是否符合中学毕业要求的首要依据。在高中学习期间，学生需要准备他们的学业作品，展示在学习上取得的最好的成就。作品集的内容包括：毕业前的计划、自我介绍、学校和社区服务记录、道德和社会课情况、艺术与审美能力、实践技能、第二语言成绩、身体素质等十四个方面。学生展示成果的形式是多种多样的，有文字材料、演讲、辩论、演剧、艺术作品、科技模型以及反映真实学习过程的录像带、录音带和电脑磁盘等。

资料来源：蔡敏. 当代学生课业评价[M]. 上海：上海教育出版社，2006：185.

---

① 冯梅，梁玲. 浅议成长记录袋评价方法[J]. 管理研究，2009(11)：35.

想一想

作为新型的评价方法，成长记录袋评价与传统标准化测验有何异同？

相同点：______________________________

____

____

不同点：______________________________

____

____

（六）成长记录袋评价更加注重学生的学习全过程

成长记录袋评价贯穿于学生整个学习活动过程，这样的评价方式有助于教师和家长多角度、多层次、更全面地了解学生；比较全面、客观、准确地评价学生；有助于学生个性发展；有助于学生自我激励、自我反思，有助于学生、家长、教师之间的相互沟通。通过成长记录袋收集学生的作品，可以使学生体验成功，感受成长与进步，并从中增强自信心，获取发展的动力。同时教师可以通过作品，鼓励学生创造出展示自己才华的作品，并为他们展示自我提供更多的机会。

第二节　成长记录袋评价的设计与技术

成长记录袋的设计是一个复杂的过程，首先应当明确成长记录袋的目的、向记录袋里添加的内容、制定评价标准、评价者、评价的方式方法、评价的效度等等一系列问题。

为了充分发挥学生成长记录袋评价的功能，使它真正成为教师教育教学的有效手段和学生发展成长的有效工具。在实施收集材料前，要精心设计和制订学生成长记录袋评价的具体方案。需要事先对学生成长记录袋作出良好的设计，否则，它们就会变成纯粹的作品文件夹，无法发挥成长记录袋评价的诸多功能。

一、成长记录袋评价的目的与功能

明确成长记录袋的目的和功能是建立成长记录袋的第一步也是最关键的一步。美国学者罗伯特（Robert）等人认为：在创建成长记录袋时要回答的第一个问题是成长记录袋评价的目的是什么？如果没有对成长记录袋的目的和功能进行明确的阐述，那么，成长记录袋在内容的选择上，评价标准的问题上等等诸多方面将会出现很大的误差。最终影响评价结果有效性、真实性。

（一）成长记录袋评价的目的

一般来说，设计一个成长记录袋是为特定的目的而服务的。如果将成长记录袋用于多个目的，那么成长记录袋的信度和效度将是我们思考的问题。所以，实施学生成长记录袋评价的第一步就是明确评价目的。归纳起来，在确定成长记录袋评价的目的时，可以综合考虑以下两个方面：

第一，不同成长记录袋的类型有不同的基本目的，大致包括三种：展示学生成就；描述学生的进步；确定学生是否达到预期的表现水平。这三种不同的目的直接决定了成长记录袋所选作品的类型，也决定了评估的标准和方式。所以，这是教师首先要考虑的。

第二，主要是为了教学，还是为了评价、激励学生？这是创建成长记录袋的两个基本目的，前者主要服务于教师，后者则主要服务于学生①。当成长记录袋评价的主要目的是教师的教学时，成长记录袋可以帮助学生发展和提高自我评价的技能，同时，这一技能的获得需要不断的实践、练习及反馈；成长记录袋在教学中的另外一个重要用途是指导学生与不同的人进行交流，因为成长记录袋面对的参阅者既可能是教师、家长，也可能是其他的雇佣者，它可以通过让每个学生向全班同学口头呈现作品的方式来发展学生的演讲能力及与他人交流的能力。当成长记录袋评价用于评价学生时，可以划分为形成性评价和总结性评价。收集综合素质中的某一项在一个学期或者一个学年的作品，对表现学生进步的形成性评价比较有效。但当成长记录袋用于评价学生是否获得毕业证，或者能否升入高一级的学校时，就要花费大量的精力制定成长记录袋的内容选择的指导方案以及评价标准。

（二）成长记录袋评价的功能

实践证明，成长记录袋评价对于促进学生发展、调整教师教学，具有非常重要的作用。成长记录袋评价具有反思功能，为学生提供对自己的作品进行自我评价和反思的机会，培养其评价和反思的能力②，这种评价方式充分体现了新课改里“以人为本”的教育理念，尊重和发扬学生的主体意识，充分调动学生参与学习的积极性和主动性，从而促使学生潜能的开发与创造性思维的发展。

除此，与传统评价相比，成长记录袋评价具有其他不可忽视的功能：

第一，成长记录袋评价可以反映学生的综合素质。在学生成长记录袋里放入不同的评价内容，如：在成长记录袋里放入能够体现学生的学习过程和学习结果的材料；放入能够体现学生认知水平和情感态度的材料等，这些材料就是

---

① 沈玉顺．课堂评价[M]．北京：北京师范大学出版社，2006：86.

② 杨达传．成长记录袋：一种全新的评价方式[J]．吉林省教育学院学报，2009(9)：46.

体现学生成长的材料。换句话说，成长记录袋里的材料就是学生的综合体现。教师可以从成长记录袋的评价中，很容易发现学生的进步、了解学生日常的学习表现等。通过成长记录袋的材料，教师还可以更加深入的了解学生在学习过程的情感表现，如学生的学习兴趣、学习毅力、努力程度、上进心、自信心和自我控制能力等等①。以上这些维度的评价，对于传统评价来说是很难达到的，通过纸笔测验的传统评价不能将学生的学习状况如此详细的反映出来。因此，成长记录袋评价能为教师提供全面、连续、精确、及时的信息。教师通过成长记录袋提供的信息，可以实时调整自己的教学策略，更加有利于正确引导学生的发展。从这个意义上来讲，成长记录袋评价还可以协助教师教学策略的提升。

第二，成长记录袋评价可以激励学生的发展。由于成长记录袋评价是随着学生各方面的成长而制定的，可以记录学生的进步与不足。因此，学生在一段时间学习后，通过成长记录袋评价可以发现自身的进步与不足。更重要的是，在进步方面可以让学生感受到成功的喜悦，从而增强学生的自信心去弥补自身的不足。换句话说，成长记录袋评价可以增强学生学习的主动性，对自己的学习负责，从而对学生起到激励的作用。

第三，成长记录袋评价可以培养学生的主体意识，可以增强师生间的交流。由于成长记录袋对学生成长的记录具有连贯性，从而既有助于教师通过纵向分析对学生进行更多的了解，又有助于教师对学生预期发展的有效指导以及对学生的偏好有更进一步的了解。同时，成长记录袋评价给学生留有很大的自由发挥的空间，学生可以根据评价的要求来决定自己要如何完成自己的作品。学生可以在许多方面行使自我决定权，如题目的设计、内容的选择、形式的确定等方面。从而激发学生个人的内在潜力和学习的积极性，使学生真正成为学习的主人。

第四，成长记录袋评价可以直观的展示出学生个体差异，有效促进教师的施教。每个学生都有自己的特点、优点及缺点，成长记录袋记录的详细性可以记录学生的一切，教师可以通过记录袋来分析学生的不同特点，并根据学生的个体差异做到因材施教。

第五，成长记录袋评价可以促进学生的自我反思。为了展示自己的学业成就，表现出最好的学习水平，学生在准备成长记录袋的内容时，不但要认真完成每一个步骤，还要进行仔细的修改，对自己的成果进行反思和评价，直到自己满意为止。这种反思有助于学生在成长的过程中学会认识自己、评价自己，在学习中进行自我教育。

---

① 蔡敏.当代学生课业评价[M].上海:上海教育出版社,2006:189.

写一写

根据自己的理解，归纳总结成长记录袋的目的与功能。

____

____

____

____

二、成长记录袋评价的标准及指标体系设计

与其他评价方法一样，成长记录袋评价也必然要面对“如何使用成长记录袋给出学生的等级”这一问题，即如何给学生成长记录袋评分的问题。为了保证评分的相对公正和客观，成长记录袋评价也就有一个评分规则或准则。成长记录袋的评分包括两个方面：一是给成长记录袋中所收集的材料评分；二是对成长记录袋进行总体评分。第一个方面的评分一般在收集材料时进行，与日常教育教学评价的方法相同；第二个方面的评分是在成长记录袋中所需的材料全部收集完以后进行，而且与日常教育教学评价存在很大的区别。

（一）成长记录袋评价标准

美国学者皮特（Peter W・Airasian）指出评价标准是对归入记录袋的个体资料进行评估所必需的。没有这样的标准，评估就难以保证记录袋内部资料或者不同记录袋之间的内在一致性。① 所以，评价标准是学生成长记录袋评价不可或缺的部分。不同的任课教师以及下一任任课教师也需要通过学生成长记录袋来了解学生。那么，学生成长记录袋的评价标准的制定就应当由相关的教师共同参与完成。如果每位教师都参与了学生成长记录袋的评价标准的制定，教师就可以很容易地了解每位学生的具体情况以及一个班级的总体情况，有利于教师适时调整自己的教学策略，以达到更好的教学效果。

评价标准具体说明了要促进学生哪些方面的发展。成长记录袋评价是要通过学生的自我反思与评价激发学生进步的动力，并由此促进学生某方面的发展。教师需要考虑清楚具体要促进学生哪方面的发展。具体来说，通过成长记录袋评价可以促进学生智力技能、操作技能、社会技能和个性的发展。成长记录袋的作品内容是学生的真实成果，一般有一定的创造性，所以教师应该多关注用传统纸笔测验所不能很好测量的智力技能，如知识结构、认知策略、程序性技能和元认

① ［美］Peter W・Airasian. 课堂评估［M］. 徐士强，译. 上海：华东师范大学出版社，2008：153.

知、问题解决策略、组织能力等。

（二）成长记录袋评价指标体系

学生成长记录袋评价的结果应占每学期学生总分的多大比例？这是一个非常重要但却没有固定准则的问题。一般来说，在刚刚开始使用时，由于教师和学生都还缺乏经验，评价的信度和效度都可能存在较大的问题，所以成长记录袋评分最好只是作为课程评价的一小部分而引进，在学生总分中所占比例不宜太大。待积累一定的经验之后，再逐步提升比例。例如美国希思伍德·豪尔学校数学部第一年使用成长记录袋时规定：成长记录袋评分占学生部分的20%。这样，就可以给教师和学生"学习这种体系"留出时间，避免因孤注一掷而可能带来的各种问题。

成长记录袋的评分方式宜采用等级制，以便在一定程度上模糊个体之间的差异。如有人将写作成长记录袋评分的等级划分为"优秀表现"、"可接受表现"、"需要改进"三个等级，也有人将它划分为"生手"、"老手"、"熟练"、"杰出"四个等级。为了评分时有据可依，提高评价的信度，我们要注意以下两点：

第一，评分标准是对学生成长记录袋评价之前不可缺少的一项准备工作。在建立学生成长记录袋评分规则时，教师应当与学生做一些相应的沟通与协商，保证成长记录袋评价的效度与实用性。例如美国学者吉尔哈特等人设计的议论文或者描述性总结的分项评分规则：（如表3-2[①]）。

表3-2　议论文或者描述性总结的分项评分规则示例

议论文或者描述性总结的分项评分量表示例					
分数	总体印象	焦点/组织	语言	细节	结构
6	杰出	主要观点阐述清楚；有统一的中心和组织；有效引导读者	具体实在；与目的的一致；细节	针对一个主要观点展开	没有主要错误，仅有1～2个小错误
5	值得表扬	阐述或暗示了主要观点；集中、有组织；有效引导读者	具体感官细节；大部分细节与内容一致	一个主要观点详尽充分	几个小错误；最多一个大错误
4	适当完成	陈述了主要观点但没有坚持、一致的中心；对读者有引导	某些细节很具体；细节通常很清楚	对主要观点描写一般	几个小错误，1～2个大错误；错误不会引起读者的思维混乱
3	部分完成	主要观点不清楚；通常有些离题	细节很少且不一致；有些细节还比较合理	主要观点叙述有限	几个小的和大的错误；有些内容引起读者的思维混乱

① 王祥，夏俊兵．建立学生成长记录袋亟须解决的几个问题[J]．当代教育科学，2004(7)：34.

续表

议论文或者描述性总结的分项评分量表示例					
分数	总体印象	焦点/组织	语言	细节	结构
2	完成有限	主要观点或焦点指明不清；很明显离题	语言极不具体；简单或者一般的命名	主要观点有限阐述	大小错误很多；错误干扰了读者的阅读
1	完成很少	没有明显的主题	没有具体的语言	没有详细说明任何要点	许多主要错误；引起读者阅读混乱

第二，构建一个评价规则。清楚、明确地描述每一指标上学业成就表现的范围，构成一个完整的评估标准，也有人将其叫做量表。在这一阶段，评估标准中一些比较具体的东西必须确定下来，如，选择的评价工具是等级评定量表，那么在评分过程中使用几个等级（3个、5个或7个）、每个等级是否要赋予分数等事项都要明确下来，具体可以根据需要确定。如系列表3-3①：

表3-3（1）　学生成长记录袋论文作品样本评估规则

学生姓名：
时间：
学生（根据下列问题）自我评述：
1. 简要地写一写你在论文中说了些什么。 2. 你认为这篇论文最成功的地方是什么？ 3. 你认为这篇论文有哪些需要改进的地方？

表3-3（2）　学生成长记录袋论文作品样本评估规则

等级分数	反省质量　描述要求	获得分数			
		第一稿	第二稿	……	终稿
10	非常清楚地说明自己论文的优点和不足，并提出十分具体的修改意见。				
8	比较清楚地说明自己论文的优点和不足，并提出比较具体的修改意见。				
6	明白自己论文的优点和不足，但说得不够清楚。提出了一些修改意见。				
4	对自己论文优点和不足的认识比较模糊。修改的意见很少。				

① ［美］G. D. Borich & M. L. Tombari. 中小学教育评价［M］. 国家基础教育课程改革“促进教师发展与学生成长的评价研究”项目组，译．北京：中国轻工业出版社，2004：222-224.

续表

等级分数	反省质量　描述要求	获得分数			
		第一稿	第二稿	……	终稿
2	没有对自己论文进行任何反省的证据				
教师评语：					

表 3-3（3）　学生成长记录袋论文作品样本评估规则

等级分数	常规　描述要求	获得分数			
		第一稿	第二稿	……	终稿
10	写作常规要求完成得十分好。在拼写、标点、语法、句子结构等方面没有出现什么错误。				
8	较好地符合写作常规要求。在拼写、标点、语法、句子结构等方面只出现了个别小错误				
6	基本上符合写作常规的要求。虽然在拼写、标点、语法、句子结构等方面出现了一些错误，但不影响意义的表达。				
4	在拼写、标点、语法、句子结构等方面出现了不少错误，且影响了意义的表达。				
2	多数常规要求方面的错误使要表达的意义很模糊。缺乏对拼写、标点、语法、句子结构等方面基本要求的了解。				
教师评语：					

表 3-3（4）　学生成长记录袋论文作品样本评估规则

等级分数	表达情况描述要求	获得分数			
		第一稿	第二稿	……	终稿
10	十分清楚				
8	比较清楚				
6	大部分比较清楚				
4	努力了，但还是不清楚				
2	不清楚				
教师评语：					

表 3-3（5）　学生成长记录袋论文作品样本评估规则

等级分数	构思　描述要求（适用于第一稿）	获得分数			
		第一稿	第二稿	……	终稿
10	十分清楚受众是谁。目标十分明确。有整体的论文构思。				
8	考虑到了受众的问题。文章经过构思，写作目标比较清楚。				
6	整个论文的构思基本清楚，受众基本明确，有写作目标但是有些模糊。				
4	不清楚论文是写给谁看的。写作目标不清楚。				
2	没有经过构思。				
教师评语：					

表 3-3（6）　学生成长记录袋论文作品样本评估规则

等级分数	修改质量　描述要求	获得分数			
		第一稿	第二稿	……	终稿
10	考虑各方提出的修改意见，比上一稿有明显的进步。				
8	采用了很多修改意见，比上一稿有一些进步。				
6	采用了一些修改意见，比上一稿有点儿进步。				
4	多数修改意见都未采纳，与上一稿相比没有什么进步。				
2	没有认真修改。				
教师评语：					

表 3-3（7）　学生成长记录袋论文作品样本评估规则

要求：教师需总结前面 6 个样表，根据得分情况做出合理的总体评价，并给予相应的得分。	
总体评估教师：	总体评估时间：
评语：	
得分情况：	

三、成长记录袋评价的设计者

向成长记录袋添加新内容时，直接或间接的受到添加者的影响。一般来说，成长记录袋的评价者就是成长记录袋的设计者，设计者可以根据自己的目的向成长记录袋添加相应的新内容。学生成长记录袋的设计者主要是教师。但是，为了使学生能够更好地了解自己的进步成长情况以及学生家长对自己孩子的学习情况得到更好的了解，成长记录袋一般要与学生及学生家长见面，有利于学生之间、师生之间、师长之间和学生与学生家长之间的相互交流。

所以，教师在设计学生成长记录袋时，就需要考虑多方面的内容。让学生、教师及家长参与到记录袋的设计，并且向记录袋添加相应的内容。如果成长记录袋的评价者主要是教师，则收集的资料应偏重学生的进步情况，每个阶段的小结则可以很好地表现出学生的进步情况；如果成长记录袋的评价者主要是学生家长，则向记录袋收集的资料应偏重于学生成果作品等；如果评价者主要是学生自己，那么向记录袋收集的资料应当包括两个方面：负面资料和正面资料。正面资料可以让学生得到成功的喜悦，负面资料可以激发学生的学习动力。所以在设计成长记录袋的时候，要考虑评价者的身份和成长记录袋的表现方式来确定记录袋的内容。

四、成长记录袋评价的项目设计及材料收集要求

（一）学生成长记录袋评价项目

评分项目的选定应与教学目标相切合。由于对教学目标的分解结果可能存在差异，导致同一个教学目标可能有不同的评分项目。如有人将写作成长记录袋综合评分的项目设计为叙事写作、描写写作和说明写作三个方面，也有人将它设计为对象和目的的意识，观念的发展、支持和组织，句法结构，单词，表面特点五个方面。一般来说，学生成长记录袋的评分项目应该包括以下几个方面：

第一，学生课堂表现。课堂表现首先要关注的是学生的学，如学生课堂思维的集中状态，思考问题的积极性等；其次需要学生的积极参与度，如学生参与小组讨论情况等。

第二，学生课后作业。学生课后作业是学生课外生活的表现，从学生课后作业的数量和质量上可以直接体现出学生对待学习是否认真等等。

第三，学生个人作品。由于每个学科的不同，成长记录袋里的素材与数量也不会相同，一般来说，学生个人作品包括学生学习期间的作业、实验报告、经验总结、读书心得、手工作品、音频、视频等资料。

第四，考试成绩与奖励证明。为了更全面地反映学生的发展，成长记录袋的素材还应该包括反映学生各科学习成绩、阶段性学习发展的成绩以及学生各种奖

励证书的数量和质量。

第五，学生自我反思总结材料。成长记录袋评价的过程中，应该不定期的组织学生反思促进，让学生反思自己的过去以及未来发展方向并将其作为书面材料作为成长记录袋的素材。

第六，教师综合评价。目前的教育领域对学生的评价主要提倡学校、社会、家庭三位一体的评价方式。但由于教师的专业性的不断提高，对学生的评价更加趋于客观。以至于教师对学生的阶段性综合评价成为成长记录袋的素材。

（二）收集材料要求

学生成长记录袋选材性质直接或间接的影响着成长记录袋收集的材料。一般来说，确定成长记录袋中收集材料的类型时，主要应注意以下几点：

第一，要与评价目的联系起来考虑。如果成长记录袋的目的是为了展示，那么只要收集学生最好的作业样本即可，学生进步过程中的作业就不需要收集；如果成长记录袋的目的是反映学生的进步，那么，就应收集那些能表明学生进步的性质与程度的材料，如观察记录、轶事记录、作业样本（包括进步过程中的作业样本）、测验分数等。

第二，确定收集材料的类型还要与评价内容结合起来。如果评价的内容是学生的实验技能，那么收集的材料就应主要是实验设计、实验报告、实验过程中的观察记录等；如果评价的内容是学生的价值观，那么，就应主要收集学生的访谈记录、调查问卷、行为观察记录等材料；如果是要评价学生的作文，那么，就可以主要收集学生的若干篇作文（包括草稿、修改稿、最后的作品）、在反复修改过程中学生的反省和自评材料、读书报告单、听写练习册等。

第三，在确定成长记录袋的材料类型的过程中，既要面向全体，又要照顾个体。如果每个学生的成长记录袋在内容和形式上全都一致，那就把本来生动活泼的评价活动变得单调而乏味了，对于学生来说缺乏吸引力，也就难以实现其激励和发展的功能。

第四，要考虑到底应该把谁的评价放进成长记录袋中。在这一点上，不能教条地理解和落实评价主体多元化。如果每次作业都让学生自评、同伴评、老师评、家长评，显然会增加不必要的负担，甚至使学生的自评和同伴评价成为学生讨厌的活动，发挥自我评价和反省以及同伴评价的教育功能就无从谈起。

总之，在确定成长记录袋的具体内容时，要避免“为了收集而收集”的形式主义做法，片面追求学生成长记录袋的大、全、美。成长记录袋内容的收集主要服务于评价；服务于激励和促进学生的发展，因此，收集的内容是什么形式和类型并不重要，只要它能描述学生的学习与发展，具有发展的价值，与评价的目的相关，就可以收进成长记录袋。

案例 3-2 学生的阅读和写作成长记录袋内容

表 3-4

学习目标	成长记录袋内容	进入记录袋的频次
1. 进行自己喜欢的、有意义的学习并确定评价什么	1.（a）选几件作品 （b）解释为何选这么几件	每年至少 3 次
2. 学生评价一段时间里的进步	2.（a）回顾自己的档案录 （b）回答：自己是否像一个读者和作者	每年至少 2 次
3. 阅读意义	3. 复述阅读内容或解释它的意义	每年至少 2～3 次
4. 选择各种材料	4. 两周内阅读书或文章的记录	每年至少 2～3 次
5. 用笔进行有效交流	5. 较长的写作样本	每年至少 2～3 次
6. 朝读者和作者的方向发展	6.（a）学生的初稿、注释及其他由教师选择的作品 （b）教师对学生进步的批注和评语	由教师决定

资料来源：http://edu6.teacher.com.cn/tln011a/wenjian/xgbjcl/chapter8/xsdyd hxzda ddjtnr.htm.

想一想

根据案例 3-2，说说学生成长记录袋中可能收入的材料类型有哪些。

成长记录袋中材料收集的时间安排取决于评价的目的。如果目的是展示优秀作品，材料的收集可以在任何方便的时候，只要有好作品出现，就把它收集起来；如果目的是反映进步，就要在长时期内不间断地收集学生的作品；而如果目的是为了某一特定选拔目的，就要求在某一特定的时间，在同样的背景下，收集所有被评学生的作品样本。一般来说，让学生参与成长记录袋内容的选择，是使用成长记录袋的基本要求。成长记录袋是学生自己作品的集合，其所有权属于学生，学生有权选择将什么作品装入成长记录袋。但这并不意味着学生可以随心所欲地选择，可以简单地将所选择的任何东西放进成长记录袋。相反，学生的选择应当在教师提供的指导建议框架内“自由”进行。

五、成长记录袋评价的组织与实施要求

（一）成长记录袋评价的组织

学生的积极参与是成长记录袋评价的一大特点。所以，在实施成长记录袋评价时，应组织学生积极参与。在实施成长记录袋评价的初期，学生可能对成长记录袋不感兴趣，原因可能是对成长记录袋不了解。为此，教师首先要想办法巧妙地向学生介绍成长记录袋的作用，激发学生的兴趣，调动学生积极参与。具体的办法很多，例如；教师事先精心制作一个反映自己或他人某一方面发展过程或发展水平的非常漂亮的成长记录袋（如记录老师出国进修全过程的成长记录袋、记录老师的孩子成长经历的相片记录袋等），提供给学生浏览，引导激发学生收集资料和创作的欲望。

当学生有了参与的积极性以后，在实施过程中，教师还要及时地对学生的参与进行指导。一般来说，在学生成长记录袋评价过程中，学生可能参与的活动主要包括：选择将什么作品放入成长记录袋；撰写成长日志；对自己成长记录袋中的部分内容进行评价和反省；对他人的表现和作品进行评价；与他人（包括教师、同学、家长）交流和分享自己的作品和进步等等。

对于以上各项活动，教师都要事先制订指导方案，尤其要对学生的自我反省加强指导。出于孩子的年龄和阅历，他们往往对自己收集的材料感觉良好，教师要帮助学生建立正确的评价，认识到自身的不足，从而主动要求发展。

（二）成长记录袋评价实施的要求

成长记录袋评价主要是指收集、记录学生自己、教师或同伴做出评价的有关材料，学生的作品、反思，还有其他相关的材料等，以此来评价学生学习和进步的状况。成长记录袋评价可以说是记录了学生在某一时期一系列的成长“脚印”，是评价学生进步过程、努力程度、反省能力及其最终发展水平的理想方式。在评价的过程中，我们做到以下几个结合：

1. 成长记录袋评价应与传统评价相结合

在对学生实施成长记录袋评价时，应当将成长记录袋评价看做是评价学生的方式、方法之一。换句话说，应当把成长记录袋评价与传统评价有机地、巧妙地结合起来，对学生的评价会更加全面。如成长记录袋评价样表3-5：

表 3-5　成长记录袋评价与传统评价的结合

<table>
<tr><td>学生姓名：</td><td colspan="2">评估阶段：XX—XX 学年 XX 学期</td></tr>
<tr><td>成长记录袋作品内容</td><td colspan="2">传统纸笔测验具体分析</td></tr>
<tr><td>1.
2.
3.
4.
……</td><td>错误的内容</td><td>1.
2.
3.
4.
……</td></tr>
<tr><td>小评：</td><td colspan="2">小评：</td></tr>
<tr><td>分数：</td><td colspan="2">分数：</td></tr>
<tr><td colspan="3">合并总分：【公式：［（成长记录袋作品＊50%）＋（传统纸笔测验＊50%）］－上一次的［（成长记录袋作品＊50%）＋（传统纸笔测验＊50%）］】
此分数是衡量学生进步或者退步的指标，结果为正则说明学生进步，反之，则说明学生退步。</td></tr>
<tr><td colspan="3">总体评价：</td></tr>
</table>

2. 书面评价与口头、实物评价相结合

书面评价形式有，“老师对我说”、“爸爸妈妈对我说”、“同学对我说”、“我想说”、班级工作量化考核汇总表、一学期向任科老师提问次数汇总表、我的学科成绩等，让学生了解多方的评价意见，也提供学生表达心声的机会。对得到的口头表扬、实物奖励等，也记录在成长袋中。

3. 即时评价与延后评价相结合

每个学生存在个体差异，对目标要求达到的时间不一。对暂时没有达到要求的学生，允许进行延缓评价，允许学生经过努力或在他人帮助下达到目标后再记录在成长袋中。这样才能有效保护学生的学习积极性。

4. 阶段形成性评价和总结性评价相结合

“成长记录袋”整个评价过程由学生和教师共同完成。内容涵盖一项任务从起始阶段到完成阶段的完整过程。内容设计包含学期开始、学期中和学期结束三个阶段的道德品质、学习能力、交流与合作、个性与情感四个方面的材料，材料真实并定期加以更新，使学生从真实材料中感受到自己的不断成长与进步，这有利于培养学生的自信心，也为教师全面了解学生的学习状况，改进教学，因材施教提供重要依据。

5. 横向评价与纵向评价相结合

为了使学生能够看到自己的不足与进步，在对学生进行评价时，应当把学生上一次的评价结果与此次评价结果相结合，使学生能够根据自己的情况进行纵向比较；同时给学生展示其他学生的评价结果，使学生可以与其他学生进行横向比较，如评价表3-6：

表3-6　成长记录袋纵横交错评估样表

学生姓名：			其他学生姓名：	其他学生此次考试成绩
评价日期：				
考试次数、成绩	不足之处：			
此次考试成绩：				
……				
第三次考试成绩：				
第二次考试成绩：				
第一次考试成绩：			……	
总评：				

通过此评价表来评价学生，一方面通过学生自己以前的成绩与此次成绩的比较，可以使学生看到自己的不足之处，看到自己是否进步了；另一方面可以让学生与其他同学进行比较，做到横纵交叉的评价而有利于学生的进步、发展。

（三）成长记录袋评价的原则

为了确保成长记录袋评价更加真实客观，在进行成长记录袋评价时应该遵循以下三个原则：

1. 公正、公平、公开的原则

在对学生进行成长记录袋评价之前，学校应成立相应的部门，针对成长记录袋的评定人员、评定流程、评定时间、评定方法以及评定结果进行审核，而且此部门应该有学生代表、教师、行政人员组成，做到公正、公平、公开，使学生能够看到自己的不足与长处。

2. 民主的原则

成长记录袋是记录学生成长的一切活动，它应当由教师、学生、学生家长三者共同建立、保存和维护，教师应该提供学生成长记录袋的保存场地。成长记录袋的内容应由教师、学生、学生家长三者共同商讨确定，且由三者共同协作对成长记录袋提出恰当的评价标准，有利于教师对学生的评价、家长对学生的评价以及学生的自我评价。

3. 精准的原则

由于部分教师对成长记录袋评价的理解不够深入，而导致成长记录袋评价的实施过程产生一些偏差，从而在一定程度上降低了成长记录袋评价的效度和信度，这就要求相关的教育主管部门应该对教师进行相应的培训，使教师能全面、深刻地把握成长记录袋的内涵。而作为教师本人，也应当在实践中不断地反思自我，在评价的过程中减少由主观造成的操作失误，使评价更具精准性。

六、成长记录袋评价的结果整理及呈现方式

在成长记录袋的使用过程中，教师对学生成长记录袋的整理也是非常重要的，在进行成长记录袋结果的交流会而得到对学生的评价结果后，教师应当整理好学生的评价结果，以便为将来对学生的评价找到依据，所以，在对学生成长记录袋的评价结果的整理上，教师应当考虑以下几个方面：

（一）成长记录袋的持续时间

一个是成长记录袋的使用时间问题，即成长记录袋的持续时间为多长的问题。有人说以一年最好，我们认为，课堂教学的成长记录袋使用的时限应根据需要由教师计划的范围所决定。一般来说，对低年级学生而言，短时间内成长记录袋能够提供的评价信息及发挥的作用相对较小；而对中年级以上的学生而言，持续时间相对可以短一些，但最少也应该保持在六周左右。另外一个就是成长记录袋创建过程中的时间安排问题，要让学生明确地知道交作品样本的时间。这一方面有助于成长记录袋的创建与教学进度的协调，另一方面还会使学生加强教学与成长记录袋之间的结合意识。这里面要考虑周全，如作品样本的难度、是否与其他学科时间的冲突等，以免学生没有足够的时间完成作品样木，不能按时交上去。

（二）成长记录袋作品样本的存放

成长记录袋的作品样本收集起来后，要放进一个合适的容器里，如档案袋、文件夹、光盘等。具体选择什么容器，教师可以根据评价目的和收集作品样本的性质以及经济条件等情况来决定。如，教师更加关注学生同类作品的比较，那么放在光盘或软盘上就更合适一些，这样，教师就可以在电脑上方便地进行比较。还有一个是全部学生的成长记录袋的存放问题，要将学生的成长记录袋放在一个比较安全的地方，如柜子、箱子、柜橱等，最好编号，以便查找和统一管理。

（三）成长记录袋的查阅

成长记录袋一般是统一整理，这就牵涉到了查阅问题。教师及学生本人都可以查阅，那么其他教师、学生、家长及行政管理人员是否可以查阅，这个问题同评价的目的、所涉及的学科内容等问题，需要教师与学生共同商讨来做出决定，有必要时，也可以与行政管理人员一起商讨。

（四）给学生成长记录袋的意见

教师除了给学生的成长记录袋评判、打分、评定等级外，还应该与学生交流一下，对哪些类型的作品需要给予更细致的反馈，哪些仅需要提供简单一些

的反馈，对此进行区分以提高评价的效率和质量。细致的反馈除了有“高级”“正确”“不完全”等外，还要告诉学生究竟如何做可以改进他们的成长记录袋，怎样去改进某一作品，他们应该从错误中吸取怎样的教训，并保证经常而灵活地反馈。

（五）交作品和返还意见的方式

关于作品提交方式，有的教师采取“作品篮”和“返还篮”的方式，也就是一个适当容器，每个人可以自由地把作品放进去，但只能由特定的人员才可以打开。在规定的时间把作业或反馈意见放进“篮子”里，由指定的管理员把作品放进记录袋里或转发给学生。另外，对迟交的作业如何处理，缺席的学生如何交作业等，教师可以根据具体情况灵活处理。

七、成长记录袋评价的交流与分享

（一）成长记录袋交流会安排

成长记录袋交流会议是教师与学生之间关于学生作品的交流，在成长记录袋交流会议上，学生之间、教师和学生之间可以任意地交流看法。一般让学生在会前做好有关准备，分小组进行。会议上有人做记录，教师可以在各个小组之间进行指导，最后把记录内容放进成长记录袋。这种会议不仅要评估学生的作品，还要帮助学生提高自我评估能力。

案例 3-3　成长记录袋交流展示会

在操作时主要以月或半学期、学期为阶段开展语文成长记录袋交流展示会。

学生以小组为单位交流自己的收获，介绍自己成长记录袋中的作品，然后由各小组选出代表在全班交流，给每一个学生以展露才华的机会。同时还结合家长会展示学生的成长记录袋，让家长有机会参与评价，达到相互促进的目的。一个学生在“自我对话”中写到：“以前我总是怕语文，现在不怕了，看到我的记录袋越装越满，我也越来越有信心了……”另一个孩子在“悄悄话信箱”里向我说出了自己的心里话：“谢老师，我知到（道）我的语文成级（绩）不好，可是我想提高我的成级（绩），让你和我的爸爸妈妈放心，可是我有（又）不知到（道）怎么办才好。你能帮我吗?”这是一封有很多错别字的信，可是我特别的感动，学生能通过这种方式向我敞开心扉，说明他们已经把自己的成长记录袋当做了自己的朋友，把我这个平时他们很怕的老师当做了朋友！

于是我这样给他回信：“你真是一个可爱的孩子！我们都很喜欢你，你的心情我可以理解，我相信你的爸爸妈妈也一样。在学习上你如果能再细心一点，多花点时间看看书，你的成绩一定会上来的！无论遇到什么困难都要迎难而上。老师会永远站在你的身边，支持你!”后来的几天，当他再看到我时，脸上总是露着甜甜的微笑!

事实证明，这样的“成长展示会”受到了所有学生和家长的欢迎，每一个学生都能挺起自己的小胸膛，感到自己是一个成功者。

资料来源:http://www.syszj.com/Article_Print.asp? ArticleID=651.

想一想

根据案例 3-3，进行成长记录袋评价交流会有何作用?

一般来说，成长记录袋评价结果的交流与分享是成长记录袋评价全过程中的一个重要步骤，是发挥成长记录袋的发展性功能的关键环节。正是在不断的交流与分享过程中，学生可以体验到成长的快乐、被人悦纳的幸福、受到赞赏的自豪和奋发向上的冲动。缺少这一环节，成长记录袋评价的作用就将大打折扣。因此，一定要事先制定详细的评价结果交流与分享的计划。一般来说，评价结束时应把评价结果及时告知学生本人和家长，并将收集的所有材料和评分的等级同时告知，而不只是告知一个分数或等级。更为重要的是，要告诉学生和家长成长记录袋中的信息究竟意味着什么，提醒他们应以不同于对待分数通知单那样的方式来对待成长记录袋中收集的材料和得到的等级。成长记录袋交流会议对发挥成长记录袋评价的潜在功能具有十分重要的作用。教师要尽量多地举行这种会议，争取每学期能够进行三至四次。

(二) 成长记录袋评价交流应注意的问题

1. 教师个人的评价取代学生自我评价

布鲁纳指出教师必须采取提供给学习者最后能自行把矫正机能接过去的那种模式，否则，教学的结果势必将造成学生跟着教师转的掌握方式。在过去的评价中，通常是老师以成人的标准去衡量学生，以教师为主体去评价学生，使学生失去了自主评价权。在成长记录袋评价中，我们充分发挥学生的主体地位，学生不但开展自我评价，还可以去评价别人，这有助于学生增强自我管理能力。重视学生参与，尤其是学生的自我评价，是当前评价改革的主要方向之一，也是成长记录袋的一个重要特点与要求。教师不能受到传统观念的束缚，把学生的主体地位取而代之。

案例 3-4 成长记录袋评价的过程

在学期初期，为了了解学生的英语口语水平，我布置了一次自我展示录音的作业，让学生把自己读或朗诵得最好的课文录下来，然后要求他们把得到 A 的录音作业放入成长记录袋。有一名叫谢东豪的小朋友，在家长的协助下，在录音的过程中，还加入了特殊的效果，使所录的故事栩栩如生，听的人如身临其境，可见该生和家长对此投入了很多时间和精力。还有一名叫谭佳欣的同学，把她所学过的歌谣一首接一首全部录了下来，吐字清晰，音调准确。我毫不犹豫地给了这两名同学“A”。在课堂上我选择他们两位同学的录音放给大家听，没想到孩子们都争先恐后地喊“放我的，放我的，我的一样好听!”孩子们的热情使我忽然醒悟到，学生是评价的中心对象，假如我以教师的标准给了学生评价，然后直接让学生根据我的评价选择录音带放入成长记录袋，却并不给学生一个自我评价的机会，那么，这和传统的评价方式又有什么不一样呢?要促进每个孩子的英语学习的发展，应该给每个孩子都提供平等的自我审视的机会，而不是把教师的评价强加于他们身上，取代他们的自我评价。从那以后，我常常会利用一点点时间，从录音作业中选择一两位同学的录音，让大家听，让孩子自己说说自己听过后的感觉，也让其他孩子说一说自己的评价。孩子们每次都听得非常认真，就像在收听他们喜爱的儿童广播节目一样，录音中的学生就是广播节目的主持人。

资料来源：http://www.thjy.org/uploadfile/2005323201311182.doc.

一般来说，实施档案评价对教师提出了更高的要求，教师在对学生给予指导的同时，又不能过分参与指导与评价。比如在小组评价阶段，教师可以参与但要把握参与的“度”。在教师面前，学生可能难以给同伴以正确适度的评价。因此，教师在参与的过程中，也要和其他同学一样遵守规则，只有轮到教师发言时方可发言。而且，要把自己的发言作为学生的参考建议，不能强迫学生接受。

2. 学生相互“挑错”和“指责”

成长记录袋评价最重要的价值取向是体现了学生的自主性原则，在制定评价标准时，也要体现学生的参与和对标准的理解。对评价标准，教师应向学生做充分的解释，或和学生一起制定评价的标准，学生只有认可这个标准，才能积极主动地进行评价。

评价的内容不仅要重视学生的学业成绩，而且还要重视学生的其他潜能与特长的发展，尤其是探究与创新能力、合作能力、实践能力等方面的发展。在学生评价中，要依据基础性发展目标，对他们的道德品质、文明素养、学习能力、创新意识与合作能力、运动与健康、审美与表现等方面给以全面的评价。通过评价使学生养成良好的行为习惯，形成较强的自学能力，学会一定的社会交往技能，促进学生身心健康的发展，提高学生的综合素养。

评价标准既要体现对学生的基础要求，也要尊重、关注学生的个体差异、处境及发展的不同要求，用多把尺子衡量学生。评价的标准应侧重在激励。为此教师所制定的学生自主学习标准要具体，最好是针对学生学习的每个步骤都有相应的评价标准，如认读单词、认读到什么程度可以达到“A”的等级，讲故事生动和准确到什么程度可以达到“B”的等级，这样学生在自学中就有了参照的标准。

3. 导致教师和学生压力过重

成长记录袋的评价是一种难度较大的工作。这是因为，学生处在动态之中，而且学生参与学习的情况也在不断变化之中，并不是一两次就能准确地评价好。这就需要教师投入大量的时间精力，帮助每个学生收集能体现发展过程的材料、适时填写记录袋内容。由于收集不是真正的目的，促进学生学习与发展才是成长记录袋应用的出发点和归宿。教师要及时对所收集的资料进行分析和反馈，尽量和学生一起回顾他们的成长记录袋，发现其优势和不足。

成长记录袋的应用可能需要本已十分忙碌的教师付出更多的时间和精力。但这也取决于教师如何把握自己在成长记录袋应用中的作用和角色。首先，成长记录袋内容的收集和保存工作可让家长协助学生来完成，教师主要负责指导工作。评价工作中，可发动学生自评、互评，还可让家长参与，这样还可以发展学生的自省意识和能力。另外，对学生成长轨迹的记录，尽量采用让学生动手贴一贴、涂一涂的方法，方便学生的操作，以减轻学生的负担，无论是字体还是图案的设计尽量从学生的年龄特点以及爱好角度去思考设计的。

写一写

成长记录袋评价活动设计的程序及注意事项是：

______

______

______

本章要点

- 成长记录袋评价是用来弥补传统评价的不足，从而对学生的评价更客观。
- 成长记录袋的最基本的要素是学生的作品；要有目的地收集学生的作品，不能随意地收集；成长记录袋要提供给学生发表意见和对自己的作品进行反思的机会；成长记录袋要对学生进行发展性教育评价的价值导向。
- 成长记录袋评价的实施要坚持公正、公平、公开的原则；坚持民主的原则；坚持高精确、低偏差的原则。
- 成长记录袋评价更加注重学生的学习全过程，成长记录袋评价要与教学有机结合，关注学生学习与发展的过程，与教学活动关系是十分密切的。

- 成长记录袋的评价指标体系是师生共同参与完成的，在阶段评价之后，教师应该组织学生进行成长记录袋评价的经验交流。

思考与练习

- 收集具有代表性的小学生成长记录袋、中学生成长记录袋和大学生成长记录袋样本，对比记录袋的内容，找到其相同点和不同点。并就其异同发表自己的观点。
- 学生成长记录袋是最近诞生的一种学生评价方式。它的设计、内容的收集和编排工作应该全部由学生自己来完成。以往班里每月都要更换黑板报，每次我都不放心，怕学生办不好，都是自己来完成。现在要让学生自己来设计成长记录袋，既要绘制封面，还要填写内容。学生能完成吗？面对这个问题老师们产生了疑问。“制作成长记录袋就是给老师增加负担。”有的老师这样说。我决定让学生们自己来试试。针对以上的内容，请发表你个人的看法。(资料来源：http://www.chledu.com/blog/article.php?type=blog&itemid=1524.
- 请查找并收集有关国内外成长记录袋评价的相关资料，通过对比，找出其中的异同，并分析产生的原因，写一篇小论文。
- 阅读下述一篇关于《成长记录袋评价方法的局限性》的论文，请思考：在制作或者实施成长记录袋评价时，如何正确认识学生成长记录袋评价的局限性，使之更好服务于课堂教学以促进学生发展？

成长记录袋评价方法的局限性

认识成长记录袋评价方法的局限性，可以使我们在应用过程中避免出现某些不必要的失误。成长记录袋的局限性主要表现在：

首先，成长记录袋的应用需要本已十分忙碌的教师付出更多的时间和精力。这是一个不容忽视的重要问题。罗弗（Wlofe）和水勒（Miller）（1997）的调查研究发现，应用成长记录袋的最大障碍就是时间问题。成长记录袋内容的收集、编排、保存等工作可以由学生在教师指导下完成，但成长记录袋会议必须由教师亲自主持。一般来说，成长记录袋会议的内容主要对学生的作业进行回顾与反省，教师要鼓励学生对自己的作品进行自我评价，并在必要时帮助自我反省能力比较薄弱的学生发展相应的能力，这样每次会议需要大约 15 到 20 分钟的时间，让教师为每个学生每月召开一次正规的成长记录袋会议，即使是在班额较小的美国，也需要花费教师大量的时间。然而，许多研究者并不同意 Wlofe 和 Miller（1997）的观点。他们以为，如果在成长记录袋运用中教师能够做到与教学阶段的各个目标相结合，选择合适的成长记录袋类型，把教学—评价有机地结合起来，做好时间与内容上的管理，可以使成长记录袋评价作为教学过程中的一个部分，由此提高工作效率（Manning，et al.，1995）。当然，如果成长记录袋评价能得到教育管理部门的支持，并对教育系统做出相应的调整（如限制班额，减少教师其他方面的工作量），时间问题就能得到很好的解决。

其次，在某一学生成长记录袋中的作业样本可能并不能代表他实际上知道些什么和能做些什么（Arter & spandel，1992），也就是说成长记录袋评价的效度很难保证。Gentile 等（1992）对成长记录袋评价所得分数与在同一领域中所做的其他评价所得分数进行了相关分析，发现学生的成长记录袋分数与标准化分数之间，基本上是或然关系。Herman 等（1993）的研究也发现，整体的成长记录袋评分与标准化测试评分之间不存在任何相关，而成长记录袋的个别部分与标准化评分之间的相关从 0.13 到 0.31 不等。这种效度上的缺陷，很可能使家长或其他有关人员（如学生换班后的新教师）对学生的能力与成就形成歪曲的认识，从而影响他们对待学生的态度和行为。因此，成长记录袋的使用者必须关注效度问题给予充分的关注。在将成长记录袋用于大范围的评价时，成长记录袋要收集哪些内容要慎重的确定，以使评价结果可以在全部参与的对象中进行比较。另外，有的教师或家长为了应付成长记录袋的高利害应用，代替学生修饰作品，以使学生、教师和学校在评比中得到高分，也值得注意。当然，关于效度问题，也有不少学者提出，在量化评价中产生和应用的效度概念，不适用于尊重学生个别差异，并力图对这种差异进行解释的质性评价方式。但为了与量化评价进行沟通，我们不能简单地排除效度的分析，因此需要重新检讨效度的概念，或针对不同评价方式对效度进行重新分类。格莱德勒就把成长记录袋评价的效度定义为学生的作品对其能力或思维结构的表征程度。

第三，成长记录袋的标准化程度较低。Valencia（1990）曾指出，灵活性是成长记录袋的最大优点，但具有讽刺意味的是，它同时也是成长记录袋的最大缺陷。正是这种灵活性，使得成长记录袋的内容五花八门，缺乏一致性，在用于较大范围的评价时难以控制。要克服这一弊端，在一所学校里或在一个学区内，统一教学上的目标，提出基本的成长记录袋内容选择框架，被证明是一条可供选择的有效策略。例如，1992 年，美国 Pittsburgh 学区在全区采用格式化的成长记录袋评价学生的写作能力，试图寻求一种尽可能全面反映学生写作能力水平的任务选择框架。在这一研究中，学生的成长记录袋要收集以下七个方面的内容：①重要的文章（依学生自己的标准来判断）；②一篇满意的文章；③一篇不满意的文章；④由学生或教师随机选取的一篇文章；⑤内容列表；⑥写作清单；⑦自我反省。由于这一选择框架的全面性和灵活性，在写作评价中收到良好的效果。但是，在其他结构性较差的学科能力评价中，或在更大范围内的使用，这种努力能否取得成功，还是未知之数（simon 等，2000）。并且，如果在实施成长记录袋评价的过程中，过分强调标准化，就会使成长记录袋失去丰富的个性，表现出千篇一律的面孔。标准化与表现个性的矛盾，是成长记录袋评价方法中有待解决的重要课题。

此外，教师需要有关成长记录袋评价方法的理论培训与指导、应用背景与目的很难界定、公众可能对这些过于详细的信息缺乏兴趣等，也是成长记录袋应用上存在的局限。对成长记录袋局限性的分析，使我们认识到，成长记录袋评价方法的应用是个复杂、矛盾的领域，如果应用不当，不仅不能产生预期的效果，还可能带来一些教育教学上的新问题。

（资料来源：http://blog.xxt.cn/showSingleArticle.action? artId=233082.）

相关教学资源链接

- http://wh.aoshu.com/200811/492fcc122470b.shtml(2010 年 8 月 31 日访问)。奥数网,《教师成长档案袋发展的国际背景与实践操作》。
- http://www.sopoe.cn/Article/ShowArticle.asp? ArticleID=1669(2010 年 8 月 31 日访问)。江苏索普国际学校网,《学生成长记录袋案例评价》。
- http://www.zxxk.com/Article/0510/5877.shtml(2010 年 9 月 5 日访问)。学科网,《新课改 100 问》。
- http://images.cersp.com/article/3004/0/270/0/20071021/1818045.html(2010 年9月9日访问)。新课程远程研修网,《总结是一种力量》。
- http://old.blog.edu.cn/user3/thinkwe/archives/2006/1479819.shtml(2010 年9月5日访问)。教育人博客网,《学生成长记录袋评价法》。
- http://fzxpj.cersp.com/XSPJ/200703/2320_3.html(2010 年 9 月 7 日访问)。新思考网,《解读学生成长记录袋》。
- http://zyq1963.banzhu.net/article/zyq1963-40-167679.html(2011 年 4 月 26 日访问)。校园常青树网,《科学认识和使用成长记录袋进行学生评价》。
- 余林.课堂教学评价[M].北京:人民教育出版社,2006.
- 陈玉.教育评价学[M].北京:人民教育出版社,1999.
- 单志艳.如何进行教育评价[M].北京:华语教学出版社,2007.
- [美]James Barton,Angelo Collins.成长记录袋,教育工作者手册[M].北京:中国轻工业出版社,2005.

本章参考文献

- 徐芬,赵德成.成长记录袋的基本原理与应用[M].西安:陕西师范大学出版社,2002.

- 余林. 课堂教学评价[M]. 北京:人民教育出版社,2006.
- 沈玉顺. 课堂评价[M]. 北京:北京师范大学出版社,2006.
- 蔡敏,当代学生课业评价[M]. 上海:上海教育出版社,2006.
- 杨九俊. 教学评价方法与设计[M]. 北京:教育科学出版社,2004.
- [美]Peter W · Airasian. 课堂评估[M]. 徐士强,译. 上海:华东师范大学出版社,2008.
- [美]G. D. Borich & M. L. Tombari. 中小学教育评价[M]. 国家基础教育课程改革“促进教育发展与学生成长的评价研究”项目组,译. 北京:中国轻工业出版社,2004.
- 宁晓芳,蔡敏. 成长记录袋评价在教学应用中的问题和对策[J]. 教学评价,2008(7).
- 赵德成. 成长记录袋的创建与使用[J]. 天津师范大学学报(基础教育版),2003(12).
- 李丽萍. 关于学生“成长记录袋”的思考[J]. 现代教育科学,2007(4).
- 张永丰. 成长记录袋的设计、使用与反思[J]. 当代教育科学,2003(22).
- 王祥,夏俊兵. 建立学生成长记录袋亟须解决的几个问题[J]. 当代教育科学,2004(7).
- 陈海涛,罗琬华. 成长记录袋评价理论内涵及其实施策略[J]. 外国中小学教育,2004(2).

第四章

Chapter 4

轶事记录评价

本章学习结束时教师能够：

- 用自己的话界定轶事记录评价的内涵
- 列出用于轶事记录评价活动中的轶事选择依据
- 自主制作轶事记录表
- 根据特定评价目的，自主进行轶事记录评价活动设计

研讨活动 4-1

结合具体的教学事件，每位同学独立制作轶事记录表并完成一份评价报告。

第一节　轶事记录评价概述

质性评价作为一种新的评价方法，它要求评价者分析评价对象的文化背景，用描述性语言陈述影响被评者的生活情境或生活环境，试图由此剖析揭示行为背后蕴涵的有关学生成长特征、发展可能的特殊意义。以学生为主体的新课程改革，教育者、评价者不再是作为唯一的评价主体，学生也参与评价，表达自己的意见不再是仅对学生的学业成就进行评价，而且将学生的个人成长和发展纳入评价，多元评价不仅强调评价内容的多元化，也强调评价主体多元化。轶事记录评价作为一种质性评价，以自身独特的方式促进着学生发展。

例如，轶事评价中的日常观察可以为教师提供大量的关于学生学习和发展的信息。

(1) 一个三年级的教师注意到迈克在朗读中有几个单词的发音不准确

(2) 卡尔不断提一些无关的问题来打断朗读

(3) 一个高中化学老师注意到在实验课上，比尔行动比较慢，不能迅速把仪器调整好

(4) 胡安完成自己的实验后又帮助其他人

(5) 桑迪心不在焉地操作着仪器，不理睬教师的提醒……

以上日常教学中的事件和片断，对于评价学生学习和发展的重要意义在于，它们能够明确一个学生在不同情境中的表现。在某些情况下，这些信息补充和证实了通过其他客观方法获得的信息。有时，它甚至是我们对学生某些方面进行评价的唯一方法。不过，通过观察所获得的印象很容易是不完整的或带有偏见的，除非我们能够准确记录观察。要想做到这些，一个简单的方法是运用轶事记录法。这种记录可以减少选择性记忆所引起的问题，而且非常有用，不仅有助于做出更有效的计划并加强与某个学生的沟通，而且可以为教师和家长的交流做准备。与其他方法相比，轶事记录评价法所记录的具体事件，可以提供一个与教师、家长交流的更有效的基础。

铁事记录法不仅适用于幼儿评价，在中小学生评价中仍然适用，教师通过对学生在日常生活情境下的观察记录，读懂学生，分析学生成长特征及可能的发展空间，以便提出有针对性的建议来帮助学生。

一、轶事记录评价的内涵

轶事记录评价通常是指，评价者在日常情境下进行观察，对学生自然表露行为进行原始、真实的记录，以便了解学生的发展需要，为学生提供更适宜的帮助与指导。与日常观察相比，轶事记录评价更具有目的性和针对性，它不是泛泛的观察、记录学生的所有行为，而是在记录前确定评价目的和评价标准，在学生表现出相关行为的时候进行观察、记录，注重行为中的细节。每个事件发生之后立即用书面的形式做简短记录，每一种描述都应该记录在单独的卡片上，每一个学生记录在笔记本的单独一页。一个好的轶事记录应该保持对事实的客观描述，而不只是对行为含义的解释。从某种意义上说，轶事记录有助于向学生提供关于改进学习和适应的建议。

此评价方法有如下实用性：

第一，通过轶事分析学生行为背后的信息，实施简单方便。“轶事”是指学生在学校生活的典型性行为和事件，并非记录、报告学生的所有事件，从而减轻教师工作并能有效掌握信息，便于教师掌握学生的全面情况，从而对学生将来的发展做出更为准确的判断。

第二，有利于教师发现每个学生在各发展阶段的特点，挖掘学生的潜力、特长，同时为因材施教提供有力的依据。

第三，为教师之间、教师和学生家长之间的交流奠定良好的基础。轶事记录的最大优点在于，它描述的是自然情境中的实际行为，对于描绘学生最本质的行为特性可能有重要的帮助。

综上，进行轶事记录评价应当把握几个重点：关注学生的典型行为和事件，对行为和事件的简短的叙述性描述，收集与行为或事件相关的背景信息，对行为事件进行解释，最后能根据解释提出帮助学生改进行为的策略。

案例 4-1　一则儿童的轶事记录

日期：1980 年 9 月 11 日　　儿童：沙沙

刚刚下课才一会儿，婷婷就尖叫起来，一条无毒的小蛇正在她桌上爬着，全班哗然。过了一阵总算安静下来了。沙沙用纸做了一个口袋，主动地提出让他把蛇弄出去，我同意了。放学后我把沙沙留下，问是不是他在同桌的桌上放了蛇。他说：“难道你也不喜欢蛇么？”我重复了一遍我的问题，他开始抽泣，嘴里不停地咕哝着关于喜欢不喜欢蛇的事，说是奇怪怎么会有人喜欢蛇有人又不喜欢。等沙沙停止哭泣时，我告诉他，如果他想谈谈蛇的话，以后我可以找个时间专门和他讨论蛇，他点头说：“好的”，就离开了。

（解释：今天的行为对于沙沙来说，是一种异常行为。在我过去对他的印象中，他总是对同学们很友好，他与同桌的关系尤其很不错。是不是可能由于他实际上是想与同桌共享这一令人惊喜的发现而这么做的呢？尽管他的这种愿望是不可能实现的。我很奇怪他在哪儿弄到了这条蛇。全班为此热闹了好一阵子。）

资料来源：王守恒．教育科学研究方法基础[M]．合肥：安徽大学出版社，2002.

马云鹏．教育科学研究方法[M]．长春：东北师范大学出版社，2001.

写一写

通过案例分析，概括出轶事记录应该包含的内容：

____

____

____

____

二、轶事记录评价的特征

与成长记录袋评价进行比较，轶事评价方法有如下特征。

首先，从评价目的上看，成长记录袋评价主要是反映学生在特定领域的努力、进步成就；轶事记录评价主要针对学生在学校中的自然行为进行原始、真实的记录，反映学生在校生活的全方位表现，范围更广，对学生的观察更为全面。

其次，从评价内容上看，成长记录袋评价主要是学生作品以及对这些作品的反思，也包括对学生完成作品过程的描述或记录，学生本人、教师、同伴和家长对作品的评价；轶事记录评价延续了观察法，需要评价者在自然情境下观察学生在校期间的行为表现，包括学生在学习、课外活动、与同学相处、与教师交流等各种情况下的典型行为。从评价内容的不同可以看出，轶事记录评价的内容涵盖了学生在校的各方面行为表现。

尽管轶事记录评价是成长记录袋收集评价信息的方法之一，[①] 但是，轶事记录评价和成长记录袋的目的、作用各有侧重，评价结果反映的是学生在不同环境中的表现，并且评价的方法也有所差异，所以轶事记录评价可以作为一种独立的评价方法进行理解。

① 肖远军．教育评价原理及应用[M]．杭州：浙江大学出版社，2004：191-196.

再次，从评价实施者看，成长记录袋是由学生和教师共同参与，将有关学生学习成就或持续进步信息的一连串表现、作品、评价结果及其他相关记录和资料汇集到一起。就此而言，轶事记录评价中，学生通常是作为被观察者、被评者。

最后，从评价的内容收集、整理以及结果的处理、分析上看，它们都要求有系统、有组织地收集相关证据，对结果的分析要客观、科学。

轶事记录评价特别适用于描述不可预料的或不寻常的典型性行为，出现这些行为的学生大致可分为：问题学生和特长学生，除此之外，还要关注普通学生偶尔出现的典型行为。针对问题学生和特长学生，教师要确定学生的某一问题行为或特长，学生多次出现这些行为，教师通过轶事记录评价活动解释行为并提出帮助学生改进问题行为或鼓励学生特长的策略；对普通学生来说，他们在日常的学习生活中也会出现一些典型行为，教师需关注学生行为的发生背景及频率，在进行轶事记录评价活动的时候注意准确记录行为事件，从而提出相应的帮助策略。只有把握好轶事记录评价的适用范围，才能让轶事记录评价更好地为教师提供信息，通过相应的策略达到帮助学生获得更好发展的目的。

阅读材料 4-1　成长记录袋评价与轶事记录评价表格的不同

成长记录袋评价与轶事记录评价表格的不同构成如下：

表 4-1　成长记录袋评价（教学型成长记录袋评价）随堂记录卡

随堂记录卡			
姓名：		日期：	
主题：			
1. 我对于这节课的看法是：			
2. 对于这节课，我喜欢的是：			
3. 我参与最多的时候是：			
4. 我参与最少的时候是：			
5. 我想做一些变动，包括：			

表 4-2　轶事记录评价的记录表

班级：四年级　　学生：玛丽 日期：4 月 25 日　　地点：教室 事件：在马上要开始上课时，玛丽给我看了一首她自己写的诗《春天》。这首诗的确写得不错，我问她是否愿意在班上念一念，她点头表示同意。她小声地读着诗，不断地看本子，右脚在地上划来划去，手不停地拉着袖口。当读完之后，史蒂夫（坐在后排）说："我没有听见，你能再念一遍吗？大声一点行吗？"玛丽说"不行"，然后就坐下了。 解释：玛丽喜欢写故事和诗，并且非常有创造性。然而，当让她在大家面前呈现时，她显得非常害羞和紧张。她之所以拒绝再读一遍是因为太紧张了。

资料来源：肖远军．教育评价原理及应用[M]．杭州：浙江大学出版社，2004.
董奇．教学中的测验与评价[M]．北京：中国轻工业出版社，2003.

三、轶事记录评价的优、缺点

轶事记录评价作为一种新的学生评价方法，要有效发挥它的评价作用，就必须了解该方法的优势和局限，在实施过程中注意取长补短。

（一）轶事记录评价的优点

轶事记录法最大的优点是，它能够描述自然情境中的真实行为。俗话说，"行动胜过言语"。例如：

一个学生可能懂得很多有关健康的知识，但是在实际生活中他还是违反有关要求；

一个学生可能表现出对科学的极大兴趣，却以一种危险的、漠不关心的方式去操作实验；

一个学生可能口头上表现出对他人利益的关心，但在实际生活中却非常自私……

对实际行为的记录提供了一种评价他人的方法，能使教师确定学生典型的行为模式。对学生真实行为的记录有助于教师掌握学生在自然环境中的行为表现，第一手资料真实、可靠，可以获取有关学生成长较全面的信息，帮助教师对学生做出客观、正确的评价。

除了描述一个学生的典型行为以外，轶事记录法还有助于收集个别但重要的事件。例如：

一个安静的学生第一次在班上发言；

一个极端顺从的学生表现出创造性；

一个缺乏兴趣的学生表现出对事物的兴趣……

这些个别的重要行为常常被其他评价工具所忽略。除非刻意去观察，它们也有可能被教师所忽略。轶事记录评价能使教师对学生进行细致的观察，增强教师对典型行为的认识。教师只有通过主动发现和观察学生的个别重要行为事件，才能及时发现问题，特别是学生的不良问题行为，从而制定有效的措施帮助学生改进，促进学生的健康成长。

轶事记录可以用于年龄很小的孩子以及有一定交往技能的儿童，尤其是当其他方法（如纸笔测验、表现性任务、自我报告和同伴评定）不能有效地评价时，轶事记录则有更大的价值。对年幼儿童而言，观察记录的另一个价值在于年幼儿童的行为往往是自发的、不受抑制的，因此他们的行为也容易观察到。

（二）轶事记录评价的不足

1. 完成一个系统的观察记录较为费时

虽然可以通过限制观察和记录的范围来掌握时间，但是观察记录还是一个费时的任务。如果教师采用轶事记录仅供自己使用，那他可以采用一个切实可行的计划，每天记录一些，逐渐积累到一定程度。有的教师在第一次使用轶事记录评价法的时候会感到失望，因为他们想做的太多，把观察和报告限定在某几类行为、某几个学生上，或者同时观察几个学生的几类行为，制定一个清楚的可操作的观察计划，就可以避免收集不完整的非典型的无关事件，这一点非常重要。

2. 很难客观地观察和记录学生的行为

理想的做法是，教师可以采用一系列言语上的简单描述来准确描绘学生的实际行为。但这一目标很难达到，因为教师自己的期望和先入为主的观点会不可避免地进入观察记录。例如：教师往往会注意到他们喜欢的学生表现出的好品质，注意到他们不喜欢的学生表现出的不良品质。对观察和记录进行培训可以最大程度上减少这些歪曲，但是不能完全消除。由于先入为主的关于性别、种族和社会背景的观念所造成的歪曲，教师应该对自己的观察进行反思。教师必须时刻警惕自己的经验，尤其是那些直接的印象会降低对学生的期望。

3. 获得充足的行为取样有一定困难

每个人的行为在不同时间、不同情境下有所变化，这表明对一个学生适应状况的解释和评价应该推迟到收集到相当充足的行为样本以后才能做结论。比如：在参与课堂讨论的过程中，一些学生可能感到焦虑和紧张，一些则表现出冷漠和敌对；但是在一些非正式的场合观察时，如实验室或操场，他们的行为可能完全不同。教师应该对学生进行充分的观察和资料收集以后，经过和其他教师、家长的讨论再做结论，这样能避免结论片面化，同时更重要的是能够使评价结果更为真实、有效。

写一写

用自己的话界定轶事记录评估的内涵：

____

____

____

____

第二节 轶事记录评价的设计与技术

轶事记录经常在社会适应领域使用。尽管它十分适合于这种报告，但如果将它局限于这一领域却是不必要的。轶事记录可以用来获得信息，用以评价学生的学习结果和个性、社会性发展。

但是，不管这种方法如何有用，我们也不应该观察和报告学生所有的行为。因此，我们在运用时必须有所选择。为了充分发挥轶事记录评价的功能，使它真正成为教师教育教学的有效手段和帮助学生发展、成长的有效工具，需要事先对轶事记录评价作出良好的设计，否则，它们就会变成纯粹的“记流水账”。所以在实施收集材料之前，要精心设计和制定轶事记录评价的具体方案。

根据轶事记录评价法的涵义和特点，设计轶事记录评价主要有以下几个阶段：

一、确定轶事记录的评价目的

确定轶事记录评价的目的是进行轶事记录前首要解决的问题。轶事记录评价关注学生的多方面学习结果和发展情况，这里所说的多方面，包括了学生的技能、习惯、态度、兴趣、自我概念、适应等等。不同的轶事记录内容、评价类型与不同的评价目的联系在一起，只有在确定了评价目的以后才能针对目的选择轶事记录的内容，为评价提供全面的资料。

由于轶事记录评价的内容丰富多样，所以通过评价可以收到多种成效，一般来说包括以下几个方面：

（一）促进学生情感态度与价值观发展

以促进学生情感态度和价值观发展为目的的轶事记录评价，强调可以通过评价达到促进学生情感的健全以及态度和价值观的转变。轶事记录评价的本身特点决定了它在学生的情感、态度和价值观发展方面起到的其他传统评价方法不能达到的作用。

第一，促进学生情感发展。一般说来，“情感”可以理解为“人对客观事物是否符合自己的需要而产生的体验”，情感可分为道德情感、理智情感和美的情感。[①] 情感不仅指学习热情和学习兴趣，还包括爱、快乐、审美情趣等丰富的内心体验。其中，最常用的是对学生学习情感，即理智情感的评价。轶事记录评价更多关注的是通过轶事记录的方法来评价学生的学习兴趣、热情、快乐、审美情趣等这些丰富的内心体验，达到帮助学生在这些情感水平上的提高。

第二，促进学生态度转变。态度是在一定情景下个体对人、事或事件，以一定方式进行反应的一种心理倾向。由认知成分（对态度对象信念或真实知识）、情感成分（对人对事的情绪反映）和行为成分（对客观事物的外显行为）构成。以促进学生态度转变为目的的轶事记录评价，重在强调通过评价改正学生的消极态度，同时也要鼓励学生多出现积极态度。

教师通过对学生在校期间的行为、表现进行观察和记录，了解学生对学习、校园生活、同学相处、教师的态度，用评价促进学生发生态度转变，促使学生在学习、生活、人际交往等方面持有积极、向上的态度。

做一做

请判断以下例子中记录的事件主题是否与学生的态度有关。

学生一直不喜欢参加课外兴趣活动小组，偶尔有一次他参加了课外活动，并在活动中表现出色。（　　）

一个内向的学生第一次在班上发言。（　　）

一个安静的学生突然在课外活动中捣乱秩序。（　　）

一个缺乏兴趣的学生突然表现出对某事物的兴趣。（　　）

小张心不在焉地操作着仪器，不理睬教师的提醒。（　　）

学生总是在何老师的课堂上东张西望、不认真听讲。（　　）

第三，促进学生的价值观转变。价值观是人们对某事物价值的基本看法，一方面凝结为一定的价值目标；另一方面成为主体判断客体价值大小，进行价值判断、选择的思想根据。

以促进学生价值观发生转变的轶事记录评价，其目的在于通过评价学生日常学校生活中的自然行为、事件，促进学生树立正确的价值观。我国正处于社会转型期，多元文化的存在丰富了我们的精神生活，尊重多元的文化也要尊重多元的

---

① 李吉会. 如何评价情感、态度和价值观[J]. 教育科学研究，2006(2)：23.

价值观，但是，尊重并不是意味着所有的价值观都是正确的、有利于社会以及个人进步的。作为教育者，要积极地关注现代学生的多元价值观，在尊重的基础上引导学生树立积极向上的价值观。

做一做

根据你的理解，列举出你身边同学有关情感发展、价值观转变的例子：

____

____

____

____

(二) 发掘学生的特长与不足

正是因为轶事记录评价的特点，决定了它可以弥补其他评价方法不能完成的评价任务。在新课程改革背景下，教育者对素质教育、对学生的全面发展需要有科学的理解。学生的特长不仅仅是学习成绩优异，教师更要关注学生在课外的表现，如：运动、绘画、唱歌、跳舞甚至是人际交往与沟通等等方面的特长，打破传统的唯学习成绩优秀才是特长的旧观念。

处于成长阶段的学生，教师的引导有着重要作用。个人的发展是多种潜在可能转化为现实个性的过程，教师在对学生的事件进行仔细观察和深入了解情况之后，通过轶事记录评价发扬学生特长，另一方面也帮助学生弥补不足，尽可能地将潜在的可能转化为现实，扬长也要补短。

案例 4-2　一则儿童行为的轶事记录与观察与分析

观察记录：

在活动室里，幼儿随着音乐进行律动活动。这时阳阳突然从后面冲了过来，一把抱住了琪琪。琪琪顿时慌张起来，害怕地大叫："老师，你看阳阳呀！"她一边喊着一边使劲挣脱，可是这时阳阳因为听见琪琪向老师告状了，所以手抓得更紧了，而且还用力亲了琪琪脸蛋一下，之后用力推开琪琪，赶快跑回自己的座位。

我走过去拉着阳阳的小手问："请问刚才你在干什么呢？"她说："我让琪琪和我一起做动作，她不和我做。"我告诉她："你可以先问问琪琪愿不愿意和你一起做运动呀！"我鼓励她马上去告诉琪琪她的想法，并真诚地向琪琪道歉。"我相信她会愿意和你做朋友的。"果然，两个孩子又高兴地一起做游戏了。

观察分析：

这个年龄段的幼儿模仿能力较强。阳阳是想模仿老师的样子去教琪琪做动作。这说明阳阳是个善于观察和模仿的孩子。可是由于她在与琪琪交流时没有表达出她的用意。导致琪琪产生了误会。我决定去帮帮阳阳。我用的方法是移情法，使阳阳认识到自己的错误，然后让她通过道歉来弥补过错，取得对方的谅解。如果教师能在实践中注意引导幼儿运用合适的方式与他人交流。时间长了，幼儿会逐渐学会利用已有经验处理类似事件。

资料来源：于冬青、柳剑.轶事记录法运用中的问题及运用策略研究[J].幼儿教育(教育科学),2005(5):24.

（三）促进学生心理健康

世界卫生组织给健康下的定义为："健康是一种身体上、精神上和社会适应上的完好状态，而不是没有疾病及虚弱现象。"从世界卫生组织对健康的定义中可以看出，与我们传统的理解有明显区别的是：它包含了三个基本要素：躯体健康；心理健康；具有社会适应能力。具有社会适应能力是国际上公认的心理健康首要标准。全面健康包括躯体健康和心理健康两大部分，两者密切相关，缺一不可，无法分割。这是健康概念的精髓。

现代社会的发展让我们不得不放宽眼界，对学生的关注要改变考试成绩、学业成就"一统天下"的旧观念，必须培养一个健康、健全的人才。所以，心理健康对于学生的成长极为重要。

我们知道，心理健康是指具有较好的自控能力，且能保持心理上的平衡，能自尊、自爱、自信而且有自知之明，包括了一个人的智力正常、情绪稳定、良好的人际关系和适应能力、行为协调统一等方面。以促进学生心理健康为目的的轶事记录评价，通过评价帮助学生消除心理偏差，纠正学生由于心理偏差引起的问题行为，并帮助学生的社会性发展，最终达到成就一个具有健康人格的人才的目的。

案例 4-3　一则有关教学过程的教师手记

时间：××××年×月××日　　地点：操场"滚大球"运动场地

人物：一年级学生弘弘

事件：我和孩子们站在操场上，和孩子们讨论晨间锻炼的规则，弘弘的眼睛直勾勾地盯着"大球"。选择运动器械的音乐一响起，弘弘撒开腿，朝大球飞蹦过去。这时场地上的大球只剩下一个了，弘弘和新迪同时拿到这个大球。两个人你不让我，我不让你地争起来。弘弘大喊："是我先拿到的。"新迪说："不对，你是跑过来的，是我先拿到的。"弘弘仍大叫："我要玩。"我轻轻地对他们说："你们俩商量一下，想个办法，要不，这样下去谁也玩不起来。"于是新迪用商量的口气对弘弘说："我先玩，等会儿交换的时候再给你玩，好吗?"弘弘松开拿着大球的手，我以为他同意了新迪的方法，正想表扬他，没想到他猛地抓起新迪的胳膊狠狠地咬了一口。新迪痛得立刻松开了手，哭了起来。弘弘见状立即拿着大球准备玩起来。

以上案例记录的是学生攻击性行为。据《中国青年报》1997 年 6 月 25 日报道，北方某大城市的一项调查表明，在校学生中，有 50%以上的学生有过被校内同学或外校学生敲诈、勒索、抢劫、欺侮和其他滋扰的经历。成都的调查也表明，有三成以上的同学曾受到过同校学生不同程度的骚扰，五分之一的学校存在学生勒索钱财等恶性事件。现在的儿童、青少年正在受到攻击现象的侵蚀，尤其是暴力行为正在逐年增加。

案例 4-4　一则有关课堂教学的轶事记录片段

时间：××××年×月×日　地点：教室

人物：儿童明明

观察记录：今天第一节教育活动是英语。明明坐在椅子上。教师新授的内容是几个国家的国旗，其他幼儿在活动中都积极投入，课堂气氛很活跃。在这 30 分钟内明明先后与旁边的幼儿说话，自己玩，站起来去玩前排幼儿的小椅子，用脚踢地面，眼睛看地面等。老师用眼神示意他安静，他却和老师玩捉迷藏。在同伴的后面躲来躲去。

做一做

根据上述案例，用表格形式归纳轶事记录评价的目的及相应轶事记录主题。

____

____

____

____

____

带着目的进行观察、记录，才能保证获得的资料更为有效。在进行轶事记录之前首先确定要通过轶事记录评价帮助学生改进哪方面的不足、获得哪方面的发展等等，从而使以后的观察、记录工作有计划且有效地开展。

二、制订轶事记录评价的标准

所谓评价标准，又称评判标准是指人们在评价活动中应用于对象的价值尺度和界限，评价的客观性因素是评价标准具有科学性的重要依据。评价标准是评价活动方案的核心，是人们价值认识的反映，它表明人们重视什么、忽视什么，具有引导被评价者向何处努力的作用。

由于学生的轶事记录内容非常丰富，涵盖了学生在校期间的许多方面的行为表现，形式多样，因此，评价起来会很复杂，甚至要困难得多。

（一）遵循学生心理发展特点

由于轶事记录评价是对学生的日常学习生活进行观察和记录，要通过评价达到帮助学生发展的目的，制定评价标准必须要以学生的心理发展特点为基础。每个人的行为都有其发生的背景和依据，以了解学生的心理发展特点作为评价学生的基础，有助于轶事记录评价的标准更为科学、有效。

轶事记录评价的特点决定了在使用的时候要将传统的量表评价与质性评价相结合，重视学生的心理发展，关注学生的行为表现并且深入了解学生的内部心理动机。这提醒了评价者，不能仅仅从学生的行为表现来判定是否得当、是否正确等等，更要评价者转变思路，针对不同时代背景下的不同年龄段学生的心理特点，以此为基础，作为制定评价标准的重要参考依据。

（二）符合学生实际情况

由于轶事记录评价的目的在于促进学生的情感态度和价值观发展，发掘学生特长与不足并促进学生的心理健康，所以评价者必须把评价标准立足于学生的实际情况，轶事记录评价最终是为了帮助学生在实际的学习生活中更好的生活、获得更好的发展。

针对有特长或有突出优异表现的学生行为，评价者应根据该学生的当前水平设置高一些的要求，鼓励学生加倍努力，一步步达到更高的要求，达到更好的状态；针对有典型不良行为的学生，评价者应判别不良行为的类别，从而引导学生改进，帮助学生形成良好行为；而针对有发展潜力的学生，评价者应试图找到该生的“最近发展区”，给予鼓励，促使学生积极努力，达到更高一级的发展水平。

（三）客观性

轶事记录评价是现代学生评价的一种质性评价方法，它不像量化评价有严谨的量表，轶事记录的材料来自评价者对学生的日常行为进行观察、记录，要保证轶事记录评价成为一种可行可信的评价方法，评价者须在制定评价标准的时候保持客观性原则，对行为表现优异的学生不能因为过于重视而提出该年龄段学生的发展不可能达到的要求，而对于具有典型不良行为的学生也不能过分压抑、限制。只有评价者保持客观原则，才有助于评价者正确看待学生的积极、消极行为，从而促使学生获得更好的发展。

（四）可操作性

虽然轶事记录评价是一种质性评价方法，量表不是唯一且重要的评价工具，但是它作为一种现代学生评价的重要方法，必须具有较强的可操作性。

行为是可操作性的外在表现，是可操作性的功能表示，是可以用具体的测试（testing）或者测量（measurement）标准来陈述事物，而这些标准的建立还必须有实证参考——可数、可测或者是其他通过我们的感官可以获取的信息数据。

强调轶事记录评价标准的可操作性，也就是说，制定的轶事记录评价标准在针对记录的学生行为、事件的基础上，要把抽象的概念和定义具体化，能够便于观察、测量、使用。评价标准具有可操作性，有助于轶事记录评价更为准确、客观，操作简便。

（五）借鉴已有的评价指标

轶事记录评价的内容可以是关于学生情感、态度、价值观、心理健康等方面，针对每一类不同的评价内容，评价指标也有各自的特色，但是个性是寓于共性之中，并且要透过共性表现出来，所以评价指标也有共通的地方，在制定轶事记录评价标准的时候可以参考、借鉴已有的评价指标，在此基础上针对评价内容的特点做出修改。

表 4-3　小学生学业情感评价指标体系

评价目标	一级指标	二级指标	评价要素	评价标准
小学生学业情感	一、学习兴趣	1. 喜欢学习	（1）愿意学习（2）热爱学习	A：符合评价要素 B：基本符合要求 C：基本不符合要求
		2. 形成习惯	（3）自觉学习（4）不知疲倦	
	二、学习态度	3. 认真学习	（5）学习负责（6）主动学习	A：符合评价要素要 B：基本符合要求 C：基本不符合要求
		4. 努力学习	（7）尽力学习（8）刻苦学习	
	三、学习意志	5. 克服主观干扰	（9）生理因素干扰 （10）心理因素干扰	A：符合评价要素要 B：基本符合要求 C：基本不符合要求
		6. 克服客观干扰	（11）自然环境干扰 （12）人为环境干扰	
	四、学业价值观	7. 学业抱负	（13）有抱负（14）有行为	A：符合评价要素要 B：基本符合要求 C：基本不符合要求
		8. 学业评价	（15）与学科价值一致 （16）符合自己需要	

资料来源：李吉会. 如何评价情感、态度和价值观[J]. 教育科学研究，2006(2)：24.

上表反映的是小学生评价指标体系以学业情感为对象（评价目标），分解评价目标，将分解出来的主要因素作为一级指标；二级指标是反映一级指标的，由分解一级指标得到；分解二级指标，得到评价要素。经过分析归纳、研讨、实验反复筛选，将那些重复的、多余的、模糊不清的、相互矛盾的指标剔除，最后符合要求的指标加以组合形成评价指标体系。

除了学业情感量表外，还有关于道德情感的评价量表（由戴艳和郑日昌联合编写），以同情心、自尊心、责任感和羞耻感为道德情感的 4 个维度，通过试测与检验，对小学生道德情感状况进行分析与诊断。该量表具有较高的信度与效度。

查一查

通过网络资源查阅有关情感、态度、价值观方向的评价量表。

在新课程背景下，教师要把焦点扩大到发掘学生的兴趣、爱好以及除学习外的某些特长上，如：绘画、运动技能、与人交流等。对这些方面的评价要以个体的先天条件为基础，没有绝对的好坏，只有适合个人与否。教师应注意学生发展学生的特长，不盲目否定学生的不足，将学生看做是处于成长、发展中的个体，而不是被动接受知识传输的机器。所以，在这个层面来看，对学生特长和不足的评价没有既定的绝对好坏标准，只要通过教师和学生的沟通、合作和共同努力，使学生特长得到发挥发展、不足之处得以弥补，那么轶事记录评价也就在一定意义上成功了。

三、确定评价者及评价方式

轶事记录评价的主要评价者是教师或者是教育工作者，那么要检查教师对学生的观察和记录是否真实、有效，就要通过其他教师或者由教师组成的评价工作小组来评价。只有经过其他教师或者评价小组的鉴别，才能进一步保证轶事记录评价的内容有效、可靠，从而帮助实现轶事记录评价的作用。同时，可以尝试从多角度考虑，在教师对事件进行解释之后，进一步和被评价者访谈，以了解该学生怎样解释自己行为，从而挖掘行为发生的内在动机。还可以根据不同情况需要，与其他任课教师、学生家长进行访谈调查，多方面了解学生的背景信息，确保收集到的信息更为全面、客观、翔实。

访谈的成功才能获得想要的信息，特别是与学生进行相关问题的访谈，需要掌握一些技巧。对于访谈的技巧，笔者认为可以将访谈法的基本技术作为基础，加入一些针对学生问题的访谈应注意的提问方式、内容上的技巧。在访谈中，评价者应当使访谈始终围绕轶事记录的行为、事件，通过访谈探究学生怎样解释行为以及对于这个行为、事件的真实想法。进行访谈的时候注意不要用长辈或者教育者的姿态呈现在学生面前，这样会使学生不敢做出真实的回答，也不敢发表自己的内心想法，不利于保证访谈结果的真实性、有效性。

访谈的过程中，评价者要有一部分注意力放在学生的动作或是语态上面，以判断学生在谈论某个话题的时候是怎样的状态。特别是在感到学生过于紧张或是不专心的时候，访谈者要及时地采取一些措施，使学生放松，表达自己的意见。

在评价方式上，现代教育评价理念倡导的是多元评价，而轶事记录评价作为一种典型的质性评价，是对学生在自然情境下的行为事件进行评价，所以在评价的时候不能简单的采用好、中、差的等级评分制，也不能用分数来表示。它的评价方式也要突破传统的使用单一量表评价，针对不同的评价内容选择、制定相适应的评价方式。

依据评价主体不同，可采用自我评价和他人评价。自我评价是学习者按照一定的评价目的与标准，对自身的工作、学习、品德等方面的表现进行价值判断；他评是指学习者以外的人所进行的评价。在此基础上可以从以下几个方面考虑轶事记录评价的评价方式：

1. 量表。传统的量化评价使用量表、测验对被评价者的某一方面进行测评，这样的评价方式便于操作，结果易于观测、统计，且较为客观，所以广泛的得到人们使用。轶事记录评价可以根据评价内容的特征采用与之相应的量表，对学生的行为、事件进行测评。

2. 借鉴已有的、常用的评价方法。虽然轶事记录评价的内容涉及学生日常学习和生活的方方面面，与一般的学业评价、成就评价、能力倾向测评等评价相比有着显著的自身特色，但是它们都属于学生评价，都具有评价的一般性功能，所以在评价方式上也可以互相借鉴，根据评价内容的不同选择相应的评价方式。如：对学生思想品德的评价常用的有以下三种方法：情境测试法、操行评定法、操行测评法。[①] 轶事记录评价的内容涉及学生的情感、态度、价值观、自身特长与不足以及心理健康等方面，评价方式可以将量化评价和质性评价相结合，在评价学生的某些特质、特长的时候适当采用已有的方法。

3. 探索适合轶事记录评价的新评价方法。因为轶事记录评价是针对学生的日常学习、生活中的行为或事件进行的，所以在评价方法上完全有必要且有可能探索具有轶事记录评价自身特色的新评价方法。传统的纸笔测验、量表测量等只能通过结果的数据分析反映学生的问题表现，而针对学生的特长、不足、兴趣爱好等方面的评价，评价者要慎重选择评价方法，以期通过评价能够找到学生行为的本质及其原因，从而使评价结果达到促进学生发展的目的。

---

① 罗黎辉，高翔. 教育测量与评价[M]. 昆明：云南教育出版社，1996：182-191.

案例 4-5　轶事记录评价卡

学生姓名：王建　观察者：李欣

时间：××××年××月××日　地点：教室

事件：小明上课时一会儿和同桌说话，一会儿掉转头往后看，老师提问时，他把手举得很高。老师请别的同学回答问题，他也跟着大声附和。但真正被提问时，他却又答不上来。

解释：小明希望引起大家的注意，特别是得到老师的重视。

（背景补充：他在家里很受爷爷奶奶宠爱，来学校后，感觉受到了冷落，就采取一些不适当的方式，让大家注意到他的存在。）

资料来源：小学教育评价的基本步骤. http://www.examw.com/teacher/Edu/xiaoxue/2006-7/200658442-2.html.

教师通过对小明的听课情况做简单的记录，并结合学生的背景资料，初步分析出小明的行为背后的原因。在这个案例中，教师并没有因为小明上课不认真听讲而归结为他是不认真学习的学生，也没有因此而用考试成绩来判断小明不认真听讲的原因。将事件的记录与解释分开来，客观记录事件的基础上综合学生的生活背景、性格等多方面因素对学生行为事件进行解释，使得对学生的评价更为科学、客观。

通常的测验、考试以实现鉴别学生的学习状况好差或者是选拔人才为目的，而轶事记录评价是为了便于教师了解学生的发展需要，帮助学生的全面发展。所以在评价方式上，应该将重点放在教师观察和记录的是否是学生的典型行为，是否是学生需要帮助的方面以及记录的内容是否真实、有效等方面。轶事记录评价的评价方式应该针对记录的内容进行筛选，鉴别哪些内容对于评价是有效的。

四、进行轶事记录

对学生的轶事进行记录是轶事记录评价的重要过程，只有做好轶事记录才能为评价工作提供全面、有效的信息，使轶事记录评价更好地为学生发展服务。进行轶事记录通常要注意以下几个方面：

（一）制作轶事记录表（卡）

一般来说，轶事记录表（卡）可以帮助评价者在观察过程中及时、准确地记录信息，为评价提供事实依据。所以，轶事记录表（卡）包含的内容应当是对事件发生的客观、真实记录，以便于事后的评价与反馈。一张有效的轶事记录表（卡）所呈现出的内容应该能满足评价所需的所有事件发生时的客观资料，为评价提供重要的事实依据。

根据评价需要，轶事记录表记录的关键信息主要包括以下几个方面：

1. 观察对象的基本信息，包括被观察者的姓名、观察的时间、观察地点以及被观察者的相关补充信息。

2. 事件的描述，包括事件发生的经过、事件的发生情境、事件相关的重要细节。

3. 事件的解释，包括教师对事件的解释，也可以加入教师通过进一步收集信息后提出的分析诊断。

4. 解决问题的建议，可以根据教师对行为的解释或提出或暂时不提。解释只是针对这次记录的事件，分析可能过于表面化，不够深刻、全面，所以容易使建议也不够具体、有效。不过，提出的建议可以作为后续评价的参考。

案例 4-6　一则课堂轶事记录

学生：Jimmy Waston　　时间：2003，10.17

观察者：H. James

这种行为是：　　　　　　　　非典型的

（请圈出来）

观察：教师要求全班学生说出美国内战的原因。学生们举手自愿说出某个可能的原因。Jimmy 也举起了他的手，当教师叫他时，他问是否可以在教室里放电影。

解释（供参考）：Jimmy 可能常常脱离班级活动。这种情况在本学年开始时在班上出现了约两次，现在出现的次数增加了。他好像并不是想尽力扰乱课堂或使大家注意他，我目前还不能解释他的这种行为。

建议（供参考）：没有。

资料来源：[美]Albert Oosterhof. 开发和运用课堂评估（第三版）[M]. 谭文明、罗兴娟，译. 北京：中国轻工业出版社，2006：230.

评价者绝对不能仅仅依靠对某个事件的一次观察和记录就做出评价结果，必须在评价的时候综合学生个人背景、行为发生背景。现代学生评价主体的多元化也提醒了教师在评价的时候关注学生自己的想法，多角度考虑问题，打破单一的以教师的意见为主体的旧格局。所以，在制作轶事记录表（卡）的时候还可以根据需要加入教师与学生（主要是被观察的学生）的访谈内容，将关键信息同时记录在表（卡）中，补充即时观察的不足，丰富事件背景，为评价提供更多的材料。

观察表格的形式可以多样化，只要记录下准确、有效的信息即可。除此之外，还可以利用现代高科技设备，如：照相机、摄像机等，及时记录下学生的行为。所以，在形式上可以依据评价者的个人习惯而定。

写一写

根据上述轶事记录表格，概括出记录表的构成要素。

____

____

____

____

（二）记录学生的行为或事件

确定了使用表格或是其他设备进行记录，接下来就要进行事件记录。由于使用表格记录需要评价者把看到的东西写下来，所以在记录的时候会遇到一些难以预见的困难和问题；用电子设备拍摄学生的行为、事件相对来说较为容易，只需清楚拍下行为或事件，事后回放再次观察即可。下面就以轶事记录表（卡）为例，提出一些在记录学生行为或事件的时候应该注意的问题。

1. 观察不常见的行为，记录典型行为，关注少数几个需要特别帮助的学生

首先，在确定哪些行为要通过直接观察来评价时，更倾向于选择和记录有意义的事件，也就是说，那些不能被其他方法有效评价的行为。一些个别的重要行为常常被其他评价工具所忽略。尽管直接观察可以有效地获得学生的信息，但是很可能会忽略那些对于理解学生的发展有重要价值的行为。因此，教师还应当注意和报告那些比较不常见的行为。某个学生的平时表现不突出，默默无闻的学生的行为也是不容易引起教师的关注。但是，作为教育工作者来说，每一个学生的成长和发展都是非常重要的，特别是中小学阶段，学生的变化、发展是极快的，可能某个不常见的行为第一次出现，就预示着这个学生某一方面开始发生了变化，如果该学生某一方面的积极变化，教师没有及时关注并给予反馈、帮助，那么就有可能错过了该学生在这方面发展的最佳时期，潜能被埋没，不利于学生成长。

一个学生在各种自然环境中的言语和行为表现反映了他的态度、兴趣、品味、习惯和适应模式，而这些却不能用其他方法来评价，这些行为在做轶事记录评价时需要特别关注。另外，要追求全面的观察和记录，只有一次观察一两个学生的时候，教师才能获得比较完整和有用的信息。因此，在观察的过程中，教师最好集中注意力在少数几个学生的行为上，可以同时观察几个学生的一类行为，或者几个学生的几类行为，并制定一个清楚且可操作的计划，以避免收集一些不完整的非典型事件，降低评价的效果。

2. 观察之后尽快做记录

在多数情况下，教师不可能在事件发生的当时进行书面的记录，但如果观察记录拖延的时间越长，就越可能遗忘一些重要的细节。一般来说，根据记录的时间不同，可分为三类：

(1) 当场记录。学生一旦出现了轶事记录评价要关注的行为或事件，教师就马上记录下来，要求教师具有高度敏感性和快速记录的能力。在行为事件发生的同时做记录，可以完整、详细、准确地记录信息，但是对记录者的要求很高，而且当场记录需要打断教师正在进行的工作，如果在课堂上做当场记录，则会打乱正常的教学秩序。

(2) 某一行为或事件发生之后记录。学生出现并完成了某个需要观察、记录的典型行为或事件之后的几秒钟内，教师即对该行为或事件进行简短的记录。尽快在事件发生后的合适时间做简短的笔记，并及时补充完善。快速将短时记忆的内容用笔写下来，有利于及时保留信息，以确保信息的准确性。在回忆的时候，虽然只与事件发生当时相隔几秒钟，但是可能由于观察或回忆的偏差，导致记录的内容难免可能出现偏差。

(3) 一系列的行为或事件发生后记录。这种记录方法强调在某种典型行为或事件发生几次之后，教师才做记录。这样记录的时候不仅能够记录行为或事件的内容，还能进行简单的归纳，使教师发现学生出现该行为或事件的背景、频率等等，有利于教师在以后的观察和记录更省时、有效。但是在一系列的行为或事件发生之后才做记录，由于时间间隔太久，教师的回忆很可能出现偏差，信息缺失可能也较多，难以确保信息的完整性、准确性。

另外，根据记录使用的工具不同，大致可以分为：表格记录、电子设备记录。表格记录的使用较为简单、方便，教师可以根据具体的情况选择合适的时间随时进行记录，记录在纸张上方便携带和查看；用电子设备进行记录，如：照相机、摄像机，能完整记录行为或事件发生的过程，并且对背景的记录也更完整，消除一些记录者的主观偏见，但是需要观察记录者之前准备好这些设备，才能保证在行为发生的同时就开始记录。

3. 充分观察并记录行为发生的情境，分析观察记录的偏见来源

如果解释行为的时候，脱离了其发生的情境，那么就很难保证合理的解释。例如，一个攻击性的行为——推另外一个孩子，可能是善意的玩笑、想引起别人注意的尝试、对他人直接挑衅的回应，或是一种极其敌意的信号。行为意义线索经常可以通过直接注意其他参与同学的行为以及行为发生的特定背景来获得。如果脱离了行为发生的当时情境，观察者可能会获得错误的信息。以上提到的例子来看，观察一个攻击性行为，作为观察者要注意学生出现攻击性行为的时间、地点、对象的特点、周围环境等信息，将行为发生的背景和行为表现、特征都记录

下来，事后综合分析，才能得出较为全面的信息，对该学生的评价也较全面。因此，观察记录应当包括那些能理解学生的行为有重要意义的条件的描述。

教师应当考虑，对于不同的学生来说，为什么同样的观察记录会产生不同的解释。当然，如果这种解释是依据对两个学生不同行为模式的理解做出的，那么对同样观察记录有不同的解释是合理的。但是，解释的不同不应当是来自性别、种族或社会背景方面的偏见的结果。教师和常人一样有自己的认知、感情、喜好，作为轶事记录评价的观察、评价者，教师在观察和记录的时候难免会把个人的主观认识带进观察、记录中，但是如果教师的这些情感加入到观察中，就有可能会使观察、记录的内容有失偏颇、不全面，导致事后的分析、研究不够客观、全面。教师针对观察的事件进行评价要以观察到的实际情况作为依据，不能仅凭自己的主观意见加入事件中根本没有透露出的信息，一定要根据记录的实际情况客观评价。

案例 4-7　教师对幼儿的事件记录

事件：今天第一节教育活动是英语。明明坐在椅子上。教师新授的内容是几个国家的国旗，其他幼儿在活动中都积极投入，课堂气氛很活跃。在这 30 分钟内明明先后与旁边的幼儿说话，自己玩，站起来去玩前排幼儿的小椅子，用脚踢地面，眼睛看地面等。老师用眼神示意他安静，他却和老师玩捉迷藏。在同伴的后面躲来躲去。

想一想

你能否从案例中找出明明在 30 分钟内的行为发生背景、反应？这份轶事记录的缺点是什么？这样的缺点会给教师对学生评价带来什么影响？

____

____

____

案例 4-8　某幼儿教师的两则轶事记录

事件一：

学生姓名：言言　观察者：某教师

时间：3 月 11 日　地点：某幼儿园

事件：言言今天来园已经三天了，早上爸爸爷爷和奶奶一起送她。他哭的仍旧很厉害。说什么也不肯进班，最后在老师的协助下家长才得以脱身，在老师的安抚下总算是吃了一点点早餐，这是言言第一次吃幼儿园的早餐。区域游戏时，言言什么玩具也不玩，抱着书包，眼里满是泪花，委屈的问老师：“奶奶什么时候来呀?”并且使劲摆着小手说不在幼儿园睡觉回家再睡。午饭后，言言搬着小椅子抱着书包坐在小朋友的床边看着小朋友们睡觉，一会儿又要求老师把自己的衣服拿来他要看着。

事件二：

学生姓名：言言　观察者：某教师

时间：4月9日　地点：某幼儿园

事件：今天游戏活动时，言言选了装豆豆的材料进行游戏，之前言言还从来没有选过这种材料。老师见他拿起小瓶子又放下，又拿起黄色豆豆一颗一颗往瓶子里装，当装满要盖瓶盖时他看到瓶盖上的数字，于是他把所有的瓶盖都放到了一起，又拿到一个贴着数字4的瓶盖，把刚刚装满黄色蚕豆的瓶子里的豆子“哗”的一声全都倒了出来，开始数上面贴的小点。一看不是4个又放下重新找，终于找到时认真的一个一个装起来，游戏活动中言言把红黄蓝色蚕豆都装进了相应的瓶子。

分析评价：言言从开学至今进步非常大，开始时妈妈每天都不敢送言言上幼儿园，因为妈妈根本送不来，每天只有让奶奶过去接然后再送到幼儿园。现在的言言可喜欢上幼儿园了，我们从他的绘画作品中就不难看出他对幼儿园的喜爱，他对幼儿的一切是那么的熟悉。从言言的学习、生活记录中分析他无论是生活、自理能力还是求知欲、坚持性都有了很大的进步。现在他懂得了谦让和合作，并且做事情很认真专注，与小伙伴的关系融洽了，还会主动帮助别人。语言表达能力也有了很大的进步，能用清楚连贯的语言表达自己的意思。

点评：这位老师在分析中说“言言无论是生活、自理能力还是求知欲、坚持性都有了很大的进步。”这一点在记录中没有体现。“言言可喜欢上幼儿园了”这一点也没有充足的表现，记录中只能体现出言言的分离焦虑现象有所好转。“他懂得了谦让和合作，并且做事情很认真专注，与小伙伴的关系融洽了，还会主动帮助别人。”更是无从谈起。“语言表达能力也有了很大的进步，能用清楚连贯的语言表达自己的意思。”记录中也是没有依据可循的。教师的这则记录的分析评价不应该脱离老师的记录。老师的分析应该在孩子的“分离焦虑”这一现象上。分析孩子的很多哭闹行为都是符合他的年龄特点的，孩子是在怎样的情况下采用了怎样的方法，老师是如何去帮助幼儿减轻这种焦虑的，应该保证记录的主旨与分析的主旨的一致性。

资料来源:幼儿教师“观察记录”的分析与指导. http://www. tjxqjy. com/keshi/youjiao/show. jsp? informationid=20100128151452306&classid=200909021421312380.

想一想

怎样才能避免记录、分析中的偏见？

____

____

五、解释记录的行为或事件

事件的描述应当尽可能客观、准确，这就意味着要用具体、非评判性的语言准确叙述所发生的事件。要避免使用类似这样的语言：伤心、害羞、敌对、悲哀、野心勃勃、固执等。如果需要使用，就应当把这些评判性的语言单独列出，作为对事件的尝试性解释。特别是在观察和记录的时候，教师要着重记录对事件的实际描述，可以稍加一点对事件的简单解释。只有在对事件实际记录之后才能结合更多的资料对事件进行分析和解释，从而使解释更有说服力、更客观。

轶事记录是为了发现学生的问题，通过评价提出有针对性的措施从而帮助学生解决问题。所以在轶事记录之后，评价者就要对事件进行解释，从解释中分析问题。轶事记录评价法与传统的评价方法存在很大差异，不能仅用量表、合格与不合格来简单的判断对错、判定学生的优劣。这提醒评价者在对行为、事件解释的时候要注意以下两点：

1. 量表提供的信息作为参考信息之一，不能作为评价的唯一标准。
2. 要将行为发生的背景、学生的个人背景等相关信息纳入解释中。

孤立的行为事件对于理解学生的行为来说一般不具有重要的意义。每个人都有表现最好和表现极差、兴高采烈和悲观失望、非常自信和自我怀疑的时候。只有在不同的背景下多次观察某个学生，才能发现该学生的基本的行为模式。因此，一般来说，应当延期做出有关学习和发展的任何判断，直到教师拥有充足的行为样本，能够提供一个关于学生在不同情境下的典型行为模式的描述。

对事件的解释，不能依靠一次观察和记录就下结论，认定就是因为学生自己不努力或者对教师的不良情绪致使典型行为的发生。对学生行为或事件的解释可以在进行了一段时间的观察、记录之后，结合评价者与其他任课教师、学生本人及其家长的访谈结果，从多角度考虑再给出解释。需要经过多次的观察、记录和分析，并在观察中坚持客观原则，只有经过多番考证的结论才具有说服力。

对学生的行为或事件进行解释的方式大致可以理解为归纳型和诊断型。不同的方式与不同的行为事件联系在一起。针对问题学生以及普通学生的问题行为，评价者在对行为事件解释的时候多采用诊断型，即判断该学生的问题行为是属于情感、态度、价值观或是社会性发展等某一方面的问题，同时也可以判断该学生在他的发展阶段中是否达到了一般水平，或是超出了一般水平即超常发展；针对特长学生及普通学生的特别优秀表现，评价者在解释行为事件的时候多采用归纳型，即通过观察、记录来归纳学生出现积极行为的相关信息，如：环境、原因、频率等等，以期望通过归纳能在以后的教育中鼓励学生多出现积极行为。

案例 4-9　一则轶事记录评价

时间：××××年×月××日　　地点：教室

人物：儿童迪迪

事件：一天午餐前，我拿起一本故事书，准备给孩子们讲故事，刚起了个开头："有一个虎娃娃，老是离不开他的虎妈妈……"就听见一细小的声音在下面叫着，"别讲了，别讲了，什么时候讲完呀！"我低头一看，是迪迪，只见他苦着一张脸，摇着手像是要制止我讲下去。旁边的小朋友不干了，连声说："讲下去，讲下去，我们要听的。"于是我对迪迪说："小朋友都很爱听的，你也慢慢静下心来听我说吧。"说完，我又准备继续我的故事。可是刚说了没几句，他的声音又来了："别讲了，别讲了，什么时候讲完呀！"小朋友们不高兴了"迪迪很烦的，老师快讲下去，不要理他。"我问迪迪："为什么不爱听故事，你要和小朋友一样，安静得听。不能这样打断别人，这是不礼貌的。"可他还是忍不住翻来覆去的就是那几句话"别讲了，别讲了，什么时候讲完呀！"我生气了，对他说："你不想听，小朋友可想听，如果这样的话，那就请你自己去找个地方坐好，不要打搅我们。"没想到，他真的站了起来，端起小椅子，坐到一边去了，这倒引起了我的兴趣。

补充：事后，经过我多次细心的观察，我发现迪迪这个孩子比较孤僻，胆子很小，平时的话很少，上课从不举手发言，与老师也不愿意亲近，总是一个人玩，也不与别人交流，受到同伴的欺负也没有反映，一到听故事、看电视的时候，他就会反复那几句话"别讲（看）了，别讲（看）了，什么时候讲（看）完呀！"这究竟是什么原因造成孩子性格变得如此的怪异，孩子的内心到底要诉说什么呢？

解释：带着疑问，我与他的家人进行了交流，得知孩子的父母工作很忙，平时无暇与孩子交流，教养的责任主要由两位老人来承担。由于他小时候曾生过一场大病，几乎丧失性命，因此家里人都很宠爱他，对他的要求也是百依百顺的。老人们很注重关心他的身体健康，而除了吃饱穿暖以外也没有精力再去理他，无法与他交流，而孩子由于身体原因，也不能外出，每天就是一个人孤单的摆弄他的那些积木。迪迪的这些行为反映出他的内心是十分孤独的，他的自信心和自主感都没有得到发展。如：他胆子小，不与同伴交流，不与老师亲近，上课不举手发言，害怕听故事、看电视等等。这些情况的出现，都是由于平时父母忽略了与他感情方面的交流，对孩子的内心世界的缺乏了解与沟通造成的。孩子觉得自己被忽视，得不到保护与信任，没有了安全感。而老人的照料则从他的身体条件出发，而没有了解孩子的年龄特点，限制了孩子的兴趣爱好，使孩子没有了自主权，好像被关在一个无形的笼子里了。

资料来源：幼儿园幼儿个案记录、分析. http://wenku.baidu.com/view/1ff6542fb4daa58da0114ad0.html.

六、轶事记录评价结果与反馈

充分收集了有关的资料之后，综合收集到的行为、事件描述，相关背景资料，教师对事件的解释，被评者对行为、事件的相关看法这些信息就可以进行轶事记录的评价结果判定了。这是轶事记录评价的一个重要步骤，是发挥轶事记录评价的作用的关键环节。

呈现评价结果不仅是对收集到的资料进行整理、综合，更要通过综合整理相关信息做出评价结果，使教师能从评价结果中得到关于学生需要帮助的信息，从而制定出有针对性、有效的帮助措施，促进学生发展。

在呈现评价结果的时候也不能忽视结果的反馈。结果的反馈包括了将评价结果告知相关人员（教师、家长、甚至可以是学生），以此争取让更多的相关人员参与到评价中，共同为学生的发展出力。

通过对学生典型行为或事件的一系列观察、记录，评价者在相关的原则与准则指导下对该学生的行为、事件尝试做出原因分析和解释，使教师在下一阶段的教学工作中制定出更有针对性的帮助策略，以达到促进学生发展的目的。从这个角度来看，评价结果的反馈是轶事记录评价的最后也是最为重要的环节，评价的结果虽然看似是给教师提供关于学生的更多信息，但它在实际意义上的最终目的是为学生的全面发展服务，它与传统的学生评价存在很大差异，不是将诊断结果直接告知学生（直接向学生呈现“好”与“不好”没有更大的价值），而是教师需要将观察记录的信息以及原因分析的结果转化为改正学生的问题行为或是鼓励学生积极行为的策略。如何有效地反馈评价结果才能使轶事记录评价达到真正帮助学生发展的目的，下面提出几个方面的意见：

第一，改正问题学生及普通学生的问题行为。评价者在一系列的观察、记录和评价活动中收集了问题学生或学生的问题行为相关信息，最后评价的结果要让帮助教师制定出策略。制定出的策略要在教师的日常教学工作中具有可行性，通过教师的指导和帮助降低学生问题行为的发生频率，逐渐减少学生问题行为对他人或周围环境等的影响，引导学生逐步改正问题行为，帮助学生健康成长等等。

第二，鼓励特长学生及普通学生的积极行为。通过轶事记录评价活动得出的结果，能够协助教师在以后的教学工作中注意发现学生的特长表现，制定相应的帮助、鼓励措施，给学生创设良好的环境，以促使学生增加积极行为的发生频率，提高学生的自信心，师生共同创设良好的校园学习、生活氛围，良好的物理和人文环境对学生的健康、全面发展有积极作用。

第三，归纳学生典型行为出现的影响因素，做好防范工作。在收集了很多丰富的资料以后，通过评价活动使教师掌握学生出现典型行为的环境、人文等因素，教师在下一阶段的教学工作中应根据这些信息来改进工作，从学校的物理环境到班级的人文环境，都引起重视，防止学生问题行为的频繁发生甚至扩散影响到更多学生；同时还要使其他学生认识到问题行为的不良影响，防患于未然，师生共同努力来遏止不良行为。

案例 4-10　教师的轶事记录评价

时间：××××年×月××日　　地点：幼儿园内

人物：儿童吴洵　　记录者：××老师

观察记录：一个星期三的上午，户外活动的内容是玩滑梯，孩子们都很喜欢玩。忽然，耳边传来一阵哭喊声，我寻声走过去，发现班里年龄最小的曹湘韩手指上出现了被咬的痕迹。我边安抚她边问："湘韩，谁咬你了？"湘韩边哭边将小手指向站在他旁边的吴洵。我立刻明白了，然后对吴洵说道："你咬她了？"吴洵看了看我，一边咿咿呀呀地说着、比划着，一边又将身体移向滑梯，接着以极快的速度抢在另一个小朋友的前面冲下了滑梯。针对他的行为，我立刻把他请到了身边，告诉他咬人是不对的，玩具要大家一起玩。吴洵听了老师的话，很高兴地答应着，一溜烟似的又跑向了滑梯。

分析：针对吴洵的行为，我与家长进行了个别交流。从与家长的交谈中了解到，吴洵平时主要由爷爷奶奶负责照顾，爸爸妈妈为了工作，很少跟孩子一起，而爷爷奶奶对聪明可爱的吴洵更是捧在手心，对他百依百顺，即使被他咬了也不及时地加以引导。久而久之，吴洵那股霸道劲就油然而生了，只要稍有不顺心的事情，或者是大人没有及时满足他的要求，他就会采取咬人的方式，不管你是谁。俗话说："家庭教育是幼儿最早的学前教育"，这句话的确没错。家庭教育是形成孩子性格的导火线，不难看出，正是由于爷爷奶奶的溺爱这个原因，导致了孩子极为霸道的性格。

教育策略：

1. 移情教育：要让孩子改变这种唯我独尊的性格，首先应该让孩子学会体验他人的情感，也就是对他进行适当的移情教育。我通过利用一些故事或者情景表演，让孩子参与到活动中去，让他体验到分享的快乐。

2. 帮助孩子在观察中学会"商量"：记得一次午饭后，吴洵因为没有抢到自己心爱的玩具又想和同伴打架，我看见后，连忙把吴洵拉到了一边，告诉他想玩具时先来告诉老师，同时要求他看别人是怎样通过协商交换玩具的。教他学说一些简单的句子，如："让我玩玩好吗?""你玩好给我玩"等。在我的督促与帮助下，聪明的吴洵有了最初的与他人分享的意识，同时也在交往中渐渐地学习着和别人"商量"。

3. 表扬的魅力：针对吴洵的这一性格，我在平时活动中注意及时发现他的闪光之处，对他好的行为有针对性地加以表扬，注重表扬的时效性，讲究表扬的价值所在。吴洵动作灵活，妈妈反映他在家里小自行车骑的棒极了，于是，我有意让吴洵在大家面前露一手，并鼓励他将自己的车子让给同伴玩。当他在活动中表现出"商量"行为并和大家一起分享时，我就会送他一个大大的红五星。

通过这学期耐心细致地教育及引导，原来的小霸王吴洵不再霸道，咬人现象逐渐减少，语言表达能力也有了一定提高，学会了协商。这个案例，使我更加深刻地认识到，教师在教育过程中要注意根据幼儿的个性特点，研究有效的教育形式和方法因材施教，只有这样才能真正确保教育的实效性，从而促进每个孩子身心得以健康地成长。

资料来源：幼儿园幼儿个案记录、分析. http://wenku.baidu.com/view/1ff6542fb4daa58da0114ad0.html.

上面这则案例的幼儿教师通过轶事记录、分析，最后得出评价结果，进一步提出了教育策略，教育策略是重点，它能帮助教师真正的解决学生的问题，达到帮助学生健康成长的目的。

想一想

你认为还可以通过哪些反馈方式使轶事记录评价的结果更好地发挥作用？

____

____

____

最初，绝大多数教师在选择重要事件、进行准确的观察以及客观的描述上都有相当多的困难。一个比较明智的做法是开始时每天只做简短的记录，而不要记录过多。也许从观察学生在休息时或者学习期间的学习习惯开始，这样就可以有充足的时间来观察和记录重要的行为。回顾一个月或两个月来的有用的记录，将有助于磨炼教师的技能，区分出事件中的哪些信息是有用的，哪些信息是无用的。回顾记录同样也有助于提高记录的真实性和有效性。

多次实践对新老师或者刚开始使用轶事记录评价的教师来说具有重要意义，在这个过程中，可能刚开始记录的时候会遇到很多问题，比如：对“轶事”的范围不确定，记录的内容繁多却漏掉了一些细节；边观察边记录，手忙脚乱导致应该记录下来的要点不全等等。只有经常学习，才能逐步解决问题，熟练方法，使评价更有效。

轶事记录评价是一种质性评价方法，作为现代创新的学生评价方法，它是教师了解学生在校期间的学习、生活情况的重要手段，同时，对教师提出有效性的方案来帮助学生成长有积极作用。轶事记录评价必须根据实施者的具体情境选择适当的方案，其策略也要具有灵活性、操作性，能适应不同情境中评价的需要。

通过对轶事记录评价的学习，可以看到，作为质性评价的方法之一，轶事记录评价能够补充其他评价方法（如：课堂观察、纸笔测验等）的不足之处，是现代学生评价方法的一个创新尝试，同时，该评价方法也符合了国内外教育评价改革发展中以人为本、追求发展的趋势和特点，在我国新课程的评价改革中应该给予积极地宣传和推广，丰富学生评价的方法，促进评价客观化、全面化。但是，在推广和实施的过程中一定要慎重，避免盲目。在实施前要做一些调查和准备工作，选定何种情况下使用轶事记录评价能够发挥其最好的作用，帮助教师获得更多更有效的资料，从而促进学生的成长和发展。最好在小范围内开展实验研究，经过一段时间，在经验的总结和反思、改进的基础上，再向更大范围推广。

写一写

轶事记录评价活动设计的程序及注意事项是：

1. ______________________________
2. ______________________________
3. ______________________________
4. ______________________________

本章要点

- 轶事记录评价是观察者在日常生活的情境下，对学生自然表露行为进行原始、真实的记录，以便了解学生的发展需要，为学生提供更适宜的帮助与指导。
- 轶事记录评价的最终目的是关注学生的多方面学习结果和发展。具体地说，通过轶事记录评价可以促进学生的情感态度与价值观发展、有利于发掘学生的特长和不足、促进学生心理健康。
- 进行轶事记录评价通常有以下几个阶段：确定轶事记录的评价目的；制订轶事记录评价的标准；确定评价者及评价方式；进行轶事记录；解释记录的行为或事件；轶事记录评价结果与反馈。
- 轶事记录评价重点关注的是学生的典型行为、事件，在使用轶事记录评价的时候重点关注“轶事”材料的选择、记录的要求分析评价的标准以及评价结果的反馈。
- 作为一种质性评价方法，轶事记录评价是现代学生评价方法的一个创新尝试，同时，该评价方法也符合了国内外教育评价改革发展中以人为本、追求发展的趋势和特点。但是，在推广和实施的过程中一定要慎重，避免盲目。

思考与练习

- 请从中华美德网的教学素材专栏下载一篇教育叙事案例，结合轶事记录评价的学习，请阐述你对教育叙事和轶事记录是怎样理解的？二者的联系和区别有哪些？在实际的教学中应该怎样选用这两种方法？（http：//zhmdw. com/xunxi/flash _ play. asp？id=17861）
- 你认为轶事记录评价对于完善学生的综合素质评价有没有作用？为什么？
- 你认为轶事记录评价在现代的幼儿教育、基础教育、中等教育以及高等教育的学生评价中各发挥着什么样的作用？轶事记录评价在实际的教学评价中的可行性如何？

相关教学资源链接

- http://www. k12. com. cn(2010 年 3 月 10 日访问)。中国中小学教育教学网，涵盖了中小学教育教学的各个方面，内容包括教育教学用的资源、教案、试题、素材以及教育新闻和论坛提供教师交流的平台，教师文集专栏收集各行教师教学经验、心得。
- http://www. neea. edu. cn(2010 年 3 月 12 日访问)。中国教育考试网，是全国考试办公室为广大考生提供求学咨询、招考指南、网上报考等全方位服务的大型招生考试类网站，也包括最新最权威的国家考试法规、信息。

- 温忠麟.教育研究方法基础[M].北京:高等教育出版社,2004.
- 瞿葆奎.教育学文集·教育评价[M].北京:人民教育出版社,1989.

本章主要参考文献

- 肖远军.教育评价原理及应用[M].杭州:浙江大学出版社,2004.
- 董奇.教学中的测验与评价[M].北京:中国轻工业出版社,2003.
- 夏婧.轶事记录法在幼儿评价中的应用[J].学前教育研究,2003(7).
- 于冬青,柳剑.轶事记录法运用中的问题及运用策略研究[J].幼儿教育(教育科学),2005(5).
- 欧沧和.教育测验与评量[M].台北:台湾心理出版社,2002.
- 徐芬,赵德成.成长记录袋的基本原理与应用[M].西安:陕西师范大学出版社,2002.
- [美]Ellen Weber.有效的学生评价[M].国家基础教育课程改革"促进教师发展与学生成长的评价研究"项目组,译.北京:中国轻工业出版社,2003.

第五章

Chapter 5

作品分析评价

本章学习结束时教师能够：

- 用自己的话界定作品分析评价的基本内涵
- 理解作品分析评价的功能及其与传统学生评价方式的关系
- 能够设计作品分析评价的评价标准
- 能够组织并实施一次作品分析评价活动

研讨活动 5-1

选择自己所学专业的一门课程，独立完成一份作品分析评价设计。

第一节　作品分析评价概述

作品分析评价是通过学生在真实情景中的表现来对学生进行研究和评价，从而服务于教学的评价活动。表现性评价并不是什么新鲜事物。几个世纪以前，工匠师傅就通过观察徒弟在执行具体任务时的表现来对他们进行指导和评价，裁判通过观看运动员在比赛和对抗中的表现来对他们进行评价，艺术老师通过观察和聆听学生的表现来对他们进行评价……。然而，在学生评价领域，对表现性评价的关注、强调和诸多研究却是近二十年来的事。[①] 事实上作品分析评价早已引起众多理论关注和实际运用。作品分析评价具有考查学生综合素质、描述学生学习进程、促进学生发展和协助教学决策等功能。

一、作品分析评价的内涵

（一）基于表现的要求

作品分析评价的本质在于学生的创造。它不仅将综合思考和问题解决联系起来，而且还让学生在合作中解决真实性或与现实生活相类似的问题，使教学具有现实意义。[②]

作品分析评价是教师让学生在真实的生活情境中，运用先前所获得的知识解决某个新问题或创造某种东西，以考查学生知识与技能的掌握程度，以及实践、问题解决、交流合作和批判性思考等多种复杂能力的发展状况。[③] 作品分析评价的内涵应该包括：

第一，学生的作品应该是在真实生活情境中完成。

传统的学生评价多为纸笔测验，是在一种静态的情境中完成，难以全面地考查学生的综合状态。作品分析评价从时间上、内容上和形式上等多方面对其进行

① 周文叶. 学生表现性评价研究[D]. 华东师范大学，2009：3.

② Joan L. Herman. The State of Performance Assessment. [M]. New Jersey：Hampton Press，1998：3.

③ 教育部基础教育司、师范教育司. 新课程与学生评价改革[M]. 北京：高等教育出版社，2004：70.

弥补和创新。真实的生活情境是表现性评价的一项优势所在，它是一种动态的和生成的考量，既能够得到一般性考查所想要得到的学生在知识层面的信息，又可以获取学生的思考过程和心理状态，另外还培养了学生解决实际问题的能力，把所学到的知识和现实的问题结合起来以提高学生的社会适应性。这里的真实情景包括两个层面的意义：一是教师在课堂上设计出较为真实的情景氛围，二是学生的实际生活真实。在作品分析评价中，由于作品真实性的特殊要求，课堂教学中，教师的情景设置是难以达到真实的程度的。因此，作品分析评价的设计和完成大多数是要求学生在课外完成，在学生的实际生活的真实情境下创作出真实的作品。实际生活的真实情境创作，需要教师走出课程思维和教材思维的局限，作品的内容可以是他们在日常生活和学习中发现的问题，也可以是当前社会普遍关注的问题。教师需要把学生的实际生活与课程教学的目标联系起来，让作品成为课程教学和学生实际生活相契合的一个表达。

第二，学生的作品必须具备一定的创作难度，并且保证一定的独立完成时间。

我的人生四季

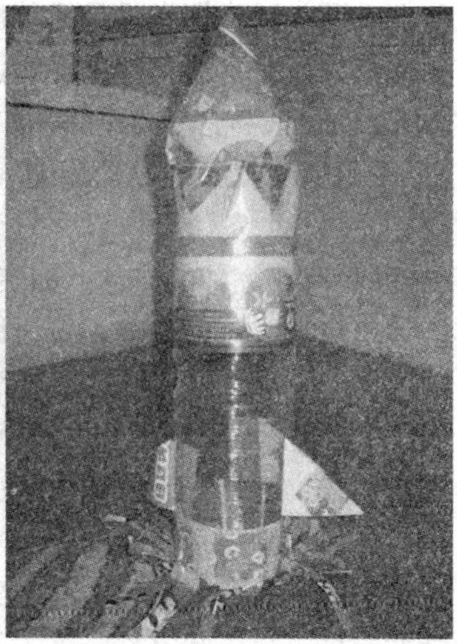

自制火箭

图 5-1　作品分析评价中的“作品”举例

案例 5-1　作品分析评价中的“作品”举例

《科学小侦探》读书报告

幼苗成长过程的实验报告

市体育馆交通拥堵情况的调查报告

续写《卖火柴的小女孩》

写一写

分析以上材料，尝试用一句话给作品分析评价中的“作品”下定义。

____

____

____

这里的“作品”和课堂练习以及家庭作业有什么不同。

____

____

____

学生在真实的生活情境下完成的事情并不是都可以纳入作品分析评价中来，表现性评价需要在真实的生活情境中解决实际问题为抓手，目的指向创新性。一般的家庭作业和课堂随堂练习只是简单机械的重复，不适宜作为作品分析评价的作品内容。作品应该是具有一定程度的创造性。可以包括：

1. 要求高层次思考能力的作品，如论文、书评、剧本等；

2. 需要应用特殊技术或过程才能完成的作品，如电脑制作、手工作品、科技小发明等；

3. 复杂并具有研究性的作品，如实验报告、调查报告等。①

第三，评价双方应该事先在积极讨论和价值协商的基础上确定作品分析评价的方案。

20 世纪 80 年代以后，随着世界多元化进程的影响，教育评价越来越注重评价多方的利益选择。在执行教育评价的过程中，参与评价的多个利益相关者都有着自己的价值介入，是否尊重这样的事实影响着评价活动的最终走向。因此，在作品分析评价中应该充分考虑到参与多方（教师、学生、家长等）的权益，评价不仅是教师的专权，学生和家长等多方的充分介入才能使评价更为合理。为什么评、怎样评、各方在评价中的角色分配以及评价之后的结果处理等问题才能得到良好的解决。

① 蔡敏. 学生作品评价的原理及应用[J]. 教育科学研究，2004(9)：20.

（二）基于教学的要求

做一做

尝试判断下列作品题目哪些属于作品分析评价中的“作品”

帮助学校设计一份校徽的 LOGO （　　）

调查这次数学考试中××同学为什么作弊的原因 （　　）

实验如何烧水才能不结水垢 （　　）

列举以前学过的哪篇文章和本文的写作手法一致 （　　）

收集所学过的童话故事 （　　）

学过了冰心的《小橘灯》后，尝试自己制作一个小橘灯 （　　）

学生的作品要反映当前教学目标，作品内容设计要与教学内容相匹配，学生能够通过作品的创作展示出自己与教学目标所要求的各种知识与技能之间的差距信息，以便教师及时检验出设定的教学目标是否合理以及自己在教学中是否出现偏差。因此，在确定作品内容时，不能仅凭兴趣天马行空地随意安排作品，不能设计与课程和教学目标毫无关联的作品。学生通过完成作品的过程能够体现出自己在课程和教学方面的情况，哪些知识和技能掌握了，哪些掌握的还不够好；教师也可以通过班级学生完成作品的情况分析和反思自己的教学路径。这是作品分析评价应该追求的价值取向。

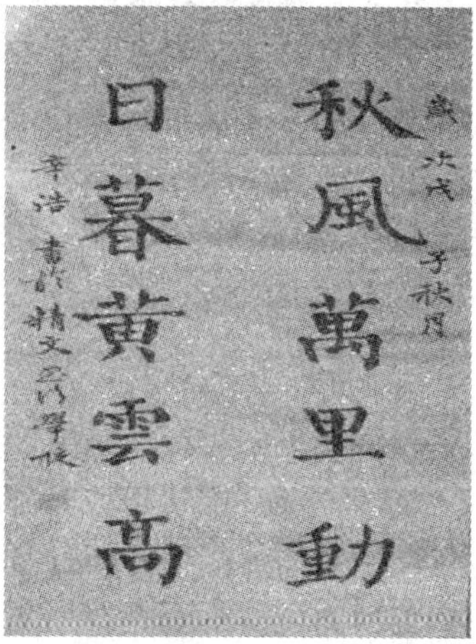

图 5-2　作品分析评价中的“作品”举例

右图是一副学生的书法创作作品，这是学生在书法课程中的一次作品创作。从这幅作品中可以看出本门课程的教学内容和日标：

第一，学会欣赏我国文字；

第二，会正确地使用毛笔；

第三，能进行一定的书法创作。

案例 5-2　蜗牛观察日记

浙江省海盐县向阳小学三（1）班潘鸿宇，指导老师：陈群利

10 月 18 日星期日　晴

可爱的小蜗牛

今天，我捉了一只小蜗牛，它长着两对触角，一对长长的触角上有两只圆圆

的眼睛，嘴巴小得像针尖，更别说牙齿了，真是小得不能再小了。那蜗牛有多少颗牙齿呢？我跟妈妈上网一查才惊讶地发现：蜗牛是世界上牙齿最多的动物，有25600颗。它的壳就像它的家一样，它一步也不离开，就像我们离不开家一样。壳分两种，一种是左旋，一种是右旋，我家的小蜗牛的壳是左旋的。这就是我家可爱的小蜗牛！

10月19日星期一　晴

蜗牛的黏液

今天，我把青菜叶喂给小蜗牛吃，只见小蜗牛好像三天三夜没吃东西一样，飞快地爬到菜叶旁，津津有味地吃着我为它准备的美味佳肴。我还发现小蜗牛爬过的地方都有一些黏液。为什么会留下这些痕迹呢？我猜测这一定是为了让自己爬得更快一点，或者让那些要吃它的天敌粘在上面。为了证明我的猜测，我和妈妈上网找资料，终于知道原来黏液可以减少摩擦力，以帮助蜗牛行走，还可以防止蚂蚁等昆虫对蜗牛的侵害。

10月20日星期二　晴

蜗 牛 休 眠

今天，我发现我家的小蜗牛开始休眠了。只见它把头缩进壳里，然后，在壳口封上一些黏液。当我把盖子打开时，过了好长时间，小蜗牛才把头探出来，过了一会儿，它慢慢地从梦中苏醒过来，慢慢地爬上来。当没有可靠的东西支撑时，它会把脖子伸得特别长。我以后要让我家的小蜗牛天天快乐。

资料来源：潘鸿宇，陈群利.蜗牛观察日记[J].小星星(低年级版)，2010(Z2)：18.

（三）基于评价的要求

我们可以将作品分析评价界定为“通过学生自己给出的问题答案和展示的作品来判断学生所获得的知识和技能”。[①] 此定义主要有三层含义：

第一，进行作品分析评价时，学生自己必须创造出问题解决方法（即答案）或自己的行为表现来证明自己的学习过程和结果，而不是选择答案。作品分析评价侧重于评价学生实际操作的能力，要求学生建构各自独特的答案，且答案不存在对错之分，只存在程度之别（如优秀、中等、合格或不合格）；不提供被选答案，以便学生有充分作答的自由。原因在于，作品分析评价认为提供被选答案会限制学生的思维，抹杀学生的创造性。事实上，现实生活中同一问题的解决有着不同的途径，强行规定问题解决方案是不合理的。

第二，进行作品分析评价时，评价者必须观察学生的实际操作或记录学业成果。作品分析评价需要记录学生实际操作（如学生的口头陈述、表演或舞蹈等在问题解决过程中的外显行为）或学业成果（如论文、方案设计等），以此评价学

① Elliott，Stephen N. Creating Meaningful Performance Assessments[J]. ERIC Digest，1995(1)：45.

生的操作能力。在作品分析评价中，教师必须在教学中根据详细的评分规则进行观察和记录才能保证资料的全面性、完整性、真实性。这与传统评价中的资料收集方式有着明显的差别，因为传统学生评价只需要学生的卷面成绩。但是，作品分析评价所需资料必须经过长期不断的观察、记录、收集和整理。

第三，进行作品分析评价时，学生在实际操作中学习知识和发展能力。作品分析评价的目的不在于评价，也不在于将学生分等或贴标签。它很重视学生参与评价过程，很重视学生在教师的协商和帮助下自定目标、自我评价、自我调整，从而促进学生学习非结构性知识，发展实际操作能力，获得全面发展。传统的教育评价中，学生作为被动的客体只能接受评价。这种被动性很容易造成学生对评价的厌烦和畏惧，形成心理抵抗，阻碍评价的顺利进行，妨碍评价功能的发挥。与之相反，作品分析评价积极主张学生参与评定、成为评定的主体，让学生意识到评价是发现问题、自我提高的方式。

写一写

用自己的话给作品分析评价下一个定义。

____

____

____

二、作品分析评价的特点

作品分析评价具有质性评价的特征，其通常记录了学生在完成作品过程中的各种行为表现和思考等描述性的内容，真实、深入地再现学生发展的过程，而不仅仅为了一个分数。不仅具体直观地描述出学生发展的独特性和差异性，而且较好地全面反映了学生发展的状况。这对于新课程倡导关注学生的全面发展具有非常重要的价值。

（一）描述性

作品分析评价是对学生的作品创作过程，以及学生在此过程中表现出的各种知识和技能进行评价的活动。学生完成作品的过程很难用量化的指标去判定，每个学生都具有个性化特征和不同的前认知水平基础，一个简单的量化分数难以全面反映学生在创作作品过程中反馈出来的信息，况且学生在完成作品中体现的能力是一种隐性的表现，需要通过对整个过程的悉心观察和记录才能得到，整个过程具有生成性和创造性。最终的评价需要学生对自己的作品进行描述性的陈述，评价小组针对情况给予描述性的评语和改进措施。可以说，作品分析评价是建立在描述性的基础上的。

（二）实践生成性

学生表现性评价要求学生要在真实的情境中表现自己的能力，前文已经论述，作品分析评价要在学生的实际生活的真实情境下创作出真实的作品。学生的实际生活能体现出学生的实践能力，在实际情境中的分析问题和解决问题能力；另外，实践是具有生成性的，可以预设作品的设计和实施过程，但是在实际的操作过程中，实施细则和具体操作难免和预设不一致，这就体现出了作品分析评价的生成性特征，正是这样的生成性，才能体现出表现性评价的真正价值。

（三）主动创造性

作品分析评价的内容要求实际创作作品和课程教学相契合，作品中要反映出课程教学目标中规定的学生应该掌握的能力水平，但是真正操作过程中不会像目标规定的那样死板和一成不变。这就要求教师和学生在作品设计和创作中要善于变通、创造、灵活地解读目标体系。最终的作品是目标的现实表达。学生用不同的设计和作品表达近似目标，这本身就是一个创造性的活动。另外，好的作品设计不会是对已有作品的简单机械模仿，而是学生运用自身的综合能力独创性地制作自己的作品。

三、作品分析评价的目的和功能

作品分析评价的目的是作品分析评价能够顺利进行的前提条件之一，只有理解了作品分析评价的目的才能利用好它来为教学服务，才能使评价活动有章可循、有理可依。

（一）导向课堂教学

作品分析评价从方案选取、标准制度、实施过程、评价结果处理等整个流程都是和课堂教学密切相关的。方案的选取需要紧密联系教学进度，反映教学情况；标准的制定需要和学生的身心发展实际以及学生所处的学习阶段的课程要求相联系；实施过程中教师需要及时监控及要求学生进行反馈，以便教师通过信息反馈进行课堂教学策略的调整；评价结果的处理要和教师的课堂教学行为纠正相匹配，教师利用作品分析评价的信息反思自己的教学设计、教学实施以及教学反思等方面，从而使作品分析评价的价值得以彰显。

（二）激励学生发展

作品分析评价注重学生的实践操作能力、创新能力、思维能力等，这些能力也是当今社会所客观要求的，作品分析评价通过评价内容的综合性、评价参与主体（学生）的主动性、评价过程的动态性等，促进学生的发展。

1. 作品分析评价促进学生非智力因素的发展。通过作品的完成过程，能够培养学生的兴趣与爱好、责任意识、对挫折的忍受性与意志力、诚信、对学习的热情等。

2. 作品分析评价促进学生知识与技能的发展。通过实践完成作品，学生将课程教学中的知识与技能和实践活动联系起来，既帮助了作品的完成，又有利于知识和技能的巩固提高。

3. 作品分析评价促进学生内在潜力的发展。作品分析评价不仅立足于课本知识的累积，同时也通过作品来加强对学生潜能的开发。其创造性的特征有利于加强学生的问题意识、解决问题的能力以及质疑问题的意识和改进学习的方法等良好品质。

（三）协助自我管理

作品分析评价是一个整体的系统，一旦确定便有相应的要求和规定。如果学生完成的是个人作品，那么学生必须要有很强的自我管理能力，才能保证一个作品顺利地完成，展示自己的真实表现；如果学生完成的是小组作品，那么不仅要求学生具有很强的自我管理能力，还要求团队之间具有协作能力和合作精神。整个过程需要学生自我认识、自我反思、自我建构和自我完善，这需要学生对自我进行管理与控制。另外也可以加强教师对于学生的管理。

四、作品分析评价与传统学生评价

对学生的作品进行评价应着眼于学生的学习进步、动态发展，着眼于教师的教学改进和能力提高，以调动师生的积极性，提高教学质量。[①] 作品分析评价能够获得在日常教学中难以提取的信息。现代教育追求学生在知、情、意、行上的统一和全面发展，然后传统教育评价模式过多地注重了学生在“知”上的发展，而学生的后面三个能力的状态更多的是体现在现实生活中，作品分析评价通过学生现实情境的实践，能够把自我的认识和价值观体现在作品中，经过教师的仔细分析，学生在知、情、意、行上的状态就能够很好的呈现。当然，这需要教师具备优良的作品分析能力。

相比传统的学生评价方式而言，作品分析评价有其不可替代的优势，可以对传统的学生评价方式不足的地方进行一定的弥补。[②]

首先，在评价目的上。传统教育是以班级为单位的考试，教师需要在很短的时间里根据综合测量的分数判断出全班所有的学生掌握课程教学目的的情况，这样的判断只能做到大概。一张试卷和一个测评分数是不足以展示学生的所有信息，教师也不可能了解到每一个学生掌握内容的情况，更不可能关注到每个学生

① 罗明东等主编. 教育学——基础教育原理与应用[M]. 昆明：云南大学出版社，2010：256.

② 蔡敏. 学生作品集评价的原理及应用[J]. 教育科学研究，2004(9)：18.

的学习特点等个性化的因素。而作品评价能够改善这一弱点。通过师生前期的共同的协商和制定，教师基本了解了每个学生的作品内容，通过期中反馈信息的收集，教师可以了解每个学生在完成作品中的困境和问题，而最终的评价目的在于考查学生的个人学习表现和能力发展，让每个学生在评价过程中全面而充分展示自己，由于每个学生的作品和完成过程不尽一致，而教师基本上了解了每个学生的信息，能够根据不同的学生和问题进行评价，这就体现出了作品分析评价个性化的特征。

其次，在评价的时间上。传统的测评和考试虽然是在经过一个时间段的课程学习以后对学生的学习情况进行测试，但是还是难以避免有一部分学生“临时抱佛脚”的考前突击现象。另外，学生往往在面对这样的考试中会很有压力，学校、教师以及家长等多方因素的作用使得学生在一次性的考试中很难完全发挥出自己的真实水平。而在作品分析评价中，学生从设计作品、准备、实施、反馈等过程，到最终作品呈现的整个过程，不像应对常规考试那样，在很短的时间里集中准备，而是需花较长时间，少则几个星期，多则一个学期，所占时间跨度大，贯穿学习过程始终。学生在此过程中，有足够时间和空间对作品进行设计、修改、完善和评价。同时，学生也可以避免传统考试的压力和紧张，在真实的情境中完成自己感兴趣的作品创作。

再次，在评价的内容上。传统纸笔考试中，一张试卷就要求反映出学生的所有信息，显然这是不现实的。试卷上的试题大多都是一些陈述性知识的考查，学生主要是对平时学习信息的一个记忆与复述的过程。虽然也有分析、综合、比较等方面的考查，但是仅从数量上来看就不够。况且实践性的缺乏也让学生只会“纸上谈兵”，即使在试卷上答得很好的学生也不一定能够在现实生活中解决实际遇到的真实问题。这就是传统考试将学生的学习引向了偏离真实情景的误区中。在作品分析评价中，学生在设计和完成作品的过程中，不仅仅需要掌握一定的知识，更重要的是需要把掌握的知识通过更新与增补、选择与提取、分析与综合等手段运用到真实具体的实际情景化任务中，这个过程本身就蕴含着知识建构、策略运筹、思维创新和自我评价等重要学习能力的运用。而这些只有在真实、动态的任务情境中才能反映出来的高级思维品质，是无法通过静态纸笔测验检查的。

最后，在评价形式上。作品分析评价的形式不拘一格，变化多样，能够从多角度、多层次来考核学生的学习进步情况。例如，作品可以是项目设计、书籍阅读心得、社会调查报告、实践活动总结、艺术类作品、计算机作品、学期研究论文等等①。这些学习任务对知识与能力的要求不尽相同，每种形式都有所侧重，

① Polin,L. Writing technology,teacher education:K - 12 and college portfolio assessment[J]. The writing Notebook,1991(Jan /Feb):25-28.

学生需要根据某一特定任务的背景，集合相关的知识、信息与技能，重新建构自己的认知结构，找到完成作品的有效方法和途径。形式多元化的作品分析评价，为学生展示多方面的智慧和才能提供了一个广阔平台。①

想一想

在新课改中，如何正确认识作品分析评价的优势与不足？

第二节　作品分析评价的设计与技术

作品分析评价能够弥补传统学生评价的不足，能够促进学生的个性化发展和内在式发展，能够帮助教师管理班级，也能给予教师需要的课程教学信息。但是这些都是最理想、最完美的结果，在现实实践过程中，难免会出现一些设计和实施上的问题，导致作品分析评价达不到应有的效果和功能。比如，常见的一些问题主要有：作品的选取没有和课程内容相结合、评价主体的选取过于狭窄、评价标准和评分规则的完全照抄照搬、学生作品展示的流于形式、评价结果仅仅是一个分数而没有协商研究与改进等等。

为了让作品分析评价能够真正达成其表现性评价的功能，在设计时，应该注重完整性和科学性。一个比较完整的作品分析评价至少包括以下几个部分和步骤：明确评价目的；制定评价标准；确定评价设计者；评价项目设计及材料搜集；组织及实施要求；结果呈现；交流及反馈等。

一、确定评价目的

任何合理的、高质量的评价必须首先要有一个明确的评价目的。在着手设计具体的评价之前，不能回避两个方面的问题：第一，为什么要设计并实施这个评价活动？这也指向了评价的直接目的；第二，这个评价的设计和实施将为谁所用？使用者将如何使用？当然，这两者往往是紧密联系在一起的。

不同的使用者在不同时期需要不同形式和不同类型的评价信息，以满足他们的需求或完成的工作。也就是说，每个评价都必须满足特定评价使用者的需要。有时候，评价信息的使用者就是学生自己，他们想确定自己是否在向目标靠近，

① 蔡敏.学生作品集评价的原理及应用[J].教育科学研究，2004(9)：19.

想明白下一步需要怎么做，想知道自己为学习所付出的努力和汗水是否值得等等。有时候，评价信息的使用者是教师，他们想了解学生是否在不断进步，是否需要什么帮助，想收集在家长会或者是教师会上要发表关于学生学习的信息，想评定学生报告卡上的等级等等。有时候，评价信息的使用者是家长、校长、其他的教育行政管理者等等。总之，不同的评价信息使用者对评价有着不同的信息需求。这就需要在设计作品分析评价时要考虑到是谁在使用它。一般来说，使用者大多是教师和学生，家长、校长或是其他教育行政管理者只是在特定的时候会成为使用者。比如，校长需要检查本校作品分析评价的设计和实施情况，教育行政管理者需要考察学校教育的一些相关情况等。

与评价信息使用者紧密相关的是评价的用途，也即评价是要促进学生的学习，还是对学生的学习进行评价，或者二者兼有。如果是为了报告学生学业成就的目的（如在期末获取学生分数或等级），或为了问责的目的（比如交流学生学业成就的水平），那么你需要考虑任务的使用是为了获得结果，也就是对学生的学习进行评价。促进学生学习的评价则可能表现于以下方面：教学前分析学生的学习需求或确定如何对学生进行分组；确定学生已经掌握了什么，从而明确你是否需要采取复习，或分层教学；因此，教师经常会问自己：我的学生需要什么帮助？我的教学策略有效吗？我的教学进度是过快还是过慢，教学内容是太难还是太容易？特别值得强调的是，在促进学生学习的评价背景下，学生同样使用信息来明确自己掌握了什么，以及自己还需要在哪些方面继续努力，从而使学生学会自我控制，并对自己的学习负责。我们想收集关于单个学生对特定知识的掌握情况的连续性信息，还是定期收集用于成绩比较的信息；想收集服务于学生和老师的教与学的信息，还是为学校、学区和教育行政部门做决策的信息。这些选择都是要在开始评价前必须考虑清楚的。①

作品分析评价的用途是要通过评价学生的作品来反馈并改进教师的课堂教学以及促进学生的学业发展。其目的的具体化表现为以下四个方面的内容：

（1）将要通过作品来评价学生哪一个方面或者是哪一些方面的学习目标达成度？

（2）作品任务将聚焦于哪些方面的内容？

（3）应关注哪一个或是哪些复杂思维技能？

（4）除内容和思维技能以外，还要评价哪些维度？

① 周文叶.学生表现性评价研究[D].华东师范大学，2009：78-79.

阅读材料 5-1 小学语文课程标准（节选）

阶段目标

第一学段（1～2 年级）

（一）识字与写字

1. 喜欢学习汉字，有主动识字的愿望。

2. 认识常用汉字 1600～1800 个，其中 800～1000 个会写。

3. 掌握汉字的基本笔画和常用的偏旁部首；能按笔顺规则用硬笔写字，注意间架结构。初步感受汉字的形体美。

4. 养成正确的写字姿势和良好的写字习惯，书写规范、端正、整洁。

5. 学会汉语拼音。能读准声母、韵母、声调和整体认读音节。能准确地拼读音节，正确书写声母、韵母和音节。认识大写字母，熟记《汉语拼音字母表》。

6. 能借助汉语拼音认读汉字。能用音序和部首检字法查字典，学习独立识字。

（二）阅读

1. 喜欢阅读，感受阅读的乐趣。

2. 学习用普通话正确、流利、有感情地朗读课文。

3. 学习默读，做到不出声，不指读。

4. 借助读物中的图画阅读。

5. 结合上下文和生活实际了解课文中词句的意思，在阅读中积累词语。

6. 阅读浅近的童话、寓言、故事，向往美好的情境，关心自然和生命，对感兴趣的人物和事件有自己的感受和想法，并乐于与人交流。

7. 诵读儿歌、童谣和浅近的古诗，展开想象，获得初步的情感体验，感受语言的优美。

8. 认识课文中出现的常用标点符号。在阅读中，体会句号、问号、感叹号所表达的不同语气。

9. 积累自己喜欢的成语和格言警句。背诵优秀诗文 50 篇（段）。课外阅读总量不少于 5 万字。

10. 喜爱图书，爱护图书。

（三）写话

1. 对写话有兴趣，写自己想说的话，写想象中的事物，写出自己对周围事物的认识和感想。

2. 在写话中乐于运用阅读和生活中学到的词语。

3. 根据表达的需要，学习使用逗号、句号、问号、感叹号。

（四）口语交际

1. 学讲普通话，逐步养成讲普通话的习惯。

2. 能认真听别人讲话，努力了解讲话的主要内容。

3. 听故事、看音像作品，能复述大意和精彩情节。

4. 能较完整地讲述小故事，能简要讲述自己感兴趣的见闻。

5. 与别人交谈，态度自然大方，有礼貌。

6. 有表达的自信心。积极参加讨论，对感兴趣的话题发表意见。

（五）综合性学习

1. 对周围事物有好奇心，能就感兴趣的内容提出问题，结合课外阅读，共同讨论。

2. 结合语文学习，观察大自然，用口头或图文等方式表达自己的观察所得。

3. 热心参加校园、社区活动。结合活动，用口头或图文等方式表达自己的见闻和想法。

资料来源：http://wenku.baidu.com/view/2dba536baf1ffc4ffe47ac86.html.

以上是小学语文1、2年级学段的新课程标准，我们在针对这个学段的学生进行作品分析评价时，就要充分考虑以上课程标准。如果我们在“综合性学习”这一课程内容进行作品分析评价的设计，就可以这样考虑：

表 5-1　作品分析评价实施目的举例

作品名称	评价目的
1. 发现身边你感兴趣的事，并用你可以搜集到的资料调查它。用写话的形式表达出来。	1. 培养学生的好奇心，对周围事物的观察力； 2. 培养学生搜集资料和信息以及处理这些信息的能力； 3. 锻炼学生用自己的话语表达自己的想法的能力。
2. 参加一次学校或社区活动，用图画和文字的形式说说自己在活动中的见闻和感受。	1. 鼓励学生积极参加学校或社区的活动，培养学生的交际能力及热爱自己的学校和社区； 2. 锻炼学生用自己的话语或图画表达自己的想法的能力； 3. 培养学生对事件的思考能力。

阅读材料 5-2　小学语文课程标准（节选）

阶段目标

第三学段（5～6年级）

（一）识字与写字

1. 有较强的独立识字能力。累计认识常用汉字3000个，其中2500个左右会写。

2. 硬笔书写楷书，行款整齐，有一定的速度。

3. 能用毛笔书写楷书，在书写中体会汉字的美感。

（二）阅读

1. 能用普通话正确、流利、有感情地朗读课文。

2. 默读有一定的速度，默读一般读物每分钟不少于 300 字。

3. 能借助词典阅读，理解词语在语言环境中的恰当意义，辨别词语的感情色彩。

4. 联系上下文和自己的积累，推想课文中有关词句的内涵，体会其表达效果。

5. 在阅读中揣摩文章的表达顺序，体会作者的思想感情，初步领悟文章基本的表达方法。在交流和讨论中，敢于提出自己的看法，作出自己的判断。

6. 阅读说明性文章，能抓住要点，了解文章的基本说明方法。

7. 阅读叙事性作品，了解事件梗概，简单描述自己印象最深的场景、人物、细节，说出自己的喜欢、憎恶、崇敬、向往、同情等感受。阅读诗歌，大体把握诗意，想象诗歌描述的情境，体会诗人的情感。受到优秀作品的感染和激励，向往和追求美好的理想。

8. 学习浏览，扩大知识面，根据需要搜集信息。

9. 在理解课文的过程中，体会顿号与逗号、分号与句号的不同用法。

10. 诵读优秀诗文，注意通过诗文的声调、节奏等体味作品的内容和情感。背诵优秀诗文 60 篇（段）。

11. 利用图书馆、网络等信息渠道尝试进行探究性阅读。扩展自己的阅读面，课外阅读总量不少于 100 万字。

（三）习作

1. 懂得写作是为了自我表达和与人交流。

2. 养成留心观察周围事物的习惯，有意识地丰富自己的见闻，珍视个人的独特感受，积累习作素材。

3. 能写简单的纪实作文和想象作文，内容具体，感情真实。能根据习作内容、表达的需要，分段表述。

4. 学写读书笔记和常见应用文。

5. 能根据表达需要，使用常用的标点符号。

6. 修改自己的习作并主动与他人交换修改，做到语句通顺，行款正确，书写规范、整洁。

7. 课内习作每学年 16 次左右。40 分钟能完成不少于 400 字的习作。

（四）口语实际

1. 与人交流能尊重、理解对方。

2. 乐于参与讨论，敢于发表自己的意见。

3. 听他人说话认真耐心，能抓住要点，并能简要转述。

4. 表达要有条理，语气、语调适当。

5. 能根据交流的对象和场合，稍作准备，做简单的发言。

6. 在交际中注意语言美，抵制不文明的语言。

（五）综合性学习

1. 为解决与学习和生活相关的问题，利用图书馆、网络等信息渠道获取资料，尝试写简单的研究报告。

2. 策划简单的校园活动和社会活动，对所策划的主题进行讨论和分析，学写活动计划和活动总结。

3. 对自己身边的、大家共同关注的问题，或电视、电影中的故事和形象，组织讨论、专题演讲，学习辨别是非善恶。

4. 初步了解查找资料、运用资料的基本方法。

资料来源：http://wenku.baidu.com/view/2dba536baf1ffc4ffe47ac86.html.

做一做

根据阅读材料 5-2 的内容，结合表 5-1 尝试设计三个作品内容并说出各自实施的目的。

作品一：
实施目的：

作品二：
实施目的：

作品三：
实施目的：

二、规定评价主体

新课程改革对教育评价提出更高的要求，教育评价功能由过去甄别与选拔转向促进发展，评价要全面了解学生在发展过程中的需求，发掘他们多方面的潜能，帮助学生认识自我，发挥评价的研究、诊断和发展功能。同时，需要关注学生的成长与进步情况，通过研究与评价掌握学生具体的身心发展状态，并提出改进方案，促进学生发展。在评价主体上倡导“评价主体多元化”。“评价主体多元化”是指实施评价活动的评价者可以由多方组成，改变过去由教师单一评价学生的状态，提倡多主体参与评价，鼓励学生本人、同学、家长等参与到评价中，建立以教师、学生、家长共同参与的评价制度。建立主体多元化的评价体系，可以充分调动学生参与评价的积极性，促进学生的个性发展和潜能挖掘。

第一，教师的评价。教师的评价仍将发挥重要作用，但是不再充当裁判员的角色。每位教师都希望运用恰当的评价，以期产生积极影响，促进学生的发展。作为评价过程中的策划者、组织者、参与者，教师主要是完成对学生的评价。体现在考察学生的学习态度与能力；学习观察中有没有新发现；能不能提出有价值的问题等等。①

第二，学生的评价。通过学生的自评和互评，有利于提高他们对学习状况的自我反思能力，有利于提高学生的学习积极性和主动性，有利于增强学生在学习中的主体意识。

第三，家长的评价。家庭在学生成长和发展中起着最为重要的作用，学生的发展和家长的关注息息相关，家长有权利并且有义务参与学生的评价活动中来。在评价初期，家长可以提供学生的前期状态和参与制定评价方案；评价中期，家长可以监督和指导学生完成要求的任务；评价活动后期，由于家长参与了评价活动的整个过程，因此可以从自己的角度实施评价，给教师的评价和学生的评价一个更加宽阔的视野。

作品分析评价的评价过程包括了前期的方案制定，中期监督及检查，后期的成果展示与交流等流程。多元的评价主体在不同的阶段上应该有着不同的任务和参与方式。任务制定和方案设计阶段，主要是由教师设计和主导，学生、家长、学校等其他评价参与人员进行交流和研讨，教师对于课程和教学更加了解，学生的参与目的是让他们明白应该怎么样去完成整个作品，家长的参与目的是让之后的监督和指导更加有针对性；中期的检查和监督阶段，由教师和家长共同完成，教师在学校的场域、家长在学校之外的场域分别对学生完成作品进行观察与指正；作品完成之后的成果展示与交流研讨阶段，不同的参与者从自身掌握的信息进行综合的判断和评价。

案例 5-3　多元主体作文评价案例

1. 教师的评价

教师在学生写作评价中的角色很特殊，集特殊读者、平等评价者、指导者于一身。教师在作文评价中能否科学的定位，关系到是否能发挥他应有的作用。从

① 汪军挺. 评价主体多元化探究[J]. 安徽教育，2009(4)：43.

“特殊读者”身份看，教师要牢记自己是语文教师，不是普通的读者，要牢记我们的学生是个孩子，不能把学生的“习作”同成人的“作品”相提并论。要用欣赏的眼光来读学生的习作，要有一双“慧眼”、要善于“沙里淘金”，善于发现学生习作中的闪光点。从“平等的评价者”和“指导者”身份看，教师要善于根据学生习作的实际情况，及时进行“诊断”并提出切合学生实际有助于“形成”能力的策略，进行恰到好处的点拨与指导。

另外，作文评语作为作文评价中最集中的体现，它在促使学生写作进入良性循环中发挥着对话、启发、激励等多重功能。在引发学生写作的强劲内驱力，提升言语的文化品位，培养高尚的思想情感及融洽师生关系等方面都有独特的作用。

2. 学生评价参照

(1) 自我评价

①在写作习惯与写作能力方面，主要成就在哪些方面？

②之所以有上述的成就，我认为主要是因为？

③我这篇作文最满意的地方是在哪方面？

④这篇作文最需要改进的问题？

⑤我比较认可老师或同学给我评价中的一项是什么？

⑥我最希望得到老师给予帮助指导的是什么？

(2) 学生互评

①你同学这篇作文最大的亮点是什么？

②你认为这篇作文最大的问题是什么？

③针对这篇作文最大的不足你的修改意见是什么？

④你最欣赏这篇作文的哪一个方面或者是哪一段哪一个句子？

⑤你对这篇作文有什么具体的建议？你最想告诉同学的是什么？

3. 家长评价参照

①您孩子写这篇作文时，您给予的关注程度如何？有没有进行必要的具体指导？

②您认为您孩子写这篇作文的态度、兴趣如何？

③您孩子在写这篇作文前有没有进行如观察、收集课外的信息或者与您进行交流等准备工作？

④您最欣赏这篇作文的哪一个方面？

⑤您对这篇作文有什么具体的建议？

⑥您希望您孩子的这篇作文能得到教师哪些方面的指导？

家长是对学生评价非常关注的群体，也是对学生非常了解的一个群体。尤其学生在家写作中的态度、兴趣、意志力的表现，家长了解得可能较老师清楚。通过家长参与进来的写作形成性评价可以帮助教师更全面地对学生的写作过程进行客观、公正地评价。

可以说，教师评价、学生评价、家长评价相结合的写作形成性评价方式较之于单一的评价方式能更有利于促进学生写作水平地全面提高，促进学生潜能、个性、创造性的发展，使每个学生都具有自信心和持续发展的能力。

资料来源：赵光红. 初中语文写作教学评价主体的多元化[J]. 新秀论坛，2009(1)：17

三、设计评价任务

作品分析评价是运用表现性任务对学生进行评价。因此，开发、设计与合理地使用表现性任务是实施表现性评价的核心。表现性任务是学生能力（倾向）的外在表现。这种任务可以是让学生生成书面的或口头的答案，或者是参与群体活动，或者是创造出具体的产品。在确定表现性任务时，要注意下面几个问题：①

（一）选择有意义的任务

要选择一些根植于学生现实世界经验的情境或任务，选择一些要求学生运用他们在课堂外习得的知识、技能的情境。而且，还要将熟悉的与新颖的任务加以混合，以便学生在面临任务时能受到挑战，当然也不要把任务弄得很奇怪或很难，以免学生退缩。比如学生了解了十进制的计数方法后，探求生活中是不是还存在不是十进制的计数方法呢？请学生调查收集有关不同计数方法的一些资料，了解还有那些不是十进制的计数方法，完成一篇数学日记并交流。

（二）明确过程与结果

在很多情况下，过程和结果都是表现的重要方面。通常，在学习的早期阶段强调的是过程；在程序步骤掌握后，就强调结果。当然，在教学后期，也会对过程做出评价，但这是为了检测出导致不良表现的错误程序。

（三）确定任务的数目

在实际教育评价活动中，到底选择哪一种或哪几种表现性任务，需要教师根据具体情境的特征来决定。一般来讲，教师选择表现性任务的类型除了需要考虑所要评价的内容的物质条件以外，还需要考虑学生的发展水平和时间、空间与设备条件的限制。具体地说任务数目的确定主要取决于下述几种因素：

1. 决策的重要性。如果有关学生的决定无关紧要，那就可以比重要的决定

---

① 黄新. 数学教学中表现性评价的设计及行动研究[D]. 首都师范大学，2005：19，20.

使用更少的任务。

2. 评价的范围。评价范围越广，所需任务越多。

3. 学习目标的复杂性。复杂的学习目标需要整合多种技能与能力，需较长时间才能完成，因而就限制了这类任务的数目。

4. 完成每项任务所需时间。用一节课的时间除以学生完成每项任务的时间，就得到了可能任务的最大数。

5. 可利用的人力资源。如果有助手或父母帮忙实施或计分，或者教会学生自己计分，这也可以增加任务的数目。

（四）明确任务的要求

在编制表现性任务时，要保证学生理解你想让他们做什么。对学习目标、评价表现的标准、完成任务的指导语要做出解释，还要明确完成任务的时间限制与条件。只有学生明确了这些以后才能按照要求来完成作品，不至于天马行空地恣意完成和评价活动没有联系的作品。

四、制订评价标准

一般说来，标准包括了两个层次，一是内容标准，二是表现标准。内容标准规定了学生应该知道和能够完成的；而表现标准描述的是学生应该表现得如何，即做得怎样才是足够好，即内容标准的具体表现形式，也就是对内容标准的具体解读和分解。内容标准只是一个较为宏观的导向性指导和规范，而具体的作品应该在哪些方面体现出标准？每一个具体的指标背后包含了哪些更为详细的下位指标？每一个标准是由哪些行为方式、思维形式或是作品表现来体现的？诸如此类的问题则应该划归表现指标体系中来。这其中必然包括了很多构成要素，而这些要素都是学生在完成作品过程中需要特别注意的细节。正如克拉克（Clark. L.）指出的："通常，标准分为两类：学术标准（或内容标准）与表现标准（或基准）。学术标准描述学生应该能够认识或做的事情，而与此相应的表现标准则衡量学生在多大的程度上达到内容标准。"①②

制订标准的过程其实是一个价值协商与建构的过程，需要教师联合学生、家长等各方因素共同商榷，这样才能激发学生的兴趣，调动家长的参与，最终使得评价活动丰富多彩。

另外，针对不同的学科和不同的学龄段，作品分析评价的标准也不尽相同，

① Lynn Clark. The Standards Just a Cliek Away[EB/OL]. http://www.findartiele.eomlef-dlslm OSTR/78055168/Pl/artiele.jhtml.

② 周文叶.学生表现性评价研究[D].华东师范大学，2009：103.

这就给评价活动带来了一定的难度和困扰。没有哪一种评价标准可以用作所有学科的作品评价标准，也不能在所有学龄段都适用。因为各个不同的学科和阶段都有自身独特的教育教学目标和要求，而作品风险评价的设计和实施正是以此为依据来设计的。还需要注意的是，作品分析评价的标准可以参考借鉴，但是不能照搬照抄。好的评价标准和指标可以供我们学习和交流研究，但是不同地区不同学校有着不同的学情，学生的情况是不一样的，即使是在同样的作品设计活动中，由于学生情况的差异，在评价标准的设计与制订上必然需要有与之相适应的地方。

（一）内容标准案例

阅读材料 5-3　苍南县 2006 年中小学生电脑作品评分标准（节选）

以网页设计为例：

1. 思想性、科学性

内容标准	备注
主题明确，内容积极、健康向上	
能科学、完整地表达主题思想	
内容切合作者的学习和生活实际	
文字内容通顺，无错别字和繁体字	

2. 创造性

内容标准	备注
素材获取及其加工属原创	
主题表达形式新颖，构思独特、巧妙	
具有想象力和个性表现力	
内容、结构设计独到	

3. 艺术性

内容标准	备注
反映出作者有一定的审美能力	
完美运用各种形式表现主题，有感染力	
界面美观、布局设计独到，富有新意	

4. 技术性

内容标准	备注
选用制作工具和制作技巧恰当	
技术运用准确、适当、简洁	
人机交互方便，结构清晰，导航和链接准确	

资料来源：http://www.ysyx.net/Article/UploadFiles/200611/20061102193246880.doc.

（二）表现标准案例

阅读材料 5-4　游标卡尺测量实验

作品名称	内容标准	表现标准（一级指标）	表现标准（二级指标）
撰写“游标卡尺测量”的实验报告	1. 通过实践操作理解游标卡尺测量的原理； 2. 提高物理实验操作能力； 3. 懂得使用实验仪器并学会保护仪器； 4. 掌握如何撰写实验报告。	（仅针对目的中的第3点） 1. 是否估读到最小刻度的下一位； 2. 对游标卡尺的保护是否得当； 3. 同一长度的测试是否超过3次。	（仅针对一级指标中的第2点） 1. 游标卡尺的量爪是否被磨损； 2. 两量爪是否合拢并拧紧紧固螺钉， 3. 游标卡尺是否被棉纱擦拭干净后存放。

想一想

你觉得每一个年级的每一个学科都需要制定一个单独的作品评价标准吗？如果不，应该怎样协调这种关系？

____

____

五、项目及评分细则

评分细则是在之前的评价标准的基础上进行具体和详细的权重设计，即给定一个内容标准多少权重，再给予每一个表现标准多少权重。在具体的评分细则中，这样的权重多以分数来表现，一般来说，满分为100分，首先，是根据内容标准所占的权重大小把满分分配到各个大的内容标准上；其次，按照同样的道理再逐级进行划分。作品分析评价中的评分细则是评价参与者详细分析和评价学生作品的一种指导性工具，决定学生在完成作品中解决真实问题时对于知识的理解和能力的发展所达到的程度，判断学生自行设计的问题解决方案或者其他学生在完成作品过程中知、情、意、行方面取得的成果或是变化。与此同时，评分细则还为师生提供了详细的反馈信息并让学生清楚地知道怎样去做才能达到优秀水准。在确定评分规则时，需要考虑以下问题：

1. 是否包含了所要评价的内容？

2. 评分规则是否描述了不同水平的学生表现？

3. 评分规则的层次是否能涵盖你观察的学生的所有表现？

4. 教师、家长、学生能理解评分规则吗？

5. 用评分规则进行等级评分的项目是否对提供学生在学习目标上改进他们的表现的指导意见是合适的？

6. 评分规则是否能使你区分学生的表现水平，而不是只是把所有学生分成一个或两个表现水平？

7. 评分者能取得一致的评定吗？对所有的学生都公平吗？

案例 5-4 学生作品参考评分表 1

内容标准	表现标准	得分
思想性 科学性 （25 分）	主题明确，内容积极、健康向上（10 分）	
	内容切合学习和生活实际（10 分）	
	文字内容通顺，无错别字（5 分）	
创造性 （30 分）	主题表达形式新颖，构思独特、巧妙（10 分）	
	具有想象力和个性表现力（10 分）	
	内容、结构设计独到（10 分）	
艺术性 （25 分）	版式设计生动活泼，风格协调（5 分）	
	版面设计合理，色彩运用得当（10 分）	
	图文并茂，文字清晰易读（10 分）	
技术性 （20 分）	选用制作工具和制作技巧恰当（5 分）	
	技术运用准确、适当、简洁（5 分）	
	包含报刊各要素（10 分）	
总分		
评价等级	优秀：100—90，良好：89—80，一般：79—60，差：59—0	
作品点评 （特色与不足）		

资料来源：http://jky.yce.cn/UploadFiles/2007126104145441.doc.

案例 5-5　学生作品参考评分表 2

项目	内容	结构	语言
一类文（60～53分）	立意有深度，内容充实感情真实，切合作文要求	结构严谨、条理分明	语言流畅、简洁得体、用语准确
二类文（52～45分）	中心明确，内容具体感情真实，符合作文要求	层次分明、结构完整	语言通顺、用语较准确
三类文（44～37分）	中心基本明确，内容比较具体感情较真实，符合作文要求	层次清楚、结构较完善	语言较通顺、有个别语病
四类文（36～29分）	中心基本明确，内容不够具体	层次较清楚、结构较完善	语言基本通顺、有少数语病
五类文（28分以下）	中心不明确，内容不具体	偏离题意、条理不清	结构混乱、语句不通顺

扣分项目：①没有标题扣 2 分；②每三个错别字扣 1 分，扣满 3 分为止（重现不计）；③文中有明显语病，每两句扣 1 分，病句扣分最多不超过 3 分；④标点不符，酌情扣 1-2 分；⑤不足 600 个字，每 50 个字扣 1 分。

加分项目：文面整洁，字迹优美，酌加 3 分。（如能用规范的符号修改，不视为卷面不整洁。）

资料来源：http://wenku.baidu.com/view/e70c256e58fafab069dc0217.html.

写一写

概括出上述案例中两份评分规则表的各自特点：

____

____

____

总结出在评分细则中权重系数分配方法：

____

____

____

六、资料收集与组织实施

（一）资料的收集

科学、合理、全面地收集各种信息和资料是表作品分析评价首要考虑的问题，因为收集资料的准确性将直接影响作品分析评价的成败。合理运用多种数据和资料收集方法可以参考以下几种：①

1. 仔细观察，及时记录；
2. 直接访谈，深入细致；
3. 录音、录像，忠实还原；
4. 项目核查表，紧密联系评价目标；
5. 进行多种形式的测试，体现学生水平和成就；
6. 用档案袋进行作品收集，体现过程、进步和个体差异。

在收集资料时必须注意以下几点：

第一，全面地收集信息，包括没有提及的目标（goal-free）的信息。作品分析评价的资料表明了学生完成此项操作目标的程度，反映学生相应的操作水平。因此当教师收集到足够的信息时才是进行评价的最佳时期。在缺乏足够的评价信息时，教师不要急于对学生进行评价，因为这容易导致错误的结论或偏差。

第二，教师要及时地记录学生的行为作品。分析评价是一个漫长的过程，它需要一个星期或一个月甚至更长的时间。教师及时的记录、保留有关资料是进行评价的基础。

第三，采用多种多样的方法来收集资料。教师可以通过纸笔，也可通过保存学生的日记和展示的作品，以及利用一些现代化的方法（通过录音、录像和摄影）记录学生的行为。多种多样的信息收集方法不仅保证了资料收集的完整性和全面性，也从多角度反映了学生的操作行为。②

（二）组织实施

作品分析评价活动的组织及实施是一个系统工程，好的评价理念和方案如果得不到良好的组织和实施保障过程也难以取得预期成效。这里所讲的组织及实施是指，作品分析评价活动可以分成哪几个阶段，以及每一个阶段的要求是什么。一般来说，可以包括以下几个阶段：

第一，制定评价活动的组织及实施计划，其中包括活动的实施背景、原则、推进步骤等；

第二，作品完成过程中中期反馈，包括已经进行的步骤、未完成的部分、已经取得的成绩、存在的问题以及学生在这一阶段的收获和感想等；

第三，作品完成之后的展示和交流及反馈阶段，包括展示作品的方式方法、交流的形式、如何实施评价、如何反馈等。

---

① 国微. 小学低年级语文表现性评价设计与实施的行动研究[D]. 东北师范大学，2010：13.

② 黄新. 数学教学中表现性评价的设计及行动研究[D]. 首都师范大学，2005：19，21.

案例5-6 作品分析评价中期检查表（月末反馈表）

姓名		日期		作品名称	
你已经做了什么？					
你还没有做什么？					
期间你遇到了什么困难？					
方案需要修改吗？你认为应该怎么修改？					
你还有什么别的问题？					
你的收获是什么？					

阅读材料5-5 第十届“挑战杯”全国大学生课外学术科技作品竞赛组织实施计划

一、基本原则

（一）主要目的：引导和激励高校学生实事求是、刻苦钻研、勇于创新、多出成果、提高素质，培养学生创新精神和实践能力，并在此基础上促进高校学生课外学术科技活动的蓬勃开展，发现和培养一批在学术科技上有作为、有潜力的优秀人才。

（二）基本方式：组织学生申报课外自然科学类学术论文、哲学社会科学类社会调查报告和学术论文、科技发明制作三类作品参赛；经专家评审，筛选具有较高学术理论水平、实际应用价值的优秀作品对作者予以奖励；同时组织优秀作品的展示交流和实用科技成果的转让洽谈，开展学生课外学术科技活动的省际、校际交流。

（三）评选方式：以作品的科学性、先进性、现实意义为基本评判标准，各省（区、市）组织协调委员会负责初评；全国评审委员会负责预审和终审并提出获奖名单，作品资格评判委员会负责对被质疑作品参赛资格的评判。参赛的哲学社会科学类作品（含学术论文、调查报告）限定在哲学、经济、社会、法律、教育、管理专业。为使这类作品能更好地结合社会实际，参赛作品一般应在《哲学社会科学类参赛作品指南》范围内选题。

（四）本届竞赛的奖励办法：三类作品分别按进入终审作品总数的3%、8%、24%、65%设特、一、二、三等奖四个奖励等次。以作品获奖数为基础，以校为单位计算团体总分。设“挑战杯”授予团体总分第一名的学校；设“优胜杯”，授予团体总分第二至第二十一名的学校；设省级优秀组织奖10个左右，并在进入终审决赛的高校中设立30%左右的高校优秀组织奖。省级优秀组织奖由主办单位根据《优秀组织奖评选办法》评定，报全国组织委员会确认。

（五）全国组委会拥有发布和组织获奖作品进行成果转让的优先权。成果产权及利益分配由学校和作者协商确定。全国组委会可以结集出版竞赛获奖作品及评委评语。

二、推进步骤

（一）组织发动阶段（2006年9月）

1. 召开全国组委会第一次全体会议，讨论通过并下发《“挑战杯”全国大学生课外学术科技作品竞赛章程》、《“挑战杯”全国大学生课外学术科技作品竞赛评审规则》、《“挑战杯”全国大学生课外学术作品竞赛申请承办办法》、《第十届“挑战杯”全国大学生课外学术科技作品竞赛组织实施计划》，作为本届竞赛的指导性文件。

2. 共青团中央、中国科协、教育部、全国学联和天津市人民政府于2006年10月下达《关于组织开展第十届“挑战杯”全国大学生课外学术科技作品竞赛的通知》。

3. 各省（区、市）于2006年10月15日前成立由省级团委、科协、教育部门、学联及有关单位牵头的省级组织协调委员会，并将委员会及其联络员名单上报团中央学校部。

4. 各参赛高校在校党委、行政领导下，于2006年十月底前成立由校团委等有关部门及学生会、研究生会共同参加的参赛协调小组，并确定本校参赛组织实施计划，在学生中开展充分的宣传发动工作。

（二）组织申报和省级初评阶段（2007年3月至2007年6月）

1. 各参赛高校于2007年3月确定本校申报咨询点，组织学生领取申报书样本，对学生申报参赛事宜进行指导。

2. 各校参赛协调小组在2007年4月上旬按章程规定对申报作品进行资格审查，举办本校的竞赛活动，并择优推出本校参赛作品。

3. 各参赛高校于2007年5月1日前向本省（区、市）组织协调委员会报送已选定的本校作品及《申报书》（作品须为打印件，一式五份）。

4. 各省（区、市）组织协调委员会于2007年5月15日前进行申报作品的资格及形式审查，根据作品类别、数量聘请专家组成本省（区、市）评审委员会。

5. 各省（区、市）评审委员会于2007年6月1日前完成对各校申报作品的初评，从各校申报的作品中每校至多选出六件作品（其中，发起高校至多三件作品，各省、区、市选定作品总数不得超过全国组委会规定的限额）。2007年6月15日前，向第十届“挑战杯”竞赛全国组委会办公室（办公地点设在南开大学团委）寄送作品一式四份及《目录表》，寄出截止日期以当地邮戳为准。同时请各省级组织协调委员会组织本地参加终审决赛的学生在“挑战杯”竞赛专用网站（网址：www.tiaozhanbei.com）上报送作品及申报书。

6. 发起高校可有三件作品（一式四份）于2007年6月10日前直接向全国组委会报送（直接报送的作品不计入各省、区、市报送作品限额内），寄出截止日期以当地邮戳为准。

（三）全国预审和参展准备阶段（2007年7月至10月）

1. 全国评审委员会于2007年6月成立，并召开评审委员会主任办公会议，制定《评审实施细则》。

2. 全国评审委员会于2007年7月对作品进行预审。

3. 全国组织委员会于2007年8月向各地各有关高校下达终审参展通知及作品展览、演示等有关技术性规范要求。

4. 各地各校按照组委会要求，于2007年9月上旬至10月做好参评参展的各项物资技术准备和组团、组队准备工作。

（四）终审、展览、总结、表彰阶段（2007年10月）

1. 各校参赛队到南开大学报到、布展。

2. 举行全国组委会第二次全体会议，通报竞赛筹备情况、作品资格及形式审查报告、通过终审日程安排、抽签产生评判委员会委员并组成资格评判委员会。

3. 举行开幕式。

4. 举行参赛作品展览、组织作品转让洽谈活动，聘请律师和公证人员为技术转让各方提供服务。

5. 全国评审委员会对参赛作品进行终审，对参展作品作者进行问辩。

6. 若竞赛期间接到对作品资格的质疑投诉，则召开资格评判委员会会议，按程序评定该作品的参赛资格。

7. 举行全国组委会第三次全体会议，通报评审情况，表决通过下一届“挑战杯”承办高校。

8. 举行闭幕式，公布获奖情况，并向获奖单位及个人颁发奖杯、证书，举行承办高校交接仪式。

七、成果展示及评价

（一）作品的展示及研讨

学生展示并讲述自己作品的过程其实也是学生自我总结、自我评价的一个过程。这个过程需要有活跃的现场气氛，才能让学生放松紧张的情绪，达成思想的碰撞。展示方法可以运用多媒体课件和网络教室，最大限度地提高教学功能。可以利用课件的优势运用音乐、图片、动画等手段把学生的作品生动展现出来，让师生在交流比较中直观感受作品带来的思想冲击。评价者应该引导学生在讲述作品时尽量做到“五讲”：讲思路、讲过程、讲问题、讲优劣、讲变化。

1. 讲思路。这部分主要由学生讲述自己当初选择作品的理由以及如何设计和规划作品的整个思路，这有助于学生梳理清楚自己完成作品的始末。

2. 讲过程。学生要讲述完成作品的整个过程，这里不需要面面俱到，也不需要讲到很细致的地方，主要是完成作品过程中几个大的环节以及一些令人印象深刻的事件。

3. 讲问题。每份作品的完成都不可能是一帆风顺的，期间都会遇到这样那样的问题和困难，学生运用知识创造性的解决问题的过程是弥足珍贵的资源。讲述这部分的目的就在于发掘学生发现问题和解决问题的能力。

4. 讲优劣。最终的作品虽然完成了，但是一定程度上仍然存在一些瑕疵和不足，学生应该充分认识到这一点，批判性地看待自己的作品，对于取得的成果和达成的目标给予肯定，对于作品本身仍然存在的不足要及时反馈。

5. 讲变化。作品分析评价的最终目的不是为了评价，也不是为了完成一份作品，而是为了促进学生的真正发展。学生在完成作品的过程中自身一定会发生一些变化：思维上是否更加严谨？知识上是否更加扎实？思想上是否更加成熟？观念上是否有所更新？这些地方都是需要学生自我认识的，通过讲述自己的变化不仅可以加强学生的自我意识，也可以让学生养成自我反思与认知的习惯。

（二）评价交流及评价

评价人员在对学生作品进行评价的时候要注意，不仅要对学生的作品进行合理评价，同时也要对学生在完成作品过程中自身的成长进行评价。作品只是学生成长的外显，而学生内在的生成才是作品分析评价活动的价值追求。作品分析评价的宗旨正是通过作品的完成过程达到学生的自我认知、自我成长的目的。

在作品评价时，评价者要多鼓励、多赞赏、多激励学生进行更好的作品创作。第斯多惠说："教学的艺术不在于传授的本领，而在于激励、唤醒、鼓励。"另外，评价语言的运用也很重要，针对学生不同的年龄阶段给予不同的评价语言。建议教师少用"很好、不错、感觉不行、还需要努力……"笼统的语言，更不能使用一些挖苦讽刺的话，甚至粗暴地将不理想的学生作品毁弃。要根据学生作品的优缺点，写一些建议性的语言。

案例 5-7　学生作品点评语言

如：我在教《我们来跳舞》时，发现学生作品存在一定的问题，于是我在作品下面写上"着色不够均匀"、"画面内容很丰富，但主体不突出"、"想象力很丰富"、"人物动态不准确""颜色对比不强烈"、"构图很好"等评语，这种方法能够使学生具体系统地了解自己的特长，对不足之处及时改进，有的放矢地加强练习，从而极大地提高学生的学习积极性。不能笼统地说，那样的评价语言不能具体指出问题，也不能肯定学生的长处。

资料来源：http://wenku.baidu.com/view/71f96a11cc7931b765ce1585.html.

一方面，评价语言应注意准确、恰当，肯定作品的一些优点并作出鼓励，以帮助学生树立自信心，增强对作品分析评价活动的兴趣和积极性。评价语言的生动，就是把一些抽象的模糊的语言用具体生动的、符合学生年龄特点的语言表达出来，如"哪张画东西多又摆得舒服"就是从构图是否丰富饱满、合理去评价作品，"哪张画得很大，线条又流畅"是从线条去评价，"哪张画让人看了眼睛一亮，很舒服"是从色彩角度去评价。

案例 5-8 师评“负典型”作品：（见作品一）

师：（首先肯定学生）从技术层面上看，大家的作品都用到了文本框、图片、艺术字等要素来表达自己的信息。（再进一步提出意见）如果在细节方面做进一步改进，作品将会更完美。比如这件作品，大家发觉哪些细节需要改进？

生 1：文本框中的小标题没有表达出自己的观点。

师：（根据教学目标来评价）较多作品的小标题没有表达观点，不符合任务的要求。在作品中呈现观点会更有利于听众的理解与识记。另外标题的标注也要注意科学性，这儿用“中国文化”作为主标题是否科学呢？（多生回答，改为“中国传统文化”更合适一些。）

生 2：版式布局比较凌乱。（在教师提示下，进一步指出作品还存在着图片、文本框位置、大小等不整齐、统一。）

师（边演示改正、边点评）：良好的版式布局更容易让听众接受我们的观点。位置、大小、风格是幻灯片版式设计的要素，如果把图片、文本框之间的距离、大小、色彩等设置得一样，就更和谐了。这是很多同学易犯的共同问题，请大家更正作品。

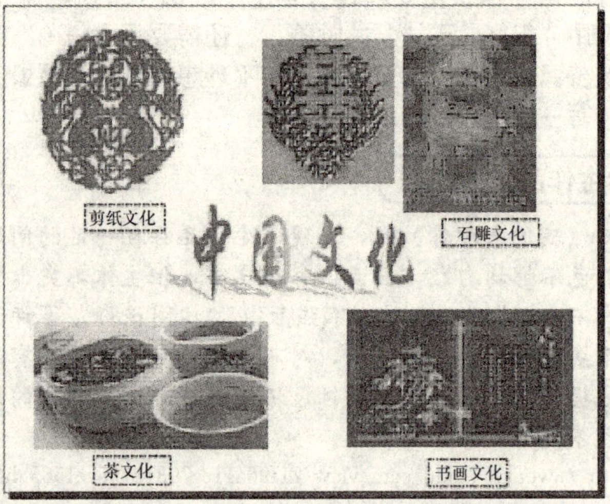

案例 5-9 生自评“正典型”作品：（见作品二）

师：有一件自我推荐的作品很有创意。下面请这位同学谈谈他的作品创作过程及想法。如果大家有不同的看法，也可加以讨论。

学生自评：我的小标题也没有表达观点。（多数学生笑了，看来他们都接受了我的评价意见。）但是，我的小标题不需要表达观点。（咦？）因为我只想在作品中展示一些美景。（嗯，有道理，部分学生也认同。）我的最大创意是为四张图片设置了边框，让图片的风格更统一。（原来这些图片本身是不带边框的呀！有

其他学生提问，你是怎么想到的?）是我在设置图文框属性时想到的（哦，原来是看到了图片属性操作界面的相关信息呀!）。

师（补充）：之所以选择这件作品做展示，是因为这位同学在设置文框的统一风格方面很有技巧性，费时不多。

生：我是先设置好一个文本框，再通过复制、粘贴、更改文本方法来实现的。

他人：我有另一种快速设置的方法，先全部选中文本框，再共同设置属性。

……

资料来源:http://www.pyjy.net/info/webedit/UploadFile/200963011513342.doc.

评价不是为了评价而评价，评价的最终目的是反思、发展、促进与生长。作品分析评价的评价结果并不代表着一次评价活动的终结，一次作品分析评价活动的结束，意味着学生的成长和教师的重构。学生通过作品分析评价得到了自身在知识和技能等方面发展的优势和不足之处，教师则获取了学生的发展状态信息，同时也得到了重构课程教学的优质资源，家长也可以更加了解学校教育教学的实际情况以及自己孩子的综合状态。参与作品分析评价的各方都可以通过一次作品分析评价活动来对自身进行审视与反思，从而使往后的发展有条不紊。另外，参与者也可以对作品分析评价活动本身进行评价，弥补本次评价活动的漏洞，完善作品分析评价的设计和实施。

写一写

作品分析评价活动设计的程序及注意事项：

____

____

____

本章要点

- 作品分析评价是表现性评价的一种类型，是通过对学生在真实情景中创作出来的作品以及学生参与这个过程本身的评价，促进学生综合素质的提升，同时也为教师的教育教学提供改进的反馈信息。
- 作品分析评价中的“作品”不同于一般意义上的课堂练习和家庭作业，它要求高层次思考能力的作品；需要应用特殊技术或过程才能完成的作品以及复杂并具有研究性的作品等。作品内容还需要和课程教学目标相匹配并联系学生生活实际；避免简单机械，要具有一定的创造性。其具有导向课堂教学、激励学生发展、协助自我管理与班级管理等功能。
- 作品分析评价的设计和技术包括了确定评价目的、规定评价主体、设计评价任务、制定评价标准、项目及评分细则、资料收集及组织实施和成果展示及评价七个步骤。
- 作品分析评价的评价结果并不代表着一次评价活动的终结，评价不是为了评价而评价，评价的最终目的是反思、发展、促进与生长。

思考与练习

- 有人说，作品分析评价理念虽好，但是在现实的教育教学中不适用，你是怎样看待这种说法的？
- 作品分析评价是一种纯粹的客观性评价方法吗？如何处理作品分析评价中主观性和客观性的问题？
- 有人说：“作品分析评价只适用于幼儿园和小学阶段，要是在大学阶段搞作品分析评价未免显得幼稚。”针对这样的说法，说说你的意见和看法。

相关教学资源链接

- http://www.cersp.com/(2010年9月2日访问)。新思考—中国教育资源服务平台。致力于教师教学远程研修，包含成长博客、教育论坛、远程培训、资源互动以及各门学科等方面的最新文献研究和交流资料。
- http://www.labahua.com/lunwen/jiaoxuepingjia/index.html(2010年9月2日访问)。喇叭花网教学评价专栏，包含学生评价、教学评价等教育评价改革方面的最新文献研究资料。
- http://gztyjs.fhedu.cn/(2010年9月28日访问)。苏教版—高中通用技术网。介绍全国各所学校最新的通用技术研究动态，也从信息技术课程上对作品分析评价进行了系统的研究。

本章主要参考文献

- 蔡敏.学生课业评价[M].上海：上海教育出版社，2006.
- [美]Ellen Weber.有效的学生评价[M].国家基础教育课程改革“促进教师发展与学生成长的评价研究”项目组，译.北京：中国轻工业出版社，2003.
- Albert Oosterhof.开发和运用课堂评估[M].谭文明，罗兴娟，译.北京：中国轻工业出版社.2006.
- 罗明东.教育学—基础教育原理与应用[M].昆明：云南大学出版社，2010.

第六章

Chapter 6

教师自编测验

本章学习结束时教师能够：

- 说出教师自编测验的基本程序
- 编制测试计划和测试双向细目表
- 依据命题技术，在制卷过程中进行主观题与客观题设计，并完成题型选择
- 根据教学内容和课程标准科学地编制试卷
- 用自己的话解释信度、效度、难度、区分度等试卷质量分析指标，并进行相关指标计算

研讨活动 6-1

通过小组讨论，每组共同编制测试计划表和双向细目表。在此基础上，组内每位同学独立编制一份《学生学习成绩评价与考试方法》课程试卷。

第一节　教师自编测验的程序与技术

但凡接受过正规学校教育的人，都参加过各种笔试，有的是来自校内教师的自编学力测验，有的是来自校外的标准化测试。在质性评价研究日益重视的今天，笔试仍受到学校教育工作者的青睐，其最主要的原因便在于是由其施测过程高效所使然，如：易于实施、易于评分、评分结果易于记录和保存等。在此背景下，唯有充分的尊重纸笔测验的优势，通过科学的方法和手段在制卷过程中保证试题的科学性，方可从测试结果中得到有价值的信息。

在教育实践活动中，有大规模的标准化考试，诸如中考、高考等，也有教师在教学活动中根据需要，自行编制或选择的各种考试，诸如随堂考试、单元考试等。教师自编测验是指教师根据教学需要自行设计与编制的，依据具体的教学目标、教材内容和测验目的，作为考查学生学习进步情况的测验，是为特定的教学服务的，在测验误差控制方面没有太苛刻的要求。教师自编测验操作过程容易，教师可根据学科特点和教学检查的需要随时编制，并在本年级或本班的小范围内施测，颇为灵活方便。当然有效的测试要求对所有预期学生达到的学习效果要有清晰的认识、有充足的测试样本、有判断目标达成与否的评价标准，还要有向学生及时提供反馈的报告系统等。

在编制试卷时，一线教师需要考虑一系列关键要素：对试卷进行整体策划；明确教学目标；明确测试的内容范围；选择与要测试的学习效果相关的测试任务；难度适中的试题；充足的题量，解释测试结果的方法等。

一、编制测试计划

（一）明确测试目的

测试目的是进行测试活动所要达到的目标和要求，是制定测试目标的前提和依据。测试目标是旨在甄别还是诊断，只有在先定位好之后，才能来设计测试题目。倘若我们依据教学过程中测试发生的时间节点来进行划分，一般可分为三种类型的测试：教学前的测试，教学中的测试、教学结束后的测试。

测试在教学（单元/学科课程）开始之前进行，其测试目标在于：考查学生的学习准备状态，即学生是否具备学习所需要的技能；再结合学生已经达到的学习程度来调整教学安排。

教学中的测试，测试目标主要用于：检测学生的学习进步、检测学习中的错误。通常是以小测验或是单元测验等形式而存在的。如果在一段时间内，学生学习困难现象普遍存在，那么这时就需要考虑使用诊断性测验了。具体而言，在诊断学生在“整数加法”这一课程内容的学习过程中究竟存在哪些困难时，呈现给学生的测题中就应该起码包含两种类型的测题：一是求得的最终计算结果是需要“进位的”；另一种求得的计算结果是“不进位的”。也就是说，在编制测题的时候就要为诊断学生的学习困难埋下伏笔，这样从学生测试的结果中便可精确地找出学生所犯错误的类型，方可对症下药。

教学结束后的测试，测试目标关心的是：学生在预期的学习成果和表现标准上所达到的程度。这时安排测试，主要用于评分和证明学生的学习成就或是评价教师的教学效果。这个阶段所采取的学生学业成就评价的方式是一种典型的总结性评价。

作为教师，当我们想动手开始编制一份试卷的时候，需要认真考虑这样一次测试究竟为什么而测？测试结束后，教师能够从中获得哪些有价值的信息，而这些信息往往是可以帮助教师优化教学决策的；学生和学生家长又能够从中获得哪些有价值的信息，这些信息是可以帮助学生重新制定学习改进计划，可以帮助家长监控学生学习进程的。

（二）编制测试计划表

“编制测试计划，目的是对试卷进行总体设计，为命题、组卷提供方向性指导，从宏观方面确保试卷质量。”[①] 可以说，测试计划能有效保障测试的重点、各种题型的题量大小、分数分配，能与课程纲要所规定的要求相吻合。

测试计划表（见表 6-1）是以题型和能力水平为主构成的二维表格，主要包括三个要素，即各种水平试题的题量比例、题型比例以及各种试题所需的时间比例。因此，在编制测试计划表时：①确定测试所需的时间、试题题型及计分制度，教师根据课程纲要的要求、所使用的教材和考试目的，确定此次测验所要考查的能力水平、试题题型以及计分制度。②编列由学习行为水平和题型构成的二维表：题型（行表头）、学习水平（列表头），通常将题型作为测试计划表的横表头，依据教育目标分类理论将能力水平要求作为纵表头，这样就构建了由反映学

① 罗黎辉，高翔. 教育测量与评价[M]. 昆明：云南教育出版社，1996：72.

生学习能力要求的教育目标分类与题型组成的二维表格。③设计每种题型命题应达到的水平以及在不同水平上的分数比例，根据课程纲要，分别设计出每种题型命题所要考查的能力水平目标以及在不同水平要求上的分数分布及其比例。④总计各种水平和各种题型的命题分数，按横向对不同能力水平目标方面的命题分数进行总计，按纵向对不同题型的命题分数进行总计，并可以根据需要计算出不同项目的百分比进行比较。

表 6-1　××学校高中三年级英语测试计划表①

题型 / 水平	语法结构	词汇	阅读理解	综合填充	听力	写作	总计
知识	10	20					30
理解			40		30		70
应用	15						15
分析				20			20
综合						25	25
总计	25	20	40	20	30	25	160
时间	15	50		15	20	20	120

二、明确测试目标

在测试计划对试卷进行总体设计的基础上，具体的命题需要考虑测验的内容及其范围，又要考虑在选定内容上的命题符合教学目标的能力水平要求。测验的内容是教学内容的抽样，全面地反映教学内容。当测验的目的确定后，首先考虑的是测验要测什么，测到什么程度即测验的范围和内容，这时既要考虑使测验所要测量的知识、技能和能力有所反映（涉及教学目标），又要明确测验的内容（涉及测验内容的覆盖面及其代表性），使试卷具有良好的内容效度，真正地测出学生的学习状态。这个问题主要是通过明确教学目标，按教学目标选择测验内容、命题和审题加以解决，现在很多教师都在尝试用“双向细目表”的方法来进行设计。

（一）确定考试内容范围

阅读材料 6-1　如何确定考试内容

考试是教育测量的一种，它是使用量化的方法对学生在某一个学习阶段对某种特定的学习内容的掌握情况的一种测量方法，测量的结果被用来作为评价学生

① 罗黎辉，高翔. 教育测量与评价[M]. 昆明：云南教育出版社，1996：73.

学习的重要依据。既然是一种教育测量，作为测量者的教师就必须在考试前就确定考试的内容，也就是解决考什么的问题。在确定考试内容的时候，应该把握以下原则：第一，考试内容应当是相关的课程标准或教学大纲规定的学生在某一个学习阶段必须掌握的内容和必须形成的能力，以及学生在学习过程中应当掌握的学习方法，不能任意地超过这个界限，更不能有意地出偏题、怪题刁难学生。第二，考试内容在数量上要恰当，要符合学生的认知水平和能力。第三，考试内容要把考查学生对学科基础知识的掌握情况、相关能力的形成情况以及考察学生的思维能力、创新能力结合起来，要避免那种单纯考查知识点的现象。第四，考试内容要贴近学生生活实际经历，生动有趣，可以适当跨出学科界限，与其他学科联系。

新课程改革总目标中提到三个维度，即知识与能力，过程与方法、情感态度与价值观。这三个维度是考试评价的总体考查目标，可以根据自己所任课程的新课程标准确定考试内容。另外，在《关于积极推进中小学评价与考试制度改革的通知》中提出，评价学生的内容包括基础性发展目标和学科学习目标两个方面。基础性发展目标包括道德品质、公民素养、学习能力、交流与合作能力、运动与健康、审美与表现等六个方面。各学科课程标准针对学科学习目标做出了详尽规定，并对评价方式提出了具体建议。这些都能够帮助你来合理地确定考试内容。

资料来源：石义堂. 学习评价[M]. 北京：高等教育出版社，2007：108-109.

写一写

请用自己的话简要概括制卷前应如何确定考试内容。

____

____

____

阅读材料 6-2　如何确定考试目标

布卢姆所提出的认知领域，正是各学科考试所要测量的东西，因此，虽然他提供的是教育目标分类方法，但其所提出的目标分类框架，对于各学科考试目标的制定，都有重要的指导意义。所以，目前我国许多考试命题，都是按照布卢姆的教育目标分类理论[①]作为基础来确定考试目标的。例如，教育部考试中心组织编写的《2007 年普通高等学校招生全国统一考试大纲》（课程标准实验版），对

① 教育目标分类理论最早出现在 1956 年，布卢姆认知领域的教育目标分类理论分两大类：知识（具体知识、方法知识、普遍和抽象的知识）和智慧技能（理解、运用、分析、综合、评价）。

山东、广东、海南和宁夏四个普通高中课程实验省区 2007 年高考语文学科考试能力做出的要求如下：

高考语文要求考查考生识记、理解、分析综合、鉴赏评价、表达应用和探究六种能力，这六种能力表现为六个层次。

识记：指识别和记忆，是最基本的能力层次。

理解：指领会并能作简单的解释，是在识记基础上高一级的能力层次。

分析综合：指分解剖析和归纳整理，是在识记和理解的基础上进一步提高了的能力层次。

鉴赏评价：指对阅读材料的鉴别、赏析和评说，是以识记、理解和分析综合为基础，在阅读方面发展了的能力层级。

表达应用：指对语文知识和能力的运用，是以识记、理解和分析综合为基础，在表达方面发展了的能力层级。

探究：指探讨疑点难点，有所发现和创新，是在识记、理解、分析综合的基础上发展了的能力层级。

对以上六个能力层级均可有难易不同的考查。

资料来源：王伟宜，王晞等. 考试与评价[M]. 福州：福建教育出版社，2008：67-68.

查一查

查找有关布卢姆的认知目标分类学理论，并总结该理论的主要特点。

____

____

首先，需要明确学生学习所需要达到的结果，回答的是“考什么”的问题。具体的做法是：

第一步，从众多的学习结果要求中，挑选出那些能够用纸笔测试来加以考查的项目，这样才能保证编制的试题是与预期想测的学习结果（教学目标）相关，而且采用笔试的方法来测试学生的学习结果是较为恰当的。第二步，将学习结果的类型归纳为：知识、认知技能、一般能力（实验、操作、交流、学习效率等）、学习过程监控、学习态度、兴趣、动机等。

天气单元的学习结果（教学目标）举例①：

1. 了解天气符号

1.1　将每一个符号与它所代表的天气相对应

---

① [美]Robert L. Linn & Norman E. Gronlund. 教育中的测验与评价[M]. 国家基础教育课程改革“促进教师发展与学生成长的评价研究”项目组，译. 北京：中国轻工业出版社，2003：64-65.

1.2　画出每种天气的符号

1.3　辨别每种符号的含义

2. 理解天气形成的影响因素

2.1　描述特定天气状况的特征

2.2　描述云是怎样形成的

2.3　区分可能和不可能的天气

2.4　识别出引起天气改变的因素

2.5　从有关因素的改变预测未来的天气状况

2.6　解释云是怎样影响天气和气候的

2.7　向全班同学作口头的天气预报

3. 解释气象图

3.1　描述一个特定区域的天气

3.2　辨认气象图上锋的种类

3.3　描述气象图上每种锋面所在的天气状况

3.4　确认气象图上所有锋的运动方向

3.5　解释全球大气运动模式是怎样影响当地天气的

3.6　根据对天气的文字描述画一幅气象图

4. ……

其次，需要试卷编制者（教师）概括出课程内容的要点，考试内容要点的确定，也就解决了"用什么考"的问题，即用什么材料来编制测题。如："卢沟桥事变爆发在哪一年"这一题，考查的是记忆层面的目标，选取的材料是"卢沟桥事变"。

制定考试目标，首先要将总的目标表述转化为预期的学习结果，然后将学生具体的学习表现类型列出来，这些表现就可作为学生达到学习结果的证据。例如，要求学生掌握"基本概念"，那么具体的学习结果可做如下描述：

能够掌握基本概念：

(1) 辨认相近概念的定义；

(2) 在上下文中使用这些概念时能够区别其含义；

(3) 能够选择最恰当的概念进行写作和表达；

(4) ……

天气单元的考试内容要点举例①：

① [美]Robert L. Linn & Norman E. Gronlund. 教育中的测验与评价[M]. 国家基础教育课程改革"促进教师发展与学生成长的评价研究"项目组，译. 北京：中国轻工业出版社，2003：66.

1. 云

1.1　云的种类

1.2　不同云型的特点

1.3　云形成的影响因素

1.4　云与天气情况的关系

1.5　不同云型的代表符号

2. 气压

2.1　测量和报告气压

2.2　影响气压的因素

2.3　气压与天气改变的关系

3. 气温

3.1　测量并报告气温

3.2　影响气温的因素

3.3　气温与天气形成的关系

4. 湿度和降水量

4.1　测量并报告湿度

4.2　影响湿度的因素

4.3　降水的形成

4.4　测量并报告降水量

5. 风

5.1　测量风速和风向

5.2　影响风速和风向的因素

5.3　说出代表风速和风向的符号

换句话说，任何试卷都是由考试目标和考试内容构成一个二维表格。任何测试都有时间和题量的限制，考试内容不可能覆盖所有教学内容，那么只能是对其中的内容进行抽样。一份高质量的考试在进行考试内容取样时，要求各部分内容和各认知层次的相对比重要有足够的代表性。

（二）设计测试双向细目表

设计测试双向细目表也就是制作考试内容规范表的过程。完成这一过程，首先需要明确课程标准所需要学生达到的学习结果；其次，需要试卷编制者（教师）概括出课程内容的要点；最后，基于内容要点来描述所要包含的题目样题，并最终绘制成一个双向表格。所谓“双向细目表”，实际上就包含“教学内容”和“学习能力要求”两个维度，其中一维反映教学的内容，另一维反映学生的学习水平。因此，考试命题双向细目表的纵向维度，要考查的内容即知识点，横向维度列出的各项内容要考查的是学生的学习能力水平。“双向细目表”中将考试目标和所需要掌握的课程内容密切联系起来，并列出每项内容所对应的权重和题目数量（见表 6-2）。

绘制双向细目表格的步骤如下：

1. 在表头列出测查的学习结果（教学目标）；
2. 在表中最左边一列填上考试内容要点；
3. 确定每个目标和每项内容上的题目比例。

表 6-2　某中学地理课天气单元测试双向细目表

认知水平 内容	知道			理解	解释		
	基本概念	标识符号	天气常识	影响因素	气象图	题目总数	题目比例（%）
气压	1	1	1	3	3	9	15
风	1	1	1	10	2	15	25
温度	1	1	1	4	2	9	15
湿度/降水	1	1	1	7	5	15	25
云	2	2	2	6		12	20
题目总数	6	6	6	30	12	60	——
题目百分比（%）	10	10	10	50	20	——	100

资料来源：参阅[美]Robert L. Linn & Norman E. Gronlund. 教育中的测验与评价[M]. 国家基础教育课程改革“促进教师发展与学生成长的评价研究”项目组，译. 北京：中国轻工业出版社，2003：67.

双向细目表对于试题编写者来说就如同一个蓝图，它将考试题目数量和性质加以细化，为编写试题提供了非常重要的依据。如果想当然地编写试题，随性地设计考试题型和分布考点，就有可能发生在同一份试卷中，同一知识点分布在不同题型中进行重复考查的情况，这样的测试显然会浪费宝贵的教育资源。

制作考试命题双向细目表，是命题工作的一个重要环节。双向细目表可以使命题工作避免盲目性而具有计划性；使命题者明确测验的目标，把握试题的比例与分量，提高命题的效率和质量。同时，它对于审查试题的效度也有重要的指导意义。最后需要指出的是，“双向细目表”在教学实践中具有较大的实用性，它可以帮助教师明确如下问题：教学内容及其范围是什么？教学相应知识内容的目的及所要求的能力水平是什么？如何利用测验来判断相应教学内容的目标实现程度？等等。因此，它也被称之为“教学目标双向细目表”。

做一做

请选择一门课程中的特定内容（自定），分别从识记、理解、应用、综合、探究五个目标层次来规划考试要求，并设计一份双向细目表。

三、按照测试目标命题

在试题编制过程中，编制者应慎重考虑题型，并严格按照各类题型的命题原则进行命题。编写题目的一般原则：

1. 选择那些最能直接测量预期学习结果的题型。如果对相同课程内容掌握程度进行测查，在主观题和客观题中都能获得相同的结果，那么宁可选择客观题。

2. 编写好的题目能够测到的学生表现与要测量的学习结果要求一致。

3. 测题表达的意思要清楚。特别是针对不同学段学生的阅读水平来措辞，测题对阅读水平的要求不宜过高，但要遵循规范的标点和语法规则。

4. 测题中包含的无关提示不能使不会答题的学生做出正确的反应。还要避免一个测题的内容是另一个测题的答案的现象。

5. 测题的答案必须是统一的。

6. 初次编写测题最好多于双向细目表里预设的题目。这样挑选的余地会大些，审题的过程，很有可能会将那些不是很恰当的、不好的题目删除。

（一）客观性试题

在某种意义上，客观性试题也并非仅仅局限于对一些简单学习结果的测试。只要题目设计得好，客观性试题也能测试学生的认知能力。客观性试题常见的题型有两类：选择型和提供型。

选择型包括：选择题、是非题、配对题等。

提供型包括：填空题、简答题、改错题、名词解释题、翻译题等。

客观性试题编制的一般原则①：

第一，试题应能反映教学内容的重点或教学过程中要求学生掌握的有意义的内容、知识点及应培养和发展的能力等。

第二，每道试题应自成一体，各个试题间相互独立，不可互相牵连。也就是说一道试题的答案不应在另一题中有所暗示。

第三，试题语意应明确、清楚，防止考生产生歧义。题目表述要简明扼要，避免使用复杂的句式结构，以免妨碍学生的阅读和理解。

第四，试题的答案是明确唯一的，防止出现有争议的答案。

第五，试题应力求原创性，而不应从教材或其他材料中照搬。只有这样，才可以提高考试的信度。

第六，应按照教育目标的要求或考试大纲的规定编制试题，内容不能超出被试群体的知识和能力范围。

---

① 王伟宜，王晞. 考试与评价[M]. 福州：福建教育出版社，2008：83.

1. 选择题的编制

选择题通常又分单选题和多选题两种。

一道选择题包括一个问题和一组答案。学生作答的时候要求学生阅读题干和备选答案，然后选择一个或多个正确的答案。正确选项即答案，其余的备选项则是干扰项。

选择题的命题原则是：题干本身应具有意义并以一个确定的问题呈现；题干的表述简洁明了；一般不使用否定式的题干；正确答案出现在选项中的位置应该大致是平均的而且是随机的；选项中少出现“以上选项都不对”或是“以上选项都正确”的选项。

(1) 单选题

单选题题干的呈现方式常见的有三种：

第一种类型：直接提问式

下列哪一个城市是中国的首都?

A. 北京　　B. 上海　　C. 天津　　D. 重庆

第二种类型：不完整陈述式

中国的首都在

A. 北京　　B. 上海　　C. 天津　　D. 重庆

第三种类型：最佳答案式

中华人民共和国成立于哪一年?

A. 1947　　B. 1948　　C. 1949　　D. 1950

(2) 多选题

多选题指的是学生所选的正确选项不唯一，起码是两个或两个以上的选项。例如：以下属于中国古代四大发明的是：

A. 指南针　　B. 火药　　C. 造纸术　　D. 印刷术　　E. 弓箭　　F. 瓷器

2. 是非题的编制

是非题是用来测量学生辨别事实陈述对错能力的典型题型。这种题型的基本形式是一句陈述句，学生必须判断其对或错。例如：如果 AB=BC，那么 B 就是线段 AC 的中点。(是)

是非题编制的原则：每一题只能包括一个重要概念，避免两个以上的概念在同一题中出现；试题的措辞要明确，避免使用暗示性的词语；陈述应简洁明了，避免使用复杂句式；正确答案为“是”与“非”的题量应大致相等，题目随即排列。

3. 配对题的编制

配对题的试题由一组题干和一组与之相匹配的选项组成的，要求学生从选项中为每个题干选配一个适的答案。常见的形式，如：

完成下列词语搭配连线题：

美丽的	球赛
高兴的	问题
精彩的	翅膀
有趣的	表情

配对题编制的原则：在一道测题中，各个题干和选项应具有相同或相近的性质，这种同质性可以保证除正确答案外的选项都能成为似真答案；选项书目可以多于题干书目，且不限制每个选项被选择的次数，这样可以降低考生猜对的概率；题干指导语要清晰，结构简洁明了；题干和选项的排列要按一定的逻辑顺序排；卷面的安排要便于理解，便于评分，一道题的所有部分最好安排在一页上。

4. 填空题的编制

填空题是给出一段陈述，其中缺少一个或几个关键词，要求考生将其补充完整。如：发明电的是________。京杭大运河的起点位于________。填空题编制的原则：填空题所空出的部分应该是重要的内容和关键的字句，不要空出无关紧要的字词；空白处不能太多；如果答案是数字还要指明数字的精确程度。

5. 简答题的编制

简答题要求考生用简短的几个字或句子对所提出的问题进行回答。如：我国古代的“六艺”指的是什么？古希腊的“武士七艺”指的是什么？简答题的编制原则：题意明确，问题具体；答案要简短，具体；尽可能使用直接问句来提问，防止考生理解有误。

（二）主观性试题

主观题属于自由应答性试题，即考生在解答问题时，只要是在题目限定的范围内，可以在深度、广度、组织方式等方面自由组织答案。一般说来，使用客观题能够达到的测评目标，在主观题中同样可以达到同样的目的。但有时候主观题能测评到的学习水平，客观题未必能达到。主观性试题编制的一般原则：试题综合性比较强；题目具有一定的开放性；设问与现实情境相结合，注重考查考生的能力；需要制定科学、合理的评分标准。

1. 常见的主观性试题

常见的主观题性试题主要有三种：论述题、作文题和表现性试题。

（1）论述题

论述题的特点在于可测量高层次的学习水平，由于其测查面较广，进而做题时间要求也较长。由此，论述题在一份试卷中所占分值比重较高，题量较少。在编制论述题的时候需要注意的问题有：试题要与所测量的学习水平相匹配；描述题目的语言要简洁明了；要提前设计好评分标准；题目应具有新颖性和启发性。

论述题又分为限制性论述题和延展性论述题。限制性论述题对试题的答案做了较大限制，作答的时候考生仅能提出一个简短、精确的答案。

延展性论述题对考生作答的形式和范围一般不做限制，如：

阐述科举制度在不同历史阶段所发挥的作用。

（2）作文题

作文是对考生逻辑思维、形象思维、书面表达等多种能力的综合考查。从提供题目或材料的方式上看，作文题分为命题作文和材料作文。命题作文，是只提供题目，要求考生写一篇文章，如：1999 年全国高考语文作文题即为命题作文，题目为“假如记忆可以移植”；材料作文包含材料命题作文和材料自由作文两种。前者要求考生根据一段话、一个故事、一幅漫画等，自拟题目，自选角度，写一篇文章。如：2011 年高考重庆卷的语文作文题目为“情有独钟”，提供了两份材料：

第一份材料为香港大学一名校工的事迹，他默默无闻奉献 44 年，被评为荣誉院士。

第二份材料为巫溪县一名教师，工作 20 年后残疾，但依然坚守岗位，继续授课 13 年。

请以“情有独钟”为话题，写一篇不少于 800 字的文章，立意自定，题材不限。

2011 年北京高考语文作文题属于材料自由作文：

阅读下面材料，按要求作文

鹿特丹世乒赛结束后，师生们一起讨论：生甲：太好了，中国队又包揽了全部冠军！这叫实至名归。竞技体育就得靠实力说话。生乙：但我更愿意看见外国选手成功挑战中国名将。一个国家长期垄断某体育比赛的金牌其实并不利于这个项目的发展。生丙：有人主张中国队应让出一两枚金牌，我不赞成，如果故意输球，就有违公平竞赛原则和奥林匹克精神……

老师：同学们说的都有一定道理，有些道理不仅体现在乒乓球运动上，也适用于其他社会生活领域。

要求：根据以上材料，自选角度，自拟题目，联系实际，写一篇不少于 800 字的文章。除诗歌外文体不限。

（3）表现性试题

表现性试题是一种较为特殊的试题，包括口试、操作题等。口试类型也比较多，如答辩、专题谈话、即兴演讲等。操作题，主要要求考生以行为动作做出反应，而不用语言文字回答。编制这类试题需要注意的问题：目标清晰、具体；考生要明了测查的内容、过程和要求，并交代清楚实际操作的情境；制定尽可能详尽的评分标准；设计好测量工具。

2. 主观性试题评分标准的制定

主观性试题编制结束后，评分标准的设计则是随之而来的又一重点。探讨主观性试题编制过程中的命题质量保证与评分过程中评分者的一致性问题，一直是考查评分是否公正合理的核心。开发明确的评分标准，对于实现考试初衷，促进后续教学与学生的发展均具有十分重要的作用。一个明确的评分标准，可以[①]：

- 在评分过程中节约时间；
- 使你做出连贯和公平的评价；
- 帮助你对学生说明你的期望；
- 表明你应该教什么；
- 辨别学科知识与过程之间的基本关系；
- 帮助学生参与他们自己的学习，因为他们知道他们的努力方向；
- 帮助学生评价他们自己与他人的学习；
- 可以避免在学生接到作业，对作业等级标识不满的时候再重新向他们解释你的标准；
- 帮助学生之间对学习的计划做出积极的反馈；
- 帮助教师集体对主观性试题做出连贯一致的评价；
- 帮助相关学科的教师之间相互讨论标准；
- ……

（1）评分规则（scoring rubrics）

评分规则（scoring rubrics）是对开放性数据进行质性评价的最常用工具之一，它可以对书面或口头陈述，图标或模型，学生知识、应用技能与操作能力等行为表现进行评价。它是通过预先设定标准，从而使得评价更可靠且更接近客观的一种评分方法。其优越性主要表现在：能够帮助教师和学生界定什么是“高质量的学习要求”；因为评分标准是可以共享的，学生和家长均可根据评分标准来核查教师评分的公正性，从一定意义上，淡化了评价的甄别性功能。

（2）评分规则开发的步骤

第一，确定评分规则的内容维度（一级指标）。它是某道主观性试题试图测查学生所要达到的学业标准。清晰描述与评价内容相对应的表现标准。

第二，区分不同表现标准并赋值。这是将不同的表现水平“符号化”的过程。划定等级，然后再赋予相应的分值。常见的方法，如：A（16～20 分）；B（11～15 分）；C（5～10 分）；D（4 分以下）等。

第三，组合评分规则。将不同的表现水平及所对应的评分标准组合成直观的列表。组合后的评分规则列表又分为两类：整体性评分规则和分项评分规则。前者只用单一的表现行为标准来评价学生的整体表现；后者一般使用多种类别或水

① Barbara E. Walvoord & Virginia Johnson Anderson. 等级评分：学习和评价的有效工具[M]. 促进教师发展与学生成长的评价研究项目组，译. 北京：轻工业出版社，2003：59.

平的表现行为标准来评价学生的答案。

比如以“科学中的观察与推理”[①] 为评价目标，整体性评分规则和分项评分规则开发实例如下表所示：

表 6-3　科学课中的观察与推理：表现标准列表

编号	表现标准表述	评分			
		分数	自我	教师	同伴
1	观察必须基于真实情境，而非基于前知识、个人观点、观察者的偏见或推理。				
2	选择并评价合适的观察工具与材料，最终完成观察。				
3	使用合适的计量单位描述观察。				
4	定性、定量观察都要精确。				
5	记录定量数据时有数量与单位。				
6	对照目标来解释观察结果。				
7	推理的解释与验证必须基于研究背景、调查数据或观察者的已有知识。				
8	基于所有的观察结果、数据、观察者的已有知识做出合理推理。				
评语					
目标					
改进					

表 6-4　科学中的观察与推理：整体性量表

优秀 4	观察基于真实情景，并非推理而来。选择并评价合适的工具与材料，并最终完成观察。使用合适而精确的计量单位描述定量观察，数据的数量与单位都有记录。推理的解释与验证基于背景研究、调查数据、观察者已有的知识。推理的合理性基于所有的观察结果、数据、观察者已有的知识。
良好 3	大部分观察基于真实情景，并非推理而来。选择并评价合适的工具与材料，并最终完成观察。使用计量单位描述定量观察时有极少误差，数据的数量与单位都有记录。大部分推理的解释与验证基于背景研究、调查数据、观察者已有的知识。大部分推理的合理性基于所有的观察结果、数据、观察者已有的知识。
合格 2	一些观察基于真实情景，并非推理而来。选择并评价合适的工具与材料，并最终完成观察。使用计量单位描述定量观察时有很大测量误差。一些推理的解释与验证基于背景研究、调查数据或观察者已有的知识。一些推理的合理性基于所有的观察结果、数据、观察者已有的知识。

① Hays B. Lantz, Jr. Rubrics for Assessing Student Achievement in Science Grades K-12 [M]. California: Crown Press, 2004: 141-144.

续表

不合格 1	很少观察基于真实情景，并非推理而来。选择并评价合适的工具与材料，并最终完成观察。有很大测量误差。很少推理的解释与验证基于背景研究、调查数据或观察者已有的知识。很少推理的合理性基于所有的观察结果、数据、观察者已有的知识。

表 6-5　科学中的观察与推理：分项量表

表现水平	观察基础	工具与材料	描述观察结果	推理
优秀　4	观察基于真实情境，并非基于前知识、个人观点、观察偏见或推理而来。	选择与评价合适的工具与材料，并最终完成观察。	使用合适而精确的计量单位描述定量观察。定量/定性观察都很精确。数据的数量与单位都有记录。观察结果的解释通过比较与对边目标来进行。	推理的解释与验证基于背景研究、调查数据与观察者已有的知识。所有观察结果、数据都支持推理或与之直接相关。推理的合理性基于所有的观察、数据与观察者的前经验。
良好　3	大部分观察基于真实情境，并非基于前知识、个人观点、观察偏见或推理而来。	选择与评价合适的工具与材料，并最终完成观察。	使用合适而精确的计量单位描述定量观察。定量/定性观察都很精确。数据的数量与单位都有记录。做出某些尝试，通过比较与对边目标来进行。	推理的解释与部分验证基于背景研究、调查数据与观察者已有的知识。大部分观察结果、数据都支持推理或与之直接相关。推理的合理性基于所有的观察、数据与观察者的前经验。
合格　2	有些观察基于真实情境，基于前知识、个人观点、观察偏见或推理而来。	在选择合适的工具与材料并最终完成观察上，存在一些问题。并没有进行工具与材料的评价	使用合适而精确的计量单位描述定量观察。观察的精确性存在较大误差。有些定量数据的数量与单位遗漏。没有通过比较与对比目标来解释观察结果。	推理没有经过验证。大部分观察结果、数据能支持某些推理或与之直接相关。有些推理缺乏合理性。
不合格 1	大部分观察没有基于真实情境，而是基于前知识、个人观点、观察偏见或推理而来。	在选择合适的工具与材料并最终完成观察上，存在很多问题。并没有进行工具与材料的评价。	使用合适而精确的计量单位描述定量观察。观察的精确性存在较大误差。有些定量数据的数量与单位遗漏。没有通过比较与对比目标来解释观察结果。	基本没有对推理进行解释。观察结果、数据不能支持推理。大部分推理缺乏合理性。

四、组卷

（一）选择合适的题型和恰当的题量

通常，可将试题类型分为客观题和主观题两大类型。之所以称之为客观题，是因为事先就已经规定好了唯一的正确答案，且题目结构严谨，要求学生填空或是从备选项中选出正确答案来。客观题包括：选择题、是非题、匹配题、填空题、简答题等。对于绝大多数主观题来说，答案不是唯一的，通常的题型有论述题、作文题和表现性试题等。针对不同的学习结果（教学目标）的诊断需要，权衡到底是选用客观题测查高效还是选择主观题测查高效。

对于一项考试来说，可采用的客观题的情况主要有：

- 大规模考试，这样可扩大试卷覆盖面，提高改卷的效率和准确度；
- 考试内容多时可以采用；
- 考试目的在于考查学生对基本知识的识记、理解和判断时可以采用。

采用主观题的情况主要有：

- 规模较小的校内考试时可采用；
- 考试内容较少，范围小时可采用；
- 考试目的在于考查考生运用所学知识分析、解决实际问题的能力时可采用。

表 6-6 客观题和主观题优势的比较

	客观题	主观题
测量的学习结果	能有效地测量事实性知识。某些题型（如选择题）也能够测量理解、思维技能和其他复杂的学习结果。但是不适合测量选择和组织观点的技能、写作能力或者某些问题解决能力。	能够测量理解、思维技能和其他复杂的学习结果。测量与现实贴近的教学目标比较有效，但不适合用来测量事实性知识。
问题的准备	测验所需的题目总数很大，准备耗时而且难度大。	只需几个任务。
课程内容取样	因为测验中所包含的题目较多，所以能够获得广泛的样本。	课程内容的取样由于评定中包含的任务有限而受到限制。
对学生反应的控制	完全结构化的任务限制了学生反应的类型，能防止欺骗行为的出现及写作技能的影响，尽管选择题有猜测的嫌疑。	可以按照自己的方式自由反应，使学生的创造力得以表现，而且使猜测的可能性最小化。
评分	客观判断	主观判断

续表

	客观题	主观题
对学习的影响	通常鼓励学生对具体的细节有全面的掌握，并且能够区分细节。如果设计得好，还可以鼓励学生发展理解能力、思维能力以及其他复杂的学习成果。	鼓励学生关注大的内容单元，并特别强调组织、整合及有效表达思想的能力。
信度	测验设计得越严谨、信度越高。	信度通常较低，主要是因为评分标准不一致，任务样本有限。

资料来源：[美]Robert L. Linn & Norman E. Gronlund. 教育中的测验与评价[M]. 国家基础教育课程改革“促进教师发展与学生成长的评价研究”项目组，译. 北京：中国轻工业出版社，2003：75.

题型一旦确定后，就可进入到具体的试题编制阶段中。

此外，试题数量的多少取决于多种因素，经常要考虑的因素有：规定的考试时间；试题的形式；考试内容的覆盖面；考试的性质等等。通常，常模参照考试应保证在规定时间内 75%以上的考生能答完每一道题，目标参照考试应保证在规定的时间内 90%以上的考生能答完每一道题。在确定了题目总量后，还要兼顾考试目标及考试内容相对应的各种题目的数量比例。如 2010 年某省高考英语试卷共有 86 题，其中客观题 85 题，包括听力选择题 20 题，单项填空 15 题，完形填空 20 题，阅读理解 20 题，短文改错 10 题；作文题 1 题。

（二）试题的编排与组卷

组卷的过程通常需要考虑考试的性质、目的，考生在作答时的心理反应，合理安排试题的先后顺序等。一般而言，试题编排总的原则是先按照试题的形式及内容进行分类，再按照试题的难易从易到难排列。常见的排列方式有直进式和混合螺旋式两种。

直进式是依据试题材料的性质，将试题分为若干分测验，处于同一测验的试题，从易到难排列；

混合螺旋式主要是从考生的作答兴趣考虑，使考生对各类试题均有反应的机会，先将各类试题依据不同的难度分成若干层次，再将不同性质的试题进行组合，作交叉式排列，试题难度则循序渐进。

简言之，组卷需要遵循的原则有：

1. 为了便于教学，通常较为理想的做法是将测量相同学习结果的题目组合在一起；

2. 如果可能，相同类型的题目组合在一起。这样做的好处是，只需要对同一类型的题目编写一组考试指导语，以便于评分和考试结果的分析；

3. 考卷题目的安排最好由易到难。这样可从一定程度上激励学生答题。

此外，考试指导语一般包括：考试时间、答案填写要求等信息。如：

本大题共有10道题，每题5分，要求在30分钟内完成。

每题只有一个正确答案，请将正确答案的字母填写在题干后的括号内。

阅读材料6-3　测题在措辞时应该避免的常见错误

1. 生僻的词汇；

2. 不必要的复杂结构句型；

3. 含混不清的表述；

4. 不清楚的图解材料；

5. 不清楚的考试指令；

6. 包含有种族、民族、性别歧视的材料。

在编制试卷时应避免的常见错误：

1. 前后试题的措辞上可能有泄露答案的嫌疑；

2. 一道题目中的材料为另一道题目提供了答案；

3. 造成某些选项可能成为答案（如："有时"）和其他选项不可能成为答案（如："总是"）的特定的限定词；

4. 正确答案的长短或所在的位置；

阅读材料6-4　编制试卷的基本步骤

编制试卷的基本步骤有：确定考试目的、拟定编制试卷计划、设计考试题目和试测与修改。

步骤一：确定考试目的

在编制试卷之前，首先你要明确考试对象是哪一个学段的学生，阅读能力如何。其次，你要明确考试的目标，考试要考查学生什么，是语文的理解能力还是表达能力；是数学的运算能力还是空间关系；是英语单词记忆量还是语法掌握情况。明确了这些目标，将有助于你进行下一步编制试卷计划的拟定。另外，你还要明确所编制的试卷是用于平时测验还是用于单元测试，是其中考试还是期末考试。

步骤二：拟定编制试卷计划

编制试卷计划实际上就是对考试的总体上合计，指出考试的内容结构和题目的形式以及对每一个考试内容、目标的重要程度进行规定，即针对某一项考试内容，是侧重考查知识与技能，侧重过程与方法，还是侧重于情感、态度和价值观。要权衡这三个方面在一份试卷中的比重，并给予分值分配。

步骤三：设计考试题目

考试计划编制好以后，就要着手搜集有关资料和素材作为设计题目的依据。一份试卷的质量如何与你所搜集到的资料和素材有密切的关系。为此，首先，资料和素材要丰富，这样才有充分的选择余地。其次，资料和素材要有普遍性，避免生僻和超出课程标准的材料。

设计考试题目的一个重要方面就是选择题目形式。即是纸笔考试还是操作考试，是口试还是面试；用选择题还是填空题，用简答题还是论述题。一般而言，如果要考查学生对概念和原理的记忆，适合于用简答；要考查对知识的辨别和判断能力，用选择题比较好；要考查学生综合运用知识的能力，宜用论述题。

接下来你要做的就是一道一道地编写考试题目。在这个过程中，你可以先将所有你能想到的题目都写出来，然后再逐题修改，整体权衡。

步骤四：试测与修改

对于初步编写出来的试卷，虽然在内容和形式上符合要求，但难度如何，区分度怎么样，都必须通过实践的检验，也就是要进行试测，然后发现问题，进一步修改。试测的学生人数不能少于30人，注意观察学生的答题速度，随时记录出现的问题，比如某道题题意模糊，有歧义，题目重复或十分相似，题目太多等。这些信息对于你进一步修改试卷将很有帮助。

资料来源：石义堂. 学习评价[M]. 北京：高等教育出版社，2007：110-111.

写一写

教师自编测验的编制程序及注意事项：

______

______

______

______

______

______

第二节　测验质量分析指标及其计算方法

一份试卷是否科学、合理，仍需要经过进一步的分析和鉴定。衡量测试质量特性的指标主要有四个维度：难度、区分度、信度、效度。

阅读材料6-5　对试卷质量分析的认识

首先，对试卷质量的分析包括定性和定量分析两方面。

定性分析主要包括：检查试题类型是否达到考试目标的要求；检查命题双向细目表中考试目标语内容的权重是否合理，考试内容对教学内容是否有足够的代表性，是否与考试目标相吻合；试题的编制是否符合其相应的命题原则；试题的内容与数量是否符合命题双向细目表中的要求；试题编制是否科学合理等。

定量分析主要包括：依据预测所获得的相关资料，运用统计方法，对试卷的信度、效度以及题目的难度、区分度等所做的客观分析。

其次，建立复本并实施预测。

建立复本，即编制出与所编试卷有相同的考试目标语内容、题型与题量，题目的难度与区分度相同或相近，而仅仅是题目形式有所不同的平行试卷。在重要的考试中，一般都要求建立复本，主要在研究或考试中作替补试卷，如高考中各科考试科目都编制有B卷。

预测是把所编制的试卷或复本拿到与考生大致相同的群体中试测，以取得考试信息。预测的目的在与通过试测，可以发现试卷是否存在指导语不当、措词不清、意义不明、题目选项无干扰作用等问题，还可估计每个题目的难度、区分度及试卷的题量、考试时间等。

资料来源：张敏强.教育测量学[M].北京：人民教育出版社，1998：63-68.

想一想

为什么要进行试卷的分析？考前预测分析的目的是什么？

____

____

____

____

____

____

一、试题质量分析及指标

难度和区分度是题目质量的两个重要指标。他们可以为编制测验或编制测量量表提供有效信息。题目的难度，就是被试完成题目作答任务时所遇到的困难程度。题目的区分度就是题目区别被试水平能力的量度，是测验项目有效性的指标。

（一）题目难度

用于记录考生作答一个题目所遇到的困难程度的量数，就是题目的难度系数，也常称为难度值，用符号 P 表示。所以，难度（Difficulty）是指试题难易程度，是考试试题对学生知识和能力水平相适应的指标。试题越难，说明该试题学生能正确回答的成分就越低，或能正确回答该试题的学生越少。

在经典测量理论中，试题难度[①]，可定义为考生在该题上的通过率或得分率。对于答对了给满分、答错或不答给零分的客观性试题，难度就是答对（亦即通过）试题的人数与考生之比（通过率）。对于按解答正确程度给分的主观性试题，难度是考生对该题的平均得分与该题满分量之比（得分率）。

如果一个题目的难度大，则被试得高分的可能性小；反之，如果题目的难度小，则被试得高分的可能性就大。因此，用得分率可以作为难度系数的指标。通常人们使用“得分率”作为试题的难度指标。公式为：

$$P=\frac{M}{W}$$

公式中 M 为学生在此题得分的平均分，W 则为此题满分值。

如果试题为二值计分题，此时学生在某题的“得分率”和通过率是一致的：

$$P=\frac{R}{N}$$

公式中 R 为某题答对人数，N 为考生总人数。

这里的难度指数 P 的值介入 0-1。P 值越大，此题就越容易。

在考生人数多的中等规模或大规模考试中，人们常用“极端分组法”来计算试题的难度指标。公式为：

$$P=\frac{(P_H+P_L)}{2}$$

公式中，P 代表难度系数；$P_{H,}$ P_L 分别表示高分组和低分组被试的得分率，即该两组被试在同一个题目上的难度系数。

以两端组被试的得分率作为难度系数的具体计算步骤为[②]：

（1）按照被试的总分，将全体被试从高到低进行排序。

（2）从高分往下找，找出高分组；由低分往上找，找出低分组。两组人数分别占总人数的 27%。

（3）分别计算高分组、低分组的被试在该题目上的平均得分。

（4）代入公式分别计算高分组和低分组被试在同一个题目上的难度系数。

（5）把 P_H 和 P_L 代入公式，计算这个题目的难度系数。

优良的考试题，应该有适当的难度。一般认为，常模参照性考试的试题难度在 0.3-0.8 为宜，难度过高或过低的试题对于鉴别学生的水平都没有意义。

（二）题目区分度[③]

题目的区分度是测验性能的一个重要指标，说明的正是题目对测验目的来说

---

① 需要注意的是：由于答对试题的人数总是小于或等于考试人数，考生在一道试题上的平均得分总是小于或等于该题的满分量，所以试题难度是一个 0-1 之间的正数；难度值越大（即通过率或得分率越大）的试题越容易，难度值越小的试题越难；难度值表示的仅仅是试题的难易等级（是一等级或顺序变量），其本身不能相加或相减，如不能说难度值为 0.8 的试题比难度值为 0.5 的试题难度大 0.3。

② 陈明庆. 考试研究方法导论[M]. 北京：北京大学出版社，2009：219-221.

③ 陈明庆. 考试研究方法导论[M]. 北京：北京大学出版社，2009：224-226.

的有效程度。区分度（Discrimination），试题区分度就是题目区分被试水平能力的量度，标记为 D。测验多少都带有将被试的水平加以区分的意图，那么构成测验的每一个题目就应该为这一目标作贡献，区分度就是刻画试题的这种功能的质量指标。

计算试题区分度的方法主要有相关法和极端分组法：

1. 相关法

相关法是以考生在每个试题上得分与试题总分的相关系数作为试题的区分度指标。在这里，人们认为总分是能够区分不同水平考生的，故将其作为一种标准，如果某题与之相关很大，则该题也能区分不同程度的学生。

考试总分是正态连续变量，试题为非二值计分题时，试题分数也是正态连续变量，这时可以用学生在某题上的得分与其考试总分的积差相关系数表示区分度。

情况一：当效标变量和答题正误情况变量都为连续变量时，可采用积差相关公式来计算区分度：

$$r=\frac{\sum_{i=1}^{N}[(x_i-\overline{x})\cdot(y_i-\overline{y})]}{N\cdot S_X\cdot S_Y}$$

公式中：x_i 为其中一列变量，y_i 为另一列变量；S_x 与 S_y 分别为两列变量的标准差。

情况二：当一列变量为连续变量，另一列为二分变量时，就采用点二列相关公式来计算区分度：

$$r_{pb}=\frac{\overline{x}_p-\overline{x}_q}{S_x}\cdot\sqrt{p\cdot q}$$

公式中，p 为二分变量中一个变量的个数与总数之比；q 为二分变量中另一个变量的个数与总数之比；$\overline{x}_p$ 为连续变量中与 p 对应的数值的平均值；$\overline{x}_q$ 为连续变量中与 q 对应的数值的平均值；S_x 为连续变量的标准差；S_y 为被试的总频数。

情况三：当两列变量均为等级变量时，采用等级相关公式计算：

$$r_R=1-\frac{6\sum_{i=1}^{N}D_i^2}{N(N^2-1)}$$

公式中，D_i 为两列各对应等级数值之差。

相关法求得的区分度指标最高为 1，表示试题对于考生的水平有完全的鉴别力，即好的学生得满分，差的学生得零分；如果计算出的区分度指标为 0，则表示试题无法区分不同水平的学生，好生和差生得分差不多；计算出的区分度指标为负值时，表示试题对学生有相反的鉴别力，差的学生比好的学生更容易得分。用相关法求得的区分度，其显著程度需要作统计检验。

2. 极端分组法

用极端分组法求试题的区分度指标的步骤和用此法计算试题难度的步骤基本

相同，但公式不同。用此法确定的试题区分度又称鉴别指数（Discriminating Index）。

$$D=P_H-P_L$$

此公式意为：当试题为二值计分题时，区分度指数 D 的数值等于高分组学生中答对该题的百分比 P_H 和低分组学生中答对该题的百分比 P_L 之差；当试题为非二值计分题时则等于对应的两个得分率之差。

目标参照性考试中试题的品质，可以用教学前后答对某题的人数比率之差来表示。用如下的公式计算：

$$S=P_A-P_B=\frac{(R_A-R_B)}{N}$$

公式中 R_A 表示教学之后答对某题的人数，R_B 表示教学之前答对该题的人数，N 表示作答该题的总人数（不包括未答者）。那么，$-1\leqslant S\leqslant +1$ 。当 $S>0$ 时，表示教学效果有效；S 越接近 1，则教学效果越理想；当 $S=0$ 时，教学效果无效，其原因往往是试题太难或太容易；而当 $S<0$ 时，表示教学效果异常，此时就应该具体检查试题或教学方面的问题。实际上，任何性质的考试，其试题的功能都在于区分：把是否达到试题考核要求以及达到不同程度要求的考生区别开来。一般认为，区分度的数值范围在－1 和＋1 之间。如果区分度为正值，而且数值越大，那么试题越好。

二、试卷质量分析及指标

试卷质量分析，通常需要提出的两个重要问题是：(1) 对于结果的解释，达到何种程度才有意义？(2) 什么样的结果是没有误差的？第一个问题关涉的是“效度”，第二个问题关涉的是“信度”。

（一）测验信度

对于同一个考试或测验（或相等的两个、多个考试）对同一批学生施测两次或多次，所得结果的一致性程度，也即考试结果的可靠性。如果考试的实施及评分都很准确，那么学生成绩前后一致性就高，这种考试的信度就高。而如果几次考试结果学生得分很不一致，人们当然会怀疑这种考试本身的可靠性。一个考试的信度一般是以两次测试结果的相关系数来表示的。

根据制定信度的方法不同，有多种①信度：重测信度、复本信度和分半信度。在此，重点介绍常用的分半信度的计算方法：

在考试实践中，有时至少需要出两套等值的试卷备用，又叫平行测验。平行

① 重测信度，又称稳定性系数。即一个测验或考试先后进行两次，求两次结果的积差相关，表示测验在不同时间的一致性；复本信度，又称等值性系数。是在复本测验中所得结果之间的相关系数，表示测验的不同形式的一致性。分半信度。即把考试或测验试题分成两半，如按照题目奇偶数分成内容、形式、难度等方面来分，都可将试卷分成等值的两半，再求两份结果的自身积差相关，表示的是测验试题之间的一致性即内在一致性。

测验改用不同测验内容对通过一批考生前后进行两次测验，虽然要求两次测验做到具有等值性，但在实践中很难做到两份试卷在题型、题量、难度、区分度等方面都相等，有时误差还会很大，所谓的等值测验结果其实也并不等值。分半的做法将整份考卷分成完全相等的两个部分：一部分由奇数号组成；另一部分由偶数号组成。两部分的题型、题量、难度和区分度相同。

比如：对小学生的数学水平进行测验，第一个大题考加法，分为四个小题目：

1. 25＋8＝?

2. 26＋9＝?

3. 36＋19＝?

4. 37＋26＝?

这四个小题目中1和2在类型、难易程度上相同；3和4在类型和难易程度上相同。

第二答题考试剑法，分为两个小题：

1. 48－29＝?

2. 53－27＝?

这两个小题目在类型和难易程度上相同，那么就以保证1、3、5题和2、4、6题成为具有等值性的平行测验，而且考试一次就等于同时考试了两次。

假设对N个测验对象实施分半测验，测验结果如下：用X表示奇数号题目得分，具体得分是 X_1，X_2，……X_n；用Y表示偶数号题目得分，具体得分是 Y_1，Y_2，……Y_n。如果我们用 r_{xy} 表示X和Y的相关系数，用 r 表示分半测验的信度，那么可使用公式：

$$r=\frac{2r_{xy}}{1+r_{xy}} \qquad \text{(Spearman-Brown 公式)}$$

此公式的使用条件是：两部分试题的总体方差要相等，$\delta_x^2=\delta_y^2$；如果二者不相等，则可改用公式：

$$r=2\left(1-\frac{s_x^2+s_y^2}{s_t^2}\right) \qquad \text{(Flanagan 公式)}$$

此公式中 s_x^2,s_y^2 为两部分试题的样本方差，s_t^2 为 $x+y$ 的样本方差（$T=x+y$）.

$$s_x^2=\frac{\left[\sum x^2-\frac{(\sum x)^2}{n}\right]}{n-1},s_y^2=\frac{\left[\sum y^2-\frac{(\sum y)^2}{n}\right]}{n-1},s_t^2=\frac{\left[\sum T^2-\frac{(\sum T)^2}{n}\right]}{n-1}$$

（二）测验效度

效度（Validity）是一个考试或测验对于它所要测得的属性所能够考察到的程度。它是考试的最基本条件，反映了考试的正确性和考试结果的有效性。严格地说，效度是指一个测验或量表实际能测出其所要测量的特性的程度。例如一项英语测验，教师本打算检查学生的语法知识，但实际所测的情况是否真的是学生的语法知识呢？这不是一件十分容易的事情，可能在测验中有大量题目是考查动词短语的，那么这次测量是否真正有效就值得怀疑。因此，在教育测量与评价过程中，效度问题尤为重要。要正确理解效度的概念，应特别注意以下几点：

1. 效度始终是针对一定测量目的而言的

一个考试或测验结果的有效性是对于其特定的目的、功能和适用范围而言的，不可能存在着对任何一种目的、功能和范围都有效的考试。

2. 效度只有程度上的差异

效度在一次测试中不可能全有，也不可能全无，只能是在程度上有所差别。例如为了测量学生的语文水平，总是用分辨错别字、造句、作文之类的试题，而不可能会用数学题目。因此，学生语文水平的高低总能在测量结果中反映出来一些，即总会有一定效度，效度不会为零。

3. 效度是针对测量结果而定的

测量的效度如何，只有在实际测试之后才能表现出来。

4. 评价一个测量是否有效要多角度、多方面地搜集证据

要证明测验实际测量了什么，必须从多方面搜集证据。这些证据可以是被试在所测特性上通过其他途径获得的证明有效的测量结果，也可以是有关专家对测验性能的评价分析意见，也可以是被试在实际生活中的表现等。

根据美国心理学会采用的分类方法，可将效度分为内容效度、效标关联效度（又称标准相关效度）和结构效度三类。

（1）内容效度（效度的内容关联指标）

内容效度要回答的问题是：评价内容的样本要达到多少才能代表受测内容的范围？通常，在构建一个测验之时，内容恰当和有代表性都需要通过系统的过程来建立、制定和选择题目样本，构建高质量的题目，有效地施测测验和评分。

换言之，当我们要把一小部分人的测验成绩用做一个范围较大的测验的成绩指标时，内容效度将起到决定性的作用。例如，假设有 500 个词，我们期望学生在学期末能够正确拼写它们，为了测试学生的拼写能力，我们可能布置一个 50 个词的拼写测验。学生的测验成绩对于衡量 500 个词的拼写能力提供指标是非常重要的。因此，拼写测验是一个有效的测量，它为 500 个词提供了足够的样本代表。如果我们只选择简单的词、难度大的词，或者只代表了某些普通拼写错误形式的词，那么这样的测验就不具有代表性，并且这样得到的分数有效性低。如果我们选择的词的样本比较平衡，把上述因素都考虑进来，那么测验分数对于 500 个词的拼写而言，是一个有代表性的测量，因此有效性也就高。

（2）效标关联效度

衡量一次考试，除了考量考试内容的有效性之外，还可以根据客观标准来检验。效标关联效度要回答的问题是：在测验中，成绩要多精确才能预测将来的成绩或在另外的标准化测验中能够估计当前的成绩？在此，效标是指考察测验是否

有效的一种外在参照标准。效标关联效度就是以某一种考试与这种效标之间的相关程度来表示的效度，其相关系数就成为效标关联效度。在相关系数与总体零相关有显著性差异时，相关系数的值（正值）越大，考试的效度就越高；反之越低。

寻找外在参照标准的过程即是树立效标的过程。由于任何一种测验都是与测验的目的紧密联系的，因此人们必须围绕测验目的或作用来寻找能够反映考试效果的指标。

当测验分数和效标分数都为连续变量时，可采用积差相关公式来计算相关系数：

$$r=\frac{\sum_{xy}-\frac{(\sum_{x})(\sum_{y})}{n}}{\sqrt{\left[\sum x^{2}-\frac{(\sum x)^{2}}{n}\right]\left[\sum y^{2}-\frac{(\sum y)^{2}}{n}\right]}}$$

当测验分数和效标分数都为（或其中一个）等级变量时，可采用等级相关公式计算相关系数：

$$r=1-\frac{6\sum D^{2}}{n(n^{2}-1)}$$

效标关联效度的用途：主要是用于预测，如我们可能用学习能力测验分数来预测某位学生的课程学习效标。例如我们想知道高考这种选拔性考试的预测效果如何，这时就可以将参加高考被录取的那些考生在大学一年级的学习成绩作为高考的效标，利用效标分数和高考分数所求出的相关系数就是高考的效标系数。也可以用学生在大学二、三年级的学习表现作为衡量高考的效标。但一般说来，测验与效标的时间间隔越长，校标的有效性就越差。

（3）结构效度

结构效度要回答的问题是：在测验中，成绩怎样才能用于解释心理特征？结构效度是指测验对于考生的心理方面假设属性及结构测量到的程度，这些被假设存在的属性是人的潜在特性，如智力、动机、志趣、态度、价格等，决定了人们的外部行为。结构效度要解决的问题是："考试中的分数意味着什么?"即根据对考试分数的分析来推论学生所具有的心理特征及验证假设结构。

三、试题与试卷质量分析的实例

1. 某年级共有学生 120 人，120×27%＝32.4，将全年级学生某学科期末成绩从高到低排列，前面 32 人平均分为 85 分，后面 32 人平均分为 62 分，问：该学科期末考试的难度是多少？

解： 高分组得分率 P_H＝85/100＝0.85，低分组得分率 P_L＝62/100＝0.62，

那么该学科期末考试的难度为 $P=\frac{P_H+P_L}{2}=\frac{0.85+0.62}{2}=0.735$

2. 有165人参加考试，其中98人对试卷中第10题做了正确的回答，该题难度为0.41。下表中显示了10位同学第10题的答题情况及效标分数，请计算第10题的区分度。

表 6-7 某次考试中第10题效标分数和答题情况

学生	效标分数	第10题答题情况
1	80	1
2	65	0
3	70	0
4	90	1
5	55	0
6	85	1
7	40	0
8	100	1
9	60	0
10	96	1

解：由于已知的一列变量之“效标分数”为连续变量，另一列变量之“第10题答题情况”为二分变量，所以选择点二列相关公式计算该题的区分度：

$$r_{pb}=\frac{\overline{x}_p-\overline{x}_q}{S_x}\cdot\sqrt{p\cdot q}$$

$p=\frac{5}{10}=0.5, q=1-p=1-0.5=0.5$

$\overline{x}_p=\frac{80+90+85+100+96}{5}=90$

因为：$\overline{x}_q=\frac{65+70+55+40+60}{5}=58$

$$s_x=\sqrt{\frac{\sum_{i=1}^{N}(X_i-\overline{X})^2}{N}}=18.28$$

$$r_{pb}=\frac{90-58}{18.28}\cdot\sqrt{0.5\times0.5}=0.88$$

所以：经查统计用表自由度 $df=10-2=8, r_{.01}(8)=0.765$

$$r_{pb}>r_{.01}(8)$$

那么0.88在0.01水平上是可以接受的，也表明第10题的区分度较高。

3. 有12名考生完成的试卷中，奇偶号试题得分如下：

X（奇）	35	40	37	42	35	42	29	48	45	35	39	40
Y（偶）	36	38	38	45	30	42	30	49	48	40	42	35

求测验信度。

解： 经计算可知 $s_x^2=26.27, s_y^2=38.45, r_{xy}=0.865$，经检验可知 $\delta_x^2=\delta_y^2$，于是可使用公式：$r=\dfrac{2r_{xy}}{1+r_{xy}}$（Spearman-Brown 公式）

求得 0.928。

4. 对 12 名考生进行分半测验，奇数号和偶数号的题得分情况如下：

X	40	35	29	45	50	26	42	35	40	28	32	45
Y	38	35	32	40	42	30	40	37	38	34	35	38
T=X+Y	78	70	61	85	92	56	82	72	78	62	67	83

求分半信度。

解： 经计算可知 $s_x^2=58.02, s_y^2=12.27, r_{xy}=0.945, s_T^2=120.70$，经检验可知 $\delta_x^2 \neq \delta_y^2$，可用公式 $r=2\left(1-\dfrac{s_x^2+s_y^2}{s_t^2}\right)$　（Flanagan 公式）

求得 0.836。

5. 有 10 名学生高中数学的会考成绩和他们升入大学后的数学成绩如下表所示，求会考数学试卷的效度。

学生	A	B	C	D	E	F	G	H	I	J	总计
X（会考）	76	70	80	85	80	88	83	75	74	77	788
Y（大学）	81	75	81	89	82	89	88	84	80	87	836

解： 高中会考成绩和大学成绩都为连续变量，因此可以使用积差相关公式：

$$r=\frac{\sum_{xy}-\dfrac{(\sum_x)(\sum_y)}{n}}{\sqrt{\left[\sum x^2-\dfrac{(\sum x)^2}{n}\right]\left[\sum y^2-\dfrac{(\sum y)^2}{n}\right]}}$$

得 $r=0.83$，因为 $df=10-2=8$，取显著水平为 0.01，经查统计用表，$r_{.01}(8)=0.765, r>r_{.01}(8)$，表明结果可以接受，即会考试卷的效度较高。

本章要点

- 测试计划的制订应该以教学目标中对学生的学习要求为依据。
- 准备和实施测试包含以下步骤：确定依照学生学习结果界定的测试目标、制定考试内容双向细目表、编写测题、组合试卷、编写考试指导语、复查试卷、实测并作试卷质量分析。
- 信度是指测试的可靠性、稳定性程度，用以说明这次测试多大程度上反映了所测事物的真实水平。

- 效度是试卷能实际测量出其所要测量的特性或功能的程度。
- 难度是指测验的难易程度。
- 区分度是指测验能够把不同程度、不同类型考生区分开来的程度。

思考与练习

- 准备一次考试的基本程序有哪些?
- 如何编制命题双向细目表?
- 客观性试题和主观性试题各自有何优缺点?在编制试题的时候应遵循哪些基本原则?
- 某一次语文考试,共有六个大题,全体考生的考试结果如下表:

大题目	语法	词汇	阅读	填充	听力	写作
平均分	13.82	11.32	23.18	10.14	20.53	12.53
方差	9.61	12.96	51.84	8.41	43.56	14.14

又已知全体考生整份试卷的平均分为 91.52,总体方差为 484,求信度 r。

- 在一次测验中,选取的标准样本人数为 60000 人,把他们的测试成绩从高到低排列,高分段(27%)有 14850 人答对第 4 题,在低分段(27%)有 849 人答对了第 4 题,请问该题的难度有多大?

相关教学资源链接

- http://www.neea.edu.cn/(2009 年 1 月 6 日访问)。中国教育考试网,包含各类考试研究新成果、专题讨论、考试论坛等相关资料。
- 漆书青.现代测量理论在考试中的应用[M].武汉:华中师范大学出版社,2006.
- 申亚权.教育统计学[M].北京:高等教育出版社,1997.

本章参考文献

- 陈明庆等.考试研究方法导论[M].北京:北京大学出版社,2009.
- 许建钺等.简明国际教育百科全书·教育测量与评价[M].北京:教育科学出版社,1999.
- [美]诺尔曼 E.格朗伦德.学业成就评价(第七版)[M].罗黎辉,孙亚玲,译.南京:江苏教育出版社,2008.
- [美]Robert L. Linn & Norman E. Gronlund.教育中的测验与评价[M].国家基础教育课程改革"促进教师发展与学生成长的评价研究"项目组,译.北京:中国轻工业出版社,2003.
- 罗黎辉,高翔.教育测量与评价[M].昆明:云南教育出版社,2002.
- 王伟宜,王晞.考试与评价[M].福州:福建教育出版社,2009.

附录一

深圳南山区

2004年初中毕业生综合表现评定方案

为了全面推进素质教育，促进学生的全面发展，根据《教育部关于积极推进中小学评价与考试制度改革的通知》和《国家基础教育课程改革实验区2004年初中毕业与普通高中招生制度改革的指导意见（征求意见稿）》，特制定本方案。

一、指导思想

（1）重视学生、教师和学校在评价过程中的作用，突出评价主体的多元性。

（2）以学生的日常表现为依据，突出评价的发展性。

（3）注重学生的整体表现，突出评价内容的综合性。

二、组织机构

（1）南山区2004年初中毕业生综合表现评定工作委员会

①组成人员：

组长：

副组长：

成员：

②职责：全面指导初中毕业生综合表现评定工作。

③委员会下设两个小组：

◇ 指导小组

- 组成人员：区教育局、教科中心人员、校领导、教师代表、家长代表。
- 职责：制定学生综合表现评定方案；对学校的评定工作进行指导。

◇ 监察小组

组成人员：区人大代表、区政协委员、区纪委、区监察局、区人民政府教育督导室、区教育局纪律检查委员会有关人员。

职责：监控评定过程，接受和处理各界人士的咨询与投诉，对评定过程中的违规行为进行调查和处理。

（2）学校评定工作委员会

组成人员：校长、教师代表、家长代表（经公示后报区综合表现评定工作委员会备案）。

职责：制定评定工作的实施细则与具体程序；认定评定小组成员；对校内各班级评定工作进行指导；认定评定结果。

学校评定工作委员会下设两个小组：

学校评定小组

①每个初中毕业班成立一个评定小组，评定小组成员不得少于五人，由班主任和科任教师组成；

②评定人员给学生授课时间不少于一年，经学校评定工作委员会提名并公示；

③评定小组成员确定后报区综合表现评定工作委员会、学校评定工作委员会备案。

学校监察小组

①组成人员：校领导、教师代表、学生代表、学校家长委员会代表（毕业班家长回避，经公示后报区综合表现评定工作委员会备案）；

②职责：监控评定过程，接受咨询，保证评定工作的透明、公正和规范。

三、评价内容

以《教育部关于积极推进中小学评价与考试制度改革的通知》中的基础性发展目标为基本依据，各校结合实际情况将其具体化，力求科学性与可行性。评价内容主要包括：

维度	要素	关键表现
道德素养（24分）	道德品质（8分）	尊敬师长，团结同学
		正直守信
		遵守社会公德
	团队精神（8分）	关心集体和他人
		善于与同学友好相处与合作
	法纪观念（8分）	自尊自律
		遵纪守法
文化素养（25分）	学习能力（5分）	学习兴趣、方法与能力
	平时成绩（20分）	由7～9年级五个学期期末的总评成绩构成（包括语文、数学、英语、科学、历史与社会、思想政治六科）。
综合实践活动（16分）	参与态度（4分）	积极参加综合实践活动课题研究
	社区活动（4分）	关心社区建设，参加社会公益活动
	信息技术运用（4分）	完成信息技术课时，课题研究运用信息技术手段
	学习成果表现（4分）	课题研究能力，作品获奖情况

维度	要素	关键表现
运动与健康（20分）	体质健康水平（5分）	学生体质健康标准
	心理健康水平（5分）	了解心理健康对身体健康的作用；培养自尊和自信、勇气和毅力；学会调节情绪。
	参与与合作（5分）	积极参与体育活动，合理安排锻炼时间；正确处理好竞争与合作关系，养成良好的体育道德。
	平时成绩（5分）	七、八、九年级体育成绩。
艺术修养（15分）	审美与艺术表现能力（6分）	具有良好的艺术感受能力与鉴赏能力。学生可根据自己的情况任选一种音乐表现形式或美术表现形式，创造性地表达自己的情感和思想。
	活动参与（4分）	个人参与各种艺术活动，体验艺术活动的乐趣，获得对艺术学习的持久兴趣。
	平时成绩（5分）	掌握基本艺术语言的表达方式和方法，形成基本的艺术素养和实践能力。
个人特长记录		
综合性评语		

具体评价标准及说明见附件。

四、评价方式

以学生的日常表现为依据，采用多样的、开放式的评价方法（如行为观察、访谈、情景测验、查阅学生成长记录、参考学生本人和同学同伴及其他相关人员提供的信息等），给予学生客观和公正的评定。

措施与方法：

(1) 以班级为单位开展评定工作。

(2) 综合如下评价内容对学生表现进行评定。

◇ 学生自评；

◇ 家长评价；

◇ 同学评价；

◇ 教师评价；

◇ 学生在校的操行等级；

◇ 学生的成长记录及有关原始资料；

◇ 五个学期的考试成绩及考查科目成绩。

(3) 学校评定小组集体讨论，得出结论。

对评定的结论，如果小组成员之间存在分歧，按照少数服从多数的原则做出结论；对于原则性的重大分歧，应提交学校评定工作委员会，经过更为广泛和深入的调研和讨论后做出决定。

五、评定结果的呈现

综合表现评定的结果包括三部分：

(1) 等级。分为“优秀”、“良好”、“合格”、“不合格”四个等级。对有严重违纪的学生，经教育不改者，综合表现可以评定为不合格。（对学生某一方面表现评定为“不合格”时应非常慎重，尤其是对“公民素养”一项的评定。）

(2) 个人特长记录。

(3) 综合性评语。对学生的综合表现予以整体描述，尤其应突出学生的特点、特长和潜能。

六、评定结果的公示

对评定结果要向毕业班公示，学生、家长和教师对评定结果如有异议，可向监察小组投诉，监察小组负责调查与处理，并在接到投诉后一周内给出答复。

七、评价结果的使用

(1) 评定结果经公示无异议后，提交学校评定工作委员会认定和备案；

(2) 通知学生个人及其家长；

(3) 作为学生是否达到毕业标准的依据之一；

(4) 作为高中阶段学校招生的重要依据之一。

八、附件

8-1.《公民素养部分评价标准及说明》；

8-2.《文化素养部分评价标准及说明》；

8-3.《综合实践活动部分评价标准及说明》；

8-4.《运动与健康部分评价标准与说明》；

8-5.《艺术修养部分评价标准与说明》。

附件 8-1　公民素养评价标准及说明

维度	要素	关键表现	评定等级（标准及说明）			
			优（8分）	良（6～7分）	合格（4～5分）	不合格（0～3分）
道德素养（24分）	道德品质（8分）	尊敬师长，团结同学 正直守信 遵守社会公德	1. 对师长有礼貌，与同学友好相处，乐于帮助同学。 2. 真诚待人，不作弊，守信用，并对他人的不良现象展开批评。 3. 主动积极地参加各种社会公益活动；自觉遵守社会公德和公共场所秩序，自觉维护生活园区、校园和教室等公共场所的环境卫生。	1. 尊敬师长，能与同学搞好团结。 2. 不做损人利己的事情。 3. 遵守社会公德，能参加一些公益活动；爱护公物，遵守社会公共秩序。	1. 知道尊师敬长，但有时有不尊敬师长的言行，与同学关系不够融洽。 2. 对于正义的事情有所坚持，但不能对他人的不良现象进行批评。 3. 对社会公德缺乏认识，有时对校园环境和教室卫生不够关心。	1. 经常有不尊敬师长的言行和表现，与同学关系紧张。 2. 经常言行不一，欺骗他人。 3. 不遵守社会公德；很少参加或不参加社会公益活动；经常损坏公物。
	团队精神（8分）	关心集体和他人 善于与同学友好相处与合作	1. 珍视集体荣誉，维护集体利益，有较强的团队意识和集体荣誉感。主动积极地参加各项集体活动；个人利益服从集体利益；团结并热心帮助同学。 2. 有很好的集体协作精神，善于与他人合作共同完成任务，能够为实现集体目标而付出。	1. 能按要求认真参加各项集体活动；尚能处理集体与个人的关系，集体荣誉感较强。 2. 能与同学搞好团结；不做有损集体的事；有一定的协作精神，能为同学服务。	1. 尚能参加集体活动，但欠热心，有时有不顾集体利益的言行，对同学不够关心。 2. 对于团体分配的事情尚能完成，但合作意识不强。	1. 不认真参加或经常缺席各项集体活动；曾多次发生过有损于集体荣誉的事，集体观念淡薄。 2. 协作精神差；个人主义思想严重，自由散漫。
	法纪观念（8分）	自尊自律遵纪守法	1. 追求进步，严格要求自己； 2. 能自觉遵守法律法规和学校的规章制度，抵制不良诱惑，无任何违纪现象。敢于进行批评和自我批评；勇于同不良行为作斗争。	有法纪观念，基本能遵守国家法令法规和学校的规章制度。能接受各级管理人员的管理；能进行批评和自我批评。	1. 基本能遵纪守法，但法纪观念不够强。 2. 有违反校纪校规的行为，但能听从劝说，改正不足之处。	对各项法律法规和学校的各项规章制度知之甚少，法纪观念淡薄，曾受到学校通报批评或违反校纪校规受过处分。
	注：（1）评价方式：学生自评（占30%）、同学评价（占30%）、教师评价（占40%）。					

附件 8-2　文化素养评价标准及说明

维度	要素	关键表现	评定等级（标准及说明）			
			优（5 分）	良（4 分）	合格（3 分）	不合格 （0～2 分）
文化 素养 （25 分）	学习 能力 （5 分）	学习 兴趣、 方法与 能力	1. 有强烈的求知欲和好奇心，积极参与学习活动。 2. 有良好的学习习惯，能够制定有效的学习计划和策略。 3. 善于提出问题和解决问题，善于在学习中总结与反思。	1. 学习态度端正，能够按要求参加与学习有关的活动。 2. 能克服学习中的困难；能按时独立完成作业。 3. 学习有计划、有总结。	1. 能按时到校学习，但学习热情不高。 2. 基本上能完成学习任务，但不善于总结学习上的得失。	1. 学习态度不端正，经常迟到、旷课。 2. 学习无计划、无总结。 3. 经常完不成学习任务。
		注：（1）学生参加各级竞赛活动可以加分：班级 1 分；校级 2 分；区级以上（含区级）3 分。（2）学生展示、发表有关作品可以加分：班级 1 分；校级 2 分；区级以上（含区级）3 分；但该项总分不超过 5 分。				
	平时 成绩 （20 分）	由 7～9 年级五个学期期末的总评成绩构成（包括语文、数学、英语、科学、历史与社会、思想政治六科） 期末总评成绩＝平时考试（考查）成绩 * 30％＋期中考试成绩 * 30％＋期末考试成绩 * 40％				

附件 8-3　综合实践活动评价标准及说明

维度	要素	关键表现	评定等级（标准及说明）			
			优秀 （4 分）	良好 （3 分）	合格 （2 分）	不及格 （0～1 分）
综合实 践活动 （16 分）	参与 态度 （4 分）	积极参加综合实践活动课题研究	具有强烈的探究学习愿望，积极参加课题研究。三年累计参加 5～6 次主题活动。	具有探究学习愿望和参加课题研究的兴趣。三年累计参加 3～4 次主题活动。	参加课题研究，基本上能够完成学习任务，三年累计参加不少于 2 次主题活动。	缺乏探究学习愿望和兴趣，基本上没有参加课题研究。

续表

维度	要素	关键表现	评定等级（标准及说明）			
			优秀（4分）	良好（3分）	合格（2分）	不及格（0～1分）
综合实践活动（16分）	社区活动（4分）	关心社区建设，参加社会公益活动	了解社区情况，关心社区重大问题。积极参与社区团体活动，有较强的服务意识和责任心，体验公益劳动的充实与愉悦。三年累计参加社区活动及公益劳动3～4次。	了解社区情况，关心社区建设，三年内参加社区活动或公益劳动2～3次。	基本上了解社区情况，有时能够参与社区活动或者公益劳动。	不了解社区情况，几乎没有参加过社区活动或公益劳动。
	信息技术运用（4分）	完成信息技术课时，课题研究运用信息技术手段	了解信息技术与现代生活、社会发展的关系，认真完成信息技术课时，充分利用信息技术手段进行主题探究活动。	认识信息技术与现代生活、社会发展的关系，完成信息技术课时，利用信息技术手段进行主题探究活动。	基本上完成信息技术课程，初步具备信息技术素养和操作能力。	没有学习与掌握信息技术的愿望，学习课时不满。缺乏信息技术素养和技能。
	学习成果表现（4分）	课题研究能力，作品获奖情况	撰写的研究报告、论文、倡议书等在各种报刊上发表或者受到有关人员的肯定。小发明、小制作等学习作品在各级各类评比中获奖。	具有一定的撰写研究报告、论文能力，以多种形式如小发明、小制作、表演来展示学习成果。	具备基本的课题研究能力，能够以1～2种形式来展示学习成果。	未能认真参与课题研究，缺乏展示学习成果的能力，没有形成课题研究学习成果。

附件 8-4　运动与健康评价标准及说明

维度	要素	关键表现	评定等级（标准及说明）
运动与健康（20分）	体质健康水平（5分）	学生体质健康标准	依据教育部、国家体育总局关于《学生体质健康标准（施行方案）》的精神，在九年级毕业前一个月，全区统一组织对学生进行检测。根据标准评分表，对每名学生进行等级评价。优秀5分、良好4分、及格3分、不及格1分。
	心理健康水平（5分）	了解心理健康对身体健康的作用；培养自尊和自信、勇气和毅力；学会调节情绪。	采用教师评价与学生自评相结合的形式。在九年级毕业前一个月利用一节体育与健康课对学生进行问卷调查，教师结合问卷调查结果对学生进行评价。 优秀5分、良好4分、及格3分、不及格1分。
	参与与合作（5分）	积极参与体育活动，合理安排锻炼时间；正确处理好竞争与合作关系，养成良好的体育道德。	采用教师评价与学生互评相结合的形式。在九年级毕业前一个月利用一节体育与健康课组织学生进行互评。教师准备好学生三年出勤统计表（体育与健康课、课间操、课外活动等），学生可参考统计表及同学平时表现对每位同学进行等级评价，分为四个：优秀、良好、及格、不及格。统计每位学生等级比例，获得优秀级85%以上票数为优秀级；获得良好级85%以上票数为良好级；获得及格级85%以上票数为及格级；获得不及格50%以上票数为不及格级。优秀5分、良好4分、及格3分、不及格1分。
	平时成绩（5分）	七、八、九年级体育成绩	九体育考查结束后，取三年成绩平均分，86分以上为优秀级、76～85分为良好级、60～75分为及格、59分以下为不及格。优秀5分、良好4分、及格3分、不及格1分。

注：1. 学生参加班级体育活动加1分、参加校体育活动加2分、参加区及以上（含区级）体育活动加4分，但该项总分不超过20分。

2. 学生参加区级体育比赛获得一等奖或参加市级以上体育比赛者，可免于此项评价，可获得满分20分，但必须参加体质健康标准检测。

3. 学生对体育与健康课、课间操（早操）、课外体育活动无故缺勤，三年内累计超过应出勤次数1/10或因病、事假缺勤，三年内累计超过1/3者，取消此项评价资格，以0分计。

4. 丧失运动能力的伤残学生或因身体健康问题已办理免修体育与健康课的学生，可免于此项评价。

附件 8-5　艺术修养评价标准及说明

维度	要素	关键表现	评定等级（标准及说明）
艺术修养（15分）	审美与艺术表现能力（6分）	具有良好的艺术感受能力与鉴赏能力；学生可根据自己的情况任选一种音乐表现形式或美术表现形式，创造性地表达自己的情感和思想。	在九年级第二学期末艺术（美术、音乐）课堂教学中利用一课时或两课时随堂操作，可采取班级音乐会的形式，通过演唱、演奏及综合性艺术表演活动，展示学生创造表现音乐的能力；也可运用自己喜爱的一种或几种美术创作形式完成一件作品，表现自己的美术创造能力。 （优秀6分、良好4分、合格3分、不合格1分）
	活动参与（4分）	个人参与各种艺术活动，体验艺术活动的乐趣，获得对艺术学习的持久兴趣。	参加班级艺术社团或积极参加班级艺术活动可获得2分；参加校级艺术社团加1分；参加校级以上艺术社团再加1分。 （优秀4分、良好3分、合格2分、不合格1分）
	平时成绩（5分）	掌握基本艺术语言的表达方式和方法，形成基本的艺术素养和实践能力。	综合学生对艺术学科的学习态度、表现及三年艺术总平均成绩予以评价 （优秀5分、良好4分、合格2分、不合格1分）
	注：艺术修养主要包括美术音乐两部分，评定时可有两种方案供评定组参考： （1）取两科综合平均分为评价分； （2）取两科中之高分为评价分；		

综合表现评定操作方式说明

评定内容		评定人员	评价（操作）方式	备注
道德素养（24分）	道德品质（8分）	学生 教师	学生互评：对全班同学进行等级评定；形式为学生填涂机读卡进行； 教师（3人）评价：对全班同学进行等级评定；形式为直接利用网络计算机进行。 学生评价与教师评价的权重各为50%	对“学习能力”一项评定加分的说明： 由班主任按有关评价标准完成统计，统一录入电脑。 （由学校安排专门时间进行）
	团队精神（8分）			
	法纪观念（8分）			
文化素养（25分）	学习能力（5分）			
	平时成绩（20分）	教师	由班主任按评定标准完成成绩统计，统一录入电脑	由学校安排专门时间进行

续表

评定内容		评定人员	评价（操作）方式	备注
综合实践活动（16分）	参与态度（4分）	学生教师	学生（小组6～8人）互评：对本组同学进行等级评定。形式为小组内评定等级之后，由小组长填涂机读卡；	由学校安排专门时间进行
	社区活动（4分）			
	信息技术运用（4分）		教师（3人）评价：对全班同学进行等级评定；形式为直接利用网络计算机进行。 学生评价与教师评价的权重各为50％	
	学习成果表现（4分）			
运动与健康（20分）	体质健康水平（5分）	教师	成立体质测试队对全区学生进行检测，成绩出来后，统一录入电脑。	安排专门时间进行
	心理健康水平（5分）	学生教师	学生自我评价：随机抽取问卷调查表，学生通过计算机完成自我评价； 教师评价：通过计算机完成对每名学生的评定； 学生评价与教师评价的权重各为50％	
	参与与合作（5分）	学生教师	学生互评：对全班同学进行等级评定；形式为学生填涂机读卡进行； 教师（体育教师1人）评价：对全班同学进行等级评定；形式为直接利用网络计算机进行。 学生评价与教师评价的权重各为50％	
	平时成绩（5分）	教师	由体育教师按评定标准完成成绩统计，统一录入电脑	
艺术修养（15分）	审美与艺术表现能力（6分）	教师（音乐或美术教师）	教师评价：利用2节课时间对学生审美与艺术表现能力进行评价，音乐、美术两门学科中，学生只需自由选择一科接受考查。成绩出来后，统一录入电脑。	由学校安排专门时间进行
	活动参与（4分）	学生教师	学生互评：对全班同学进行等级评定；形式为学生填涂机读卡进行；	关于加分的说明：由教师按有关评价标准完成统计，统一录入电脑。（安排专门时间进行）
	平时成绩（5分）	教师	由美术或音乐教师按评定标准完成成绩统计，统一录入电脑	由学校安排专门时间进行
学生自我评价（描述性评语）		学生	由班主任向学生提出明确要求（内容和格式），学生写好后，由学生自己或教师录入电脑	由学校安排专门时间进行
特长记录		学生教师	学生写好后，交教师审定后，统一录入电脑	由学校安排专门时间进行
教师评语		教师	教师写好后，录入电脑	由学校安排专门时间进行

附录二

《学习成绩评价与考试方法》课程学生评价方案

《学习成绩评价与考试方法》作为教育学专业（教师教育方向）双学位教育中的专业必修课程模块，结合当前基础教育评价理论发展与改革趋势及实践，旨在让学生能将学生学习成绩评价、考试测评原理及技术运用于学校教育实践中，并能运用相应的测评工具的设计方法、技术等。这是一门以理论学习为基础的、操作性很强的课程。而且，在当前的大学教育尤其双学位教育中，特别注重学生的问题分析能力、动手操作能力等，这些都需要本课程评价方案设计突破原有框架，进行创新性探索。

一、评价目的

1. 帮助学生充分认识到当前教育测评的发展，获得基本的教育测评技能；

2. 促使学生学会对自己的学习结果（学习过程和学业成果）进行自我评价和反思；

3. 为学生提供一个学习平台，以便他们能在展示自我的同时，积极地与他人展开学习合作与交流；

4. 收集学生本学期的学业作品，为期末的课程综合评价提供依据。

二、评价原则

1. 发展性原则：评价活动的设计、组织和实施，一切以引导、促进学生发展为主旨；

2. 主体性原则：所有学生作为重要成员参与课程评价方案设计，同时积极参与教学过程及任务解决中，主动完成自己的学习建构；

3. 过程性原则：在本课程学分评定时，强调学生平时的学习态度、学习过程，以及自己所付出的各种努力；

4. 整合性原则：通过评价任务的合理设计，将课程教学和学生评价活动有机结合起来，在教学过程中完成评价，在评价活动中完成教学。

三、评价标准（或教学目标）

1. 能熟记并用自己的语言解释教育测评中的核心概念、原理；

2. 能说出评价方案的构成要素并进行方案设计；

3. 能说出成长记录袋评价设计步骤并进行设计；

4. 能说出作品分析评价设计步骤并进行设计；

5. 能根据合理程序进行试卷编制。

四、评价指标及评价活动设计

（一）评价指标结构

全班同学分组讨论，各组均提出本课程评价指标体系初步框架，在此基础上，任课教师和全班同学一起商定评价指标结构。

- 平时成绩（40）
  - 课堂表现（10）
  - 课本作业（10）
  - 考勤（20）
- 作业设计（40）
  - 课程评价方案设计（10）
  - 作品分析评价设计（10）
  - 试卷编制（20）
- 考试（20）

（二）评价活动或任务设计

1. 平时成绩

（1）课堂表现（10分）

学生在课堂教学中的参与程度，包括发言、提问、听讲等情况；此外，还要强调学生在教学中的创造性表现。教师据此合理评分：发言积极、敢于提问、有创造性表现，10分；被动发言、回答简单，8分；无发言、提问，6分。

（2）课本作业（10分）

学生按照相关要求，在预习时完成提前布置每章节中的思考题，根据作业完成的数量、质量由教师酌情扣分：没有预习，扣2分；部分预习，扣1分。

（3）考勤（20分）

教师根据相关记录整体扣分：全勤，20分；有请假或缺课1～2次，15分；有请假或缺课3～4次，10分；缺课5～6次，5分；缺课7次及以上，0分。

2. 作业设计

（1）课程评价方案设计（10分）

学生在学习本教材的第二章后，结合《学习成绩评价与考试方法》的课程特点，全班同学先分组讨论本课程评价方案。然后，每位同学在各组研讨的基础上独立完成一份完整的课程评价方案设计。每位同学通过评价方案设计，完成相关的学习活动，能够清晰说出方案构成要素并据此进行设计。

（2）作品分析评价设计（10分）

学生在学习本教材的第三、第五章后，先按所学专业分组，每组自主选择自己专业中的一份课程，并共同研讨该课程的《成长记录评价活动设计》。在此基础上，每位同学独立完成一份作品分析评价活动设计。每位同学通过学习建构主要能够完成评价任务描述、评分规则设计等

（3）试卷编制（20分）

学生在学习本教材的第六章后，在分组讨论完成测试计划表、双向细目表设计的基础上，每位同学根据相关试卷编制技术独立完成《学习成绩评价与考试方法》课程的期末试卷编制及试卷的答案要点，符合相关的格式要求。在提交的最终作品时，包括测试计划表、双向细目表、试卷及答案要点。其中，测试计划表、双向细目表可以与小组其他成员相同，但试卷、答案要点不可雷同；每组各成员作品由一位同学收齐后统一提交。

以上三份作业设计提交时，都必须遵循以下具体要求：

➢ 每位同学根据自己的理解，结合讨论结果，自主完成与本组成员不同的评价设计；

➢ 不准相互抄袭，不准简单、敷衍了事；

➢ 按时完成作业设计，当面提交作品（手写稿或打印稿均可）；

➢ 教师对每件作品评分后，返回各位同学，解惑答疑，适当修正；

➢ 全班交流，同学相互点评、教师点评。

3. 考试教师主要根据学生自编试卷，选择多数作品中所提及的核心概念、原理编制期末试卷，包括名词解释、论述题两种题型，满分值为20分。期末考试在最后一次课以随堂考方式进行，教师将试题抄写在黑板上，学生自行准备答题纸（最好由班级统一用纸）；闭卷考，用时45分钟。

五、评价结果呈现方式

1. 由任课教师严格按照方案要求和规定，依据评价活动完成的先后顺序，根据各项指标的实际分值逐项评分；

2. 教师将各项分数和总分填入课程学习评定与总结表，并在最后一次课时分发给每位同学进行确认，解惑答疑、适当修正；

3. 每位同学填写课程学习评定与总结表中的“对课程学习的自我反思和评价”部分，并返还给教师；

4. 教师登记每位同学的总分、撰写评语，并将该表返还给学生保存。

《学习成绩评价与考试方法》课程学习评定与总结表

学生姓名：________________ 日期：________________

1. 各项成绩及总分

平时成绩			作业设计			期末考试（20分）	总分
课堂表现（10分）	课本作业（10分）	考勤（20分）	方案设计（10分）	作品分析评价设计（10分）	试卷编制（20分）		

2. 对课程学习的自我反思和评价

在课程学习中我努力达到的目标是：

我实际上做到的有：

我学到：

对于本课程学习，我感到最有价值的是：

我还应当在如下方面（包括学习内容、学习方法等方面）做出改进：

3. 教师的课程学习评语